행운에 속지마라

Fooled by Randomness

FOOLED BY RANDOMNESS

불확실한 시대에 살아남는 투자 생존법

행운에 속지 마라

나심 니콜라스 탈렙

이건 옮김 | 신진오 감수

중앙books

일러두기

＊본문 중 저자 나심 니콜라스 탈렙이 직접 첨언한 것은 괄호 ( ) 부호 안에 표기했고, 내용 이해를 위한 옮긴이와
　편집자의 설명은 첨자 처리했다.
＊단행본은 《 》, 잡지와 TV 프로그램, 신문은 〈 〉를 사용했다.

어머니 미네르바 곤 탈렙(Minerva Ghosn Taleb)께 바친다

2007년 여름, 증권사 리서치 팀장을 그만두고 시중 은행으로 자리를 옮기겠다고 선언했을 때, 주변 지인들은 모두 한목소리로 외쳤습니다. "미쳤나? 왜 그 좋은 자리를 그만둬?" 지금이야 증권사가 각광받는 직장의 자리에서 내려왔지만, 2000년대 중반에는 전혀 사정이 달랐거든요. 종합주가지수KOSPI가 사상 최고치를 연일 경신하는 등 호황을 누리고 있었고, 다른 업종의 좋은 일자리를 그만두고 증권사에 들어오려는 사람이 문전성시를 이루고 있었습니다.

이런 세간의 인기와 달리, 저는 1993년부터 14년째 이어진 이코노미스트 생활에 지쳐 있었습니다. 특히 다음 해 열리는 베이징 올림픽을 고비로 주식시장 환경이 어려워질 것이라고 예상했었기에, 뜨거운 시장에 찬물을 끼얹는 '아웃사이더' 취급받는 것도 적잖은 고통으로 작용했었죠. 그 후 2010년 출간된 탈렙의 처녀작,《행운에 속지 마라》를 읽은 후에야, 제가 당시 어떤 생각을 했는지 이해할 수 있었습니다. 2007년의 나는 '치과의사' 같은 삶을 꿈꿨던 것이죠.

치과의사와 이코노미스트의 차이점

이코노미스트와 치과의사는 대표적인 문과와 이과의 고소득 직업이지만, 이 두 직업의 실상은 전혀 딴판입니다. 치과의사는 6년에 걸친 학업을 마친 후 점진적으로 기술을 연마하고 지식을 쌓음으로써 자신의 분야에 점점 더 능숙해집니다. 초보 의사 시절에는 환자가 겪는 고통이 어디에서 오는지 정확히 이해하지 못하고 또 어떻게 치료해야 할지 몰라 쩔쩔매지만, 세월이 흘러감에 따라 점점 실수가 줄어들고 나중에는 거의 달인의 경지에 이르게 됩니다. 그리고 나이가 듦에 따라 의료사고 등의 분쟁에 휩싸일 일은 줄어들고 그의 소득은 더욱 안정적으로 변해 갑니다.

반면 이코노미스트의 업무는 시간이 흘러도 복잡하고, 그의 성과는 '운'에 많은 부분 의지합니다. 예측에 대해 수십 년간 연구한 심리학자 테틀록 교수가 이야기한 것처럼 아무리 '여우' 같은 이코노미스트가 되려고 노력할지라도 결국 그 예측의 정확성은 상당 부분 운에 달려 있거든요. 여기서 '여우'란 시장에 대한 강한 확신을 가지고 전망을 발표하는 것이 아닌 확률적으로 전망을 제시하는, 어떻게 보면 소심한 태도를 보이는 시장 참여자를 지칭합니다. 이 대목에서 잠깐 네이트 실버의 역작, 《신호와 소음》(더퀘스트, 2014)의 한 대목을 인용해보겠습니다[p.90-91].

> 테틀록은 전문가가 제시한 답변을 바탕으로 이들을 이른바 '고슴도치'와 '여우'
> 라는 양극단 사이의 스펙트럼 위에 분류해놓았다. (…)

> • 고슴도치는 거창한 생각 즉 세상에 대한 지배적 원칙, 물리학 법칙이자 사회의
>   모든 상호작용을 실질적으로 뒷받침하는 것처럼 작동하는 거대한 원칙을 믿으
>   며, 긴장하고 성급하며 경쟁적인 'A형 행동 양식'에 속한다. 칼 맑스와 계급투쟁,
>   지그문트 프로이트와 무의식, 말콤 글래드웰과 '티핑 포인트'를 생각하면 된다.

- 여우는 이에 비해 수없이 사소한 생각을 믿으며 또 문제를 해결하려면 다양한 접근이 필요하다고 여기는, 관심이 사방팔방으로 뻗치는 산만하기 짝이 없는 유형이다. 여우는 뉘앙스의 차이, 불확실성, 복잡성, 대치되는 의견 등에 좀 더 관대한 경향이 있다.

그래서 고슴도치가 언제나 큰 녀석 하나를 노리는 사냥꾼이라고 한다면, 여우는 무언가를 부지런히 줍고 다니는 채집자다.

저는 테틀록 교수의 기준으로 보면, '여우'에 가깝습니다만 여전히 제 전망의 적중률은 높지 않습니다. 예를 들어 2016년 6월의 브렉시트 영국의 유로존 이탈 국민투표처럼, 큰 실패를 맛본 경험이 꽤 많습니다. 결국 시장을 전망하면서 어조가 커지면 커질수록 제가 잃을 게 많아지며, 더 나아가 전망의 빈도가 잦으면 잦을수록 '실패'에 따른 스트레스의 양이 늘어나는 직업이라 할 수 있습니다. 이 대목에서 잠시 탈렙의 이야기를 경청해 보겠습니다.

한 괴짜 재벌이 러시안룰렛을 하여 살아남으면 1,000만 달러를 주겠다고 제안한다고 가정하자. 러시안룰렛은 6연발 권총에 총알을 한 발만 넣어 머리에 대고 방아쇠를 당기는 게임이다. 방아쇠를 당길 때마다 역사 하나가 실현되며, 여섯 개의 역사 모두 발생할 확률이 같다. 여섯 개 가운데 다섯 개는 돈을 버는 역사이고, 하나는 난감한 부고 기사를 신문에 올려야 하는 역사다. 이때 확인할 수 있는 역사는 단 하나뿐이라는 것이 문제다. 누군가 1,000만 달러를 벌게 되면 언론에서는 멍청하게도 그를 찬양하고 칭송할 것이다. (…) 하지만 가족, 친구, 이웃 들이 러시안룰렛 승자를 역할 모델로 삼기라도 한다면 어쩌겠는가? (…)

러시안룰렛을 하려면 어느 정도 생각과 용기가 필요하다. 그러나 이 게임을 계속 한다면 결국 불행한 역사를 만나게 될 것이다. 만일 25세 청년이 1년에 한 번씩 러시안룰렛을 한다면, 그가 50회 생일을 맞이할 가능성은 지극히 희박하다. 하지 만 이 게임에 참여하는 사람이 많아서 예컨대 25세 청년이 수천 명이나 된다면, 우리는 몇몇 생존자를 보게 될 것이다(극소수의 생존자는 엄청난 부자가 되고 나머지 는 무덤에 묻힐 것이다). (…)

러시안룰렛으로 베팅하여 번 1,000만 달러와 치과를 열심히 운영해서 번 1,000만 달러는 가치가 다르다. 룰렛으로 번 돈이 운에 더 크게 좌우된다는 점만 제외하면, 둘 다 구매력 면에서는 똑같은 돈이다. 회계사가 보기에도 똑같고, 이웃이 보기에도 똑같은 돈이다. 그래도 나는 두 돈이 질적으로 다르다는 생각을 지울 수 없다.

같은 길을 걸어가고 있는 입장에서, 이런 비유를 만나면 그저 고개 를 끄덕이는 것 이외에 다른 표현을 할 수 없습니다. 주식시장에서 홀 짝 게임을 하듯 내년에 시장이 오르는지 혹은 빠질지를 예측하고 또 거 기에 베팅하는 것이나, 러시안룰렛에 참여하는 것이나 무엇이 다르겠 습니까? 이 둘의 차이점은 단 하나뿐이죠. 목숨을 잃느냐, 아니면 노후 를 대비해 평생 모은 자산을 한 방에 날려 버리느냐.

어떻게 해야 치과의사처럼 안정적인 수익을 올릴 수 있을까

탈렙이 《행운에 속지 마라》에서 하려는 말은 매우 명확합니다. 왜 치과의사의 길을 가지고 않고 러시안룰렛의 길을 가느냐는 것이죠. 특 히 탈렙은 아주 흥미로운 두 사람네로와 존의 사례를 보여줍니다.

네로는 치과의사처럼 나이가 듦에 따라 더욱 안정적인 성과를 올리는 투자자라 할 수 있습니다. 그의 자산은 매우 안정적인 미국채에 투자되어 있으며, 절대 어떤 한계 이상의 위험을 감수하지 않죠. 이 결과 그는 트레이딩 룸에서 가장 뛰어난 성과를 올리는 트레이더는 아니지만, 대신 가장 안정적인 수익을 올리는 트레이더라 할 수 있습니다. 여유시간도 많아서 직장 다니며 박사학위도 취득했으며, 또 1년에 한 번 반 학기짜리 세미나에서 학생들을 가르치기도 합니다.

　반면 존은 투자등급이 낮은 채권, 즉 하이일드채권에 투자하는 트레이더입니다. 그는 확률에 대해 잘 알지 못하며, 그저 운이 좋아 일시적으로 큰돈을 벌었을 뿐입니다. 그렇지만 존의 집은 네로의 집보다 훨씬 크며, 더 큰 목소리로 이야기하고, 그의 아내는 주변의 이웃에게 자신의 부를 자랑하느라 여념이 없습니다. 다들 예상하다시피, 존의 전성기는 매우 짧았습니다. 예상치 못한 충격이 시장을 덮친 순간 존의 펀드는 거덜 났고, 결국 그 큰 집을 팔고 쓸쓸히 시장을 떠나는 신세가 되고 맙니다.

　이 사례를 읽은 후에야 '삶의 방향'을 잡을 수 있었습니다. 돈이 물처럼 넘쳐흐르는 시기는 매우 짧으며, 그 시기를 만나 돈을 벌고 잃는 것은 대부분 '운'에 달려 있다는 것이죠. 네로처럼, 그리고 치과의사들처럼 안정적으로 돈을 벌기 위해서는 확률에 대한 공부가 필요하며 더 나아가 자신이 어떤 포지션을 쥐고 있는지에 대해 이해하는 게 필요하다는 이야기입니다. 내가 투자한 것이 정말 안정적인지, 그리고 예상치 못한 시장의 위험 요인이 출현했을 때에도 정말로 안정적인 것인지를 점검해보게 되었죠.

'인생의 책'이 다시 출간된다니, 너무나 기쁩니다!

이런 면에서 《행운에 속지 마라》는 제 인생의 책이라 생각합니다. 일확천금의 꿈을 깨끗하게 버리고, 네로처럼 미국채에 투자하기로 결심했습니다. 미국채는 매우 안정적인 데다, 2008년 같은 급박한 위기 상황에서도 오히려 가치가 상승하는 모습을 보여주기 때문입니다. 2012년 발간된 책 《돈 좀 굴려봅시다》(스마트북스, 2012)에서 추천했던 자산 배분 전략의 아이디어^{한국 주식과 미국채에 대한 분산 투자 전략}는 사실 탈렙에게 많은 부분 빚지고 있다고 할 수 있겠습니다.

다만 《행운에 속지 마라》가 절판된 것이 못내 아쉬움으로 남았는데, 이렇게 다시 재출간된다니 무엇과도 바꿀 수 없는 기쁨을 느낍니다. 특히 밸류리더스 신진오 회장님의 감수까지 곁들여졌으니, 더욱 가치 있는 책이 된 것 같습니다. 부디 많은 독자들이 이 책을 통해, 투자의 본질을 깨치고 확률적 사고의 길을 걷게 되기를 진심으로 기원하는 바입니다. 감사합니다.

홍춘욱
키움증권 이코노미스트, 경영학 박사
전 국민연금 투자운용 팀장, 《환율의 미래》 저자

들어가며

이 책에서 내 모습은 이중적으로 나타날 것이다. 하나는 확률론적 결과에 일희일비하지 않기 위해, 또 운에 속지 않기 위해 평생 불확실성을 진지하게 다루는 전문가의 모습이다. 또 다른 하나는 우아하고 고상하며 독창적이고 매력적이기까지 한 잘못된 통념들을 즐기고 싶은 문학 애호가의 모습이다. 위안이 될지 모르겠지만, 사실 나 자신도 번번이 운에 속는 현상을 피할 도리가 없다.

나는 직감을 바탕으로 이 책을 썼다. 이 책은 위험 감수와 관련된 내 생각과 노력과 경험을 논하는 개인적 수필이지, 논문도 아니고 과학 보고서는 더더욱 아니다. 이 책은 독자들의 재미를 위해 가볍게 쓴 책이다. 과거 수십 년 동안 우리가 운을 다룰 때 드러냈던 편향에 대해서 많이 다루었다. 초판 원고를 쓸 때 나는 두 가지 원칙을 세웠다. 첫째, 내가 직접 확인했거나 독자적으로 개발한 내용이 아니면 다루지 않는다. 둘째, 손쉽게 써내려갈 정도로 숙고한 주제가 아니면 다루지 않는다.

어렴풋하게 느껴지는 모호한 내용은 모두 배제했다. 생소한 과학 용어처럼 도서관을 뒤져야 나올 법한 표현들은 본문에서 뺐다. 내가 즐겨 읽는 작가의 글이나 기억 속에서 자연스럽게 떠오르는 표현이 아니라면 인용도 자제했다(나는 함부로 남의 지혜를 빌려오는 관행을 혐오한다). 신통치 않은 말보다는 침묵이 낫다Aut tace aut loquere meliora silencio.

이러한 원칙은 개정판에도 적용된다. 그러나 인생에는 타협도 필요한 법이다. 그래서 개정판에서는 친구와 독자들의 요청에 따라 주를 달고 관련 문헌을 밝혔다. 또한 대부분의 장에 새로운 자료를 추가했는데, 그 결과 이 책의 분량이 3분의 1 이상 늘어났다.

피라미딩 전략

나는 이 책을 살아 있는 생명체처럼 더 키우려고 한다. 트레이더들의 표현을 빌리면, "피라미딩pyramiding, 평가익이 발생할 때 비중을 확대하는 운용기법한다"는 격이다. 그래서 새로운 생각들을 모아서 새 책을 펴내는 대신, 그동안 숙성된 생각들을 이 책에 더 보태기로 했다. 이상하게 들리겠지만, 책을 발간하고 나서 책의 일부 내용에 대해 전보다 더 깊이 생각하게 되었다. 운이 차지하는 비중을 실제보다 훨씬 과소평가하는 인간의 사고방식과 엄청난 규모의 예외 현상이 일어나는 불확실성을 일컫는 '팻 테일fat tail, 정규 분포와 달리 좌우로 갈수록 두꺼워지는 분포를 말함'이라는 두 가지 분야에 대해서 고민했다. 희귀사건은 갈수록 자주 발생하고 있지만, 우리는 여전히 이런 현상을 직관적으로 이해하지 못하고 있다. 개정판에서 나는 불확실성에 대한 연구보다는 사람들이 운에 속아 넘어가는 행태에 더 비중을 두었다.

또 하나 흥미로운 현상은 이 책을 쓴 뒤 내 생각이 바뀌었다는 점이다. 초판 출간 이후, 나는 전혀 예상하지 못했던 곳에서 운이 작용하는 모습을 더 많이 보게 되었다. 마치 두 개의 다른 세상이 있는 듯했다. 하나는 우리가 실제로 살아가는 세상이고, 또 하나는 사람들이 실제 세상이라고 착각하는 결정론적인 세상이다. 사람들이 결정론으로 치우치는 이유는 간단하다. 과거에 일어난 사건들은 항상 필연으로 보이기 때문이다(이것을 후견지명 편향 또는 사후확신 편향hindsight bias이라고 부른다). 누군가로부터 과거 사건에 대한 이야기를 들어보면, 사후에 자신이 생각하고 싶은 대로 짜 맞춘 이야기가 대부분이다. 때로는 역겨울 정도이다. 사회과학(특히 구 경제학)과 투자업계 종사자들이 하는 말은 혼란스럽기만 하다. 특히 어떤 사람의 발언에서 그가 전하려는 메시지와 전혀 다른 내용을 발견하게 되면, 세상살이가 여간 피곤해지는 것이 아니다. 오늘 아침 치과에서 순서를 기다리며 읽은 〈뉴스위크〉에는 유명한 사업가의 절묘한 시점 선택 능력에 대한 기사가 실려 있었다. 나는 그 기사의 내용보다는 기자가 저지른 수많은 사고 오류에 관심이 쏠렸다. 왜 언론인들은 자신이 생각보다 훨씬 무식하다는 사실을 깨닫지 못하는 것일까? 반세기 전 과학연구에서도 '전문가'들은 자신이 과거에 저지른 실패를 깨닫지 못한다는 사실이 밝혀졌다. 사람들은 예측할 때마다 틀렸는데도 다음에는 정확하게 예측할 수 있다고 늘 생각한다.

불확실성과 확률

나의 깊은 곳에 자리 잡고 있는 지적知的 회의론을 보호하고 계발해야 하는 중요한 자산으로 생각하고 있다. '대단한 지식인 행세를 하는 사람들을 조롱하는 일에 주력한다'라는 것이 나의 신조이다. 지적 확신 대신 지적 회의론을 계발한다는 목표가 무척 이상해 보일 것이다. 게다가 실행하기도 쉽지 않은 목표다. 이를 위해서는 지적 확신을 중시하는 전통적 사고방식을 내다 버려야 한다. 독자들과 편지를 주고받으면서 나는 16세기 프랑스 수필가 겸 사상가 몽테뉴를 다시 발견하게 되었다. 나는 몽테뉴와 데카르트의 차이가 주는 의미에 심취했다. 데카르트처럼 확실성을 추구하다가 우리는 완전히 길을 잃고 말았다. 몽테뉴처럼 모호하고 비정형적이지만 중요한 판단을 하는 대신에, 데카르트처럼 정형적인 사고방식을 선택함으로써 생각할 여지를 없애 버렸다. 그러나 반세기가 채 지나기도 전에 몽테뉴처럼 치열하게 자기를 성찰하고 회의하는 모습이 현대 사상가의 본보기가 되었다. 게다가 그는 보기 드물게 용감한 인물이었다. 회의론을 유지하기 위해서는 용기가 필수적이며, 특히 자기성찰을 통해서 자신을 직시하고 스스로의 한계를 인정하려면 엄청난 용기가 필요하다. 시간이 갈수록 과학자들은 인간이 천성적으로 속기 쉬운 존재라는 증거를 많이 발견해내고 있다.

확률과 위험을 다루는 전문적인 기법은 많다. 여기서 '확률'은 분야에 따라 의미하는 바가 다소 다르다. 이 책에서 사용하는 '확률'은 양적이고 과학적인 의미가 아니라, 질적이고 문자 그대로의 뜻임을 분명히 밝힌다(경제학 및 재무관리 교수들은 자신이 확률에 대해 제법 안다고 믿는 듯한데, 이들에게 경고해두는 바이다). 확률은 도박을 연구하는 과정에서 나온 것이 아니라, 흄의 귀납 문제(또는 아리스토텔레스의 보편성에 대한 추론)에서 유래하였다. 이 책에서는 확률을 수학적 원리 대신 실용적 회의론으로 간주한다(확률 계산에 관한 문제는 대부분 각주 수준이면 족하다).

이유가 무엇인가? 확률은 주사위나 더 복잡한 변수로 승산을 계산하는 문제가 아니라, 우리의 지식이 불확실함을 인정하고 무지를 다루는 방법을 개발하는 문제이기 때문이다. 교과서나 카지노 외에는, 확률이 수학 문제나 난제의 모습으로 나타나는 경우가 절대 없다. 대자연에서는 룰렛 테이블에 구멍이 몇 개인지 알려주는 법도 없고, 교과서 방식으로 문제를 내는 법도 없다. 따라서 우리는 해법을 찾기 전에 문제가 무엇인지부터 생각해야 한다. 과거가 달리 진행되었다면, 세상이 달라졌을 수도 있다는 점이 이 책에서 다루는 확률적 사고의 핵심이다. 사실상 내 평생에 걸쳐 계량적으로 확률에 접근하는 행태를 비판해왔다. 특히 물리학 같은 자연과학에서는 확률을 다소 이해할지 몰라도, 경제학 같은 사회과학에서는 확률을 전혀 이해하지 못한다. 전문가라는 작자들은 아는 것처럼 허세를 부리지만 말이다.

독자에게 위안이 되다

이 책에서 될 수 있으면 계량 트레이더라는 직업을 드러내지 않으려고 노력했다. 나는 시장 활동으로부터 단지 영감만을 얻었기 때문이다. 《일리아드》가 군사 교본이 될 수 없듯이, 이 책도 시장의 무작위성을 안내하는 지침서가 될 수 없다. 금융을 다루는 부분은 14개 장 가운데 세 개 장밖에 없다. 시장은 운이 함정으로 작용하는 여러 분야 가운데 하나일 뿐이다. 하지만 운에 크게 영향을 받기 때문에 단연 흥미롭다. 게다가 금융 분야에서는 운을 이해할 수 없는데도, 대부분의 사람들은 그것을 이해하고 있다고 착각한다. 따라서 그 편향이 매우 심각하게 나타난다. 그래서 나는 만찬장에서 마주친 호기심 많은 참석자에게 이야기하듯이 시장을 알기 쉽게 설명하려고 노력했다.

초판에 대해 수많은 이메일을 받았는데, 이런 소통과정을 통해 개정판 저술에 큰 도움을 받았다. 감사의 뜻으로 되도록 답장을 보내려 노력했고, 이 중 일부는 책에 담았다. 내가 그들의 우상을 모독하는 사람으로 보일 때가 자주 있었기 때문에, 성난 독자들로부터 "감히 워런 버핏을 비판하다니, 당신 도대체 누구야?" 또는 "버핏이 성공해서 배 아프냐?" 등의 편지를 받게 되지 않을까 기대했었다. 그러나 실망스럽게도 쓰레기 같은 항의의 대부분은 아마존닷컴에 익명으로 올라왔다(평판은 쉽게 손상되지 않는 법이다. 모욕적인 독자들 덕분에 오히려 평판이 높아지기도 했다).

직격탄이 없어서 다소 아쉬웠던 차에, 내 책 덕분에 명예를 회복했다는 편지를 받아 위안이 되었다. 자신은 아무 잘못도 없는데 실패한 인생이 된 사람들에게서 온 편지가 그중에서 가장 위안이 되었다. 이들은 배우자에게 이 책을 내밀면서 자신은 (실력이 없어서가 아니라) 단지 운이 없었을 뿐이라고 변명했다.

버지니아에 사는 독자에게서 온 편지가 가장 감동적이었다. 몇 달만에 직장과 아내와 재산을 모두 잃고 증권 감독원으로부터 끔찍한 조사까지 받은 사람이었는데, 이 책을 읽고서는 점차 마음이 안정되었다고 한다. 엄청나게 충격적인 무작위 사건, 즉 검은 백조Black Swan를 만난 독자들과 교류하면서 사건을 겪은 뒤의 순응에 관한 문헌을 살펴보게 되었다(불확실한 상황에서의 비이성적 인간 행태를 선구적으로 연구한 대니얼 카너먼Daniel Kahneman이 이 분야에서도 두각을 나타내는 것은 우연이 아니다). 나는 글을 쓰면서 스스로 보람을 느꼈을 뿐, 내 책이 투자자에게 도움이 될 거라고 생각해본 적은 단 한 번도 없다.

모 아니면 도

이 책에 담긴 몇 가지 메시지에 대해 사람들이 혼동하고 있다. 우리 두뇌는 확률 개념을 쉽게 이해하지 못하므로 '모 아니면 도' 방식으로 단순화하려고 덤빈다. 그래서 나는 '만사가 운'이 아니라 '생각보다 운이 중요하다'는 뜻을 설명하기가 어려웠다. 일부 독자들은 "회의론자 탈렙은 만사가 운이며, 성공한 사람들은 단지 운이 좋았을 뿐이라고 말한다"라고 받아들였다. '행운에 속는Fooled by Randomness' 증상은 저명한 캐임브리지연합토론Cambridge Union Debate에도 영향을 미칠 정도였다. 나는 "성공한 사람들 대부분은 운 좋은 바보들"이라고 주장했지만, "성공한 사람들 모두 운 좋은 바보들"로 전달되었다(내 인생에서 가장 흥미진진했던 이 토론에서 나는 데즈먼드 피츠제럴드Desmond Fitzgerald에게 확실히 패배했다. 편을 바꾸고 싶을 정도였다). 나의 메시지가 왜곡되었듯이, 사람들은 불경不敬을 오만으로 착각하기 때문에 회의론과 허무주의를 혼동한다.

내 생각을 분명히 밝히겠다. 물론 운은 준비된 사람에게 유리하게 작용한다. 열심히 일하고, 시간을 잘 지키고, 깨끗한 셔츠를 입고, 향수를 사용하는 등 일상적인 통념을 따르면 성공에 도움이 된다. 그러나 통념을 따른다고 해서 반드시 성공하는 것은 아니다. 끈기와 인내 같은 전통적 가치들도 성공하기 위해 필요한 요소들이지만, 그것이 반드시 성공을 보장하지는 않는다.

하지만 우리는 이 간단한 원리를 자주 혼동한다. 성공의 필요조건과 충분조건을 혼동하는 것이다. 다음의 예를 살펴보자. 복권에 당첨되려면 일단 나가서 복권을 사와야 한다. 하지만 복권방에 가서 복권을 사오는 행위 자체가 복권 당첨을 보장하지는 않는다. 그 행위는 단지 필요조건일 뿐이다. 물론 필요조건은 중요하다. 그러나 무작위 사건이 발생하는 세계에서는 중요도가 떨어진다.

그렇다고 열심히 살라던 할머니의 설교가 틀렸다는 말은 아니다. 대부분의 성공은 몇 안 되는 '기회의 창'을 통해서 이루어지므로, 이런 기회를 잡지 못하면 결코 성공하기 힘들다. 그러니 행운을 꼭 잡아라!

우리 두뇌는 때때로 인과관계를 거꾸로 파악한다. 훌륭한 자질 덕분에 성공한다고 생각한다. 이런 생각이 맞을지도 모른다. 성공한 사람들이 모두 똑똑하고 근면하며 인내심이 있다고 해서, 그 반대로 똑똑하고 근면하며 인내심 있는 사람들이 모두 성공한다는 뜻은 아니다(매우 똑똑해 보이는 사람들도 이런 원시적인 '후건 긍정의 오류affirming the consequent'를 일으킨다는 점이 놀랍다. 개정판에서는 이것을 '추론의 두 시스템two systems of reasoning' 문제로 논의한다).

서점에 수북이 쌓여 있는 성공 지침서의 내용도 왜곡되어 있다. 이런 책에서는 '성공하려면 책에 소개된 백만장자의 속성을 갖추어야 한다'라고 선전한다. 《이웃집 백만장자The Millionaire Next Door》라는 엉터리 지침서를 쓴 저자 중 한 사람은 《백만장자 마인드The Millionaire Mind》라는 더 멍청한 책을 썼다. 저자가 1,000명이 넘는 백만장자들을 조사해보니 어린 시절에는 대부분 IQ가 높지 않았던 것으로 나왔다. 그래서 천부적인 재능이 아니라 근면한 노력 덕분에 부자가 될 수 있었다고 추론하고 있다. 이 지침서를 읽은 사람들은 순진하게도 운이 성공에 영향을 미치지 않는다고 생각한다. 내 생각은 다르다. 백만장자들의 속성이 평균적인 사람들과 비슷하다면, 이들의 성공은 오히려 운이 작용했기 때문이다.

운은 타고난 능력에 관계없이 누구에게나 공평하게 작용한다. 저자는 백만장자가 일반 대중과 다른 점이 끈기와 근면 같은 몇몇 속성이라고 주장하지만, 이것도 필요조건과 인과관계를 착각한 사례다. 백만장자가 모두 끈기 있고 근면하다고 해서, 그 반대로 끈기 있고 근면한 사람이 모두 백만장자가 되는 것은 아니다. 끈기 있고 근면한 사업가들 가운데 실패한 사람도 부지기수다. 백만장자에게는 위험 감수라는 또 다른 공통점이 있다고 저자가 주장했는데 순진하기 짝이 없는 경험주의 사례일 뿐이다. 물론 그것은 성공의 중요한 요소지만, 실패에 필요한 요소도 된다. 저자가 똑같은 조사를 파산한 사람들을 대상으로 했다면, 틀림없이 이들의 파산이 위험 감수 때문이라고 주장했을 것이다.

일부 독자는 내게 그래프, 차트, 도형, 도표, 숫자, 추천, 시계열 등 '풍부한 데이터'로 책의 주장을 뒷받침하라고 요구했다(내가 운 좋게 텍세레Texere 출판사를 발견하기 전까지, 줏대 없는 다른 출판사들도 똑같은 요구를 했다). 이 책은 경제학 논문이 아니라, 논리적 사고 실험이다. 논리에는 실증이 필요 없다(이른바 '왕복 오류round-trip fallacy'다. 언론인과 일부 경제학자들처럼 논리 없이 통계를 사용하는 것은 잘못이지만, 그 반대로 통계 없이 논리를 사용하는 것은 잘못이 아니다). 내 이웃의 성공이 크든 작든 우연히 만들어진 결과로 의심된다고 해서 내가 그 사실을 검증할 필요까지는 없다. 러시안룰렛 사고 실험이면 충분하다. 평범한 사람들 가운데 성공 사례를 찾아, 내 이웃이 천재가 아니라는 사실만 이론적으로 설명하면 된다. 그렇다고 워런 버핏이 무능하다는 말은 아니다. 다만 투자자들의 수가 늘다보면 그 가운데 거의 필연적으로 운이 좋아서 실적이 뛰어난 사람도 나온다는 말이다.

사기 칠 기회를 놓치다

또 하나 놀라운 일은 내가 책에서 대중매체에 대해 강력하게 경고했는데도, 북미와 유럽의 TV와 라디오 쇼에 초대받았다는 사실이다(라스베이거스 라디오방송의 〈고집불통들의 대화dialogue de sourds〉라는 프로그램에서 진행자와 나의 이견이 좁혀지지 않았다). 나에게는 대변인이 없었으므로, 인터뷰에 직접 응할 수밖에 없었다. 참으로 묘한 일은, 언론이 유해하다는 메시지를 전달하는 데에도 언론을 이용해야 한다는 사실이다. 나는 김빠진 이야기를 늘어놓는 사기꾼이 된 기분이었지만, 그래도 재미는 있었다.

내가 주류 언론에 초대받은 것은 진행자들이 내 책을 읽지 않았거나 그 속에 담긴 비난을 알아차리지 못했기 때문으로 보인다(이들은 책을 읽을 시간이 없다). 반면 비영리 언론들은 내 주장의 정당성을 이해한 듯했다. 몇 가지 일화가 있다. 한 유명한 TV 쇼에서는 "탈렙은 주식분석가들이 무작위로 예측한다고 생각합니다"라고 말하면서, 내가 프로그램에 출연해서 생각을 발표해주길 열망했다. 그러면서 내게 세 종목을 추천하여 '전문성'을 입증하라고 요구했다. 출연을 거절했기 때문에, 나는 아무렇게나 세 종목을 고른 뒤 그럴듯한 설명을 붙이며 사기 칠 기회를 놓쳤다.

다른 TV 쇼에서 나는 "사람들은 있지도 않은 스토리를 있다고 착각합니다"라고 말하며, 주식시장의 속성은 무작위이고 사후적으로 논리를 갖다 붙일 뿐이라고 설명했다. 앵커가 즉시 말을 가로챘다. "오늘 아침 시스코에 대한 이야기가 나왔는데요, 여기에 대해서 한마디 해주시겠습니까?" 그들이 원하는 내용이 아니었기에 황급히 앵커는 주제를 바꿨던 것이다.

가장 아쉬웠던 기회는 한 시간짜리 투자토론 라디오 프로그램에 초대받았을 때이다. 시작하기 몇 분 전에 프로그램 담당자가 책에 나오는 운에 대해서는 언급하지 말고 투자에 대해서만 말해달라고 요청했다 (역시 사기 칠 절호의 기회였으나, 나는 준비가 부족했던 탓에 프로그램이 시작되기 전에 걸어 나왔다).

언론인들은 대부분 언론 사업을 진지하게 여기지 않는 듯하다. 특히 라디오나 TV와 같은 언론 사업의 목적은 진실 추구가 아니라 거의 연예 사업이다. 이들은 언론인이 단지 연예인에 불과하다는 사실을 모르고, 그들을 사상가로 착각하는 사람들을 상대로 일한다.

언론에서 메시지를 해석하는 방식에도 문제가 있었다. 언론은 나심이 시장을 무작위라고 생각하므로 시장은 하락할 것이라고 보도했다. 그래서 나는 얼떨결에 저승사자가 되고 말았다. 예상 밖의 희귀사건인 검은 백조는 좋은 사건이 될 수도 있고 나쁜 사건이 될 수도 있는데도 말이다.

그런데 언론은 겉모습과는 달리 천차만별이다. 상혼에 물든 시스템에서 벗어나서, 대중의 관심을 사로잡는 것보다 진정한 메시지에 주력하는 사려 깊은 언론인도 많다. 코조 아난디Kojo Anandi(NPR), 로빈 러스티그Robin Lustig(BBC), 로버트 스컬리Robert Scully(PBS), 브라이언 레러Brian Lehrer(WNYC)와 대화를 나눈 뒤, 나는 비영리 언론인들은 모두 지성인이라고 생각하게 되었다. 문득, 토론의 질은 스튜디오의 화려함과 반비례한다는 생각이 들었다. 브라이언 레러는 논점을 파고들려고 최선을 다하는 사람인데, 그의 WNYC 스튜디오는 카자흐스탄에서나 볼 수 있을 법한 낡은 시설이었다.

끝으로 문장 스타일에 대해서 한마디 덧붙이겠다. 나는 개정판에서
도 초판과 마찬가지로 나만의 독특한 문체를 유지하기로 했다. 나도 인
간이다. 장점도 있고 단점도 있으며, 때로는 오류를 피할 수 없다. 그러
나 그 오류가 내 개성의 일부라면 굳이 숨길 필요가 있을까? 마치 사진
을 찍을 때 가발을 쓸 필요가 없고, 얼굴을 내놓을 때 남의 코를 빌릴 필
요가 없는 것과 마찬가지다. 내 초고를 읽은 편집자들은 하나같이 (문체
가 개선되도록) 문장도 바꾸고 본문 구성도 고치라고 제안했다. 나는 편
집자들의 제안을 거의 다 무시했는데, 독자 어느 누구도 그것을 원치 않
았음을 나중에 알게 되었다. 결함이 있더라도 저자의 개성이 들어가야
문장에 생기가 도는 법이다. 출판업에도 타당성이 검증되지 않은 주먹
구구식 규정이 누적되면서 '전문가 폐단'이 발생하는 것은 아닐까? 수
십만 독자를 대하면서, 책은 편집자를 위해 쓰는 것이 아님을 깨달았다.

차례

하늘로 솟은 모스크

이 책에서는 실력으로 위장한 행운, 다시 말하면 결정론으로 위장한 우연을 다룬다. 그 대표적인 형태는 운이 좋아 성공한 사람들에게서 명확히 드러난다. 그들은 자신의 부를 실력의 결과라고 착각한다. 이런 착각은 과학처럼 전혀 어울리지 않는 분야에서도 발견되며, 특히 정계에서는 고질적이기 때문에 대통령은 항상 자신이 전임자의 과실을 바로잡아 새 업적을 이루었다고 주장한다.

우리는 사바나 지역을 떠돌던 조상과 매우 닮았으며, 특히 신념 체계는 여전히 미신으로 가득 차 있다. 한 원시인이 코를 긁었더니 우연히 비가 내렸다. 이후 그는 땅이 가물 때마다 온갖 방법으로 코를 긁는다. 이처럼 우리는 연방준비제도이사회에서 금리를 인하하면 경제가 살아난다고 생각하거나, 새로 취임한 사장이 실권을 잡으면 회사가 성공하리라고 생각한다. 서점은 성공한 사람들의 비법을 가르쳐주는 책들로 넘쳐난다(그러나 '적절한 시점과 적절한 장소'를 전제하므로 결론이 명확하지 않다). 이런 혼동은 다양한 분야에서 발생한다. 문학 교수는 단지 우연히 나타난 단어 패턴에 심오한 의미를 부여하고, 경제학자는 무작위적인 데이터에서 '규칙성'과 '이상'을 발견했다고 으스댄다.

오해를 무릅쓰고 감히 말하는데, 문학가들은 소음과 의미를 의도적으로 혼동하려는 경향이 있다. 즉, 아무렇게나 구성된 단어와 정교하게 의도한 메시지를 구분하지 못한다. 하지만 이런 혼동은 해가 없다. 예술이 진리를 탐구하는 도구라고 주장하는 사람은 아무도 없기 때문이다. 상징주의는 운을 거부하는 태도와 무능에서 비롯되었다. 우리는 온갖 형태에 의미를 부여한다. 하다못해 잉크 얼룩에서도 인간의 모습을 찾아낸다. 19세기 프랑스 상징주의 시인 아르투르 랭보Arthur Rimbaud는 잉크 얼룩을 보고 "나는 하늘로 솟은 모스크를 보았다"라고 말했다. 곧장 그는 아비시니아Abyssinia로 갔고, 기독교도인 레바논 노예 상인에게 심한 학대를 당했으며, 매독에 걸리고 괴저로 다리 하나를 잃었다. 이후 마르세유로 돌아와 겨우 30대에 병원에서 이름도 알려지지 않은 채 죽었다. 뒤늦게 유럽의 지성인들이 랭보의 상징주의에 관심을 갖게 되었을 때, 그는 이미 저세상 사람이었다. 그래서 우리는 정신분석을 비롯한 여러 분야에서 아직도 그 대가를 치르고 있다.

안타깝게도 상징주의에 지나치게 몰입한 사람들이 있다. 이들은 매사에 너무나 많은 의미를 부여한다. 나는 문학과 시를 사랑하지만, 대부분의 문학 선생과 '비평가'들을 지극히 혐오하므로, 평생 둘 사이에서 갈등을 겪었다. 프랑스 사상가 겸 시인 폴 발레리Paul Valery는 자신의 시에 대한 논평을 듣고 깜짝 놀랐다고 한다. 자신이 전혀 생각하지 못했던 의미를 비평가들이 찾아냈기 때문이다(물론 논평에서는 발레리가 잠재의식에서 의도했던 바라고 지적했다).

일반적으로 말하면, 우리는 매사에 작용하는 운의 비중을 과소평가한다. 심지어 과학 분야에서조차 최근에야 운을 다룰 수 있게 되었다(물론 유용한 정보보다 무의미한 정보가 더 많아졌다). 수학에서도 확률 이론은 비교적 최근에 개발되었고, 확률을 실무에 응용하는 학문은 거의 전무한 실정이다. 게다가 이른바 '용기'는 신념을 위해 위험을 무릅쓰는 고상한 행동이라기보다는, 운의 비중을 과소평가하는 무모한 행동으로 밝혀지는 듯하다. 내 경험과 과학 문헌에 비추어 보면, 경제적으로 위험을 감수한 사람들은 성공한 경우보다 자신의 착각에 희생된 경우가 많았다(그들은 불리한 결과의 가능성을 과소평가하여 과도한 낙관주의와 과신으로 치우쳤다). 그들이 위험을 감수한 이유는 자신이 운이 좋을 것이라고 착각했기 때문이다.

표1의 왼쪽 열과 오른쪽 열을 비교해보라. 이 책의 주요 내용을 간단히 요약하자면, 왼쪽 열을 오른쪽 열로 착각해서 발생하는 상황에 대한 설명이다(대개 비극으로 끝나는 코미디다). 소제목 역시 이 책의 바탕을 이루는 핵심 논의 사항이다.

일부 독자는 그 반대의 경우, 즉 운이 아닌 것을 운으로 착각하는 경우에 대해서도 관심을 둬야 하지 않느냐고 생각할 것이다. 패턴과 메시지를 놓쳐버리는 상황도 있지 않겠냐는 말이다. 두 가지 답이 있다. 첫째, 나는 패턴을 놓치는 경우에 대해서 크게 걱정하지 않는다. 우리는

표1

일반

행운	실력
운	결정론
확률	확실성
믿음, 어림짐작	지식, 확신
이론	실제
일화, 우연의 일치	인과관계, 법칙
예측	예언

투자 실적

운 좋은 바보	실력 있는 투자자
생존편향	초과수익

금융

변동성	수익률
확률변수	결정변수

물리 및 공학

소음	신호

문학 비평

없음 (비평가가 이해하지 못하므로 명칭도 없음)	상징

과학 철학

인식론적 확률	물리적 확률
귀납법	연역법
종합 명제	분석 명제

일반 철학

우연	확실
우연	필연
우연	진실

들쭉날쭉한 문양에서 어떤 징후를 찾아내려고 길고 복잡한 메시지를 읽는다. 집 안에 슈퍼컴퓨터를 갖추고 복잡계 이론과 카오스 이론, 과학자, 얼치기 과학자, 사이비 과학자 등의 도움을 받으면 징후를 발견할 수 있을 것이다. 둘째, 실수를 저질렀을 때 치러야 할 대가를 생각해야 한다. 내 생각에 표1의 오른쪽 열을 왼쪽 열로 착각해서 치르는 대가는 그 반대 방향으로 착각할 때만큼 크지 않다. 통설에서조차 나쁜 정보는 전혀 정보가 없는 것보다도 더 위험하다고 경고하지 않는가?

이 분야가 아무리 흥미롭다고 해도, 토론을 진행하는 것은 무리한 요구다. 그런데 운을 실력으로 착각하는 습관이 널리 퍼져 있는 세계가 하나 있다. 그것은 증권시장이다. 다행인지 아닌지 몰라도, 주식시장은 내가 인생 대부분을 보낸 곳이며 가장 잘 아는 시장이기도 하다. 게다가 두 착각의 차이를 이해하기에 가장 좋은 실험실이 되기도 한다. 사람들이 가장 큰 착각을 일으키며, 그 효과가 가장 치명적인 곳이기 때문이다. 예를 들어 우리는 어떤 전략이 탁월하고, 어떤 사업가에게 비전이 있으며, 어떤 트레이더가 뛰어나다고 생각하지만, 이들이 올린 과거 실적의 99.9%가 운 때문이었음을 뒤늦게 깨닫는다. 이익을 낸 투자자에게 성공한 원인을 설명해달라고 부탁해보라. 그는 심층적이고도 설득력 있게 자신의 성과를 해석할 것이다. 흔히 이런 착각은 의도적이며, 허풍이라고 보아야 마땅하다.

우리는 비판적 사고 능력이 없기 때문에 표1의 왼쪽 열과 오른쪽 열을 혼동한다. 또한, 본능적으로 '어림짐작'을 '진실'이라고 믿는데, 이는 확률의 구조를 이해하지 못하기 때문이다. 이런 결점 때문에 전문가까지 당하는 경우도 있고, 때로는 전문가만 당하는 경우도 있다.

19세기 만화에 등장하는 배불뚝이 자본가 무슈 프뤼돔Monsieur Prudhomme은 두 가지 목적으로 큼직한 칼을 차고 다녔다. 첫째, 공화국을 적으로부터 지키려는 목적과, 둘째, 공화국 국민이 진로에서 벗어나면 공격하려는 목적이었다. 마찬가지로 이 책에도 두 가지 목적이 있다. 과학을 보호하려는 목적과(과학은 우연으로 가득 찬 공간을 가로지르는 한 줄기 빛이다), 과학자가 진로에서 벗어나면 공격하려는 목적이다(과학자들이 선천적으로 표준편차도 이해하지 못하고 비판적 사고도 전혀 없다는 사실에서 재앙이 시작된다. 이들에게는 사회과학에서의 확률을 다룰 능력도 없고, 이러한 사실을 인정할 능력도 없는 것으로 밝혀졌다). 불확실성을 연구하면서 나는 과학자처럼 차려입은 약장수들을 질리도록 많이 봐왔다. 특히 경제학 분야에서 운에 대해 가장 멍청한 인간들을 찾을 수 있었다.

이런 환경이라면 우리의 결함은 불치병이라고 할 수 있다. 하지만 이는 인류가 완벽해질 수 있다고 믿는 이상주의자들에게만 나쁜 소식이다. 인간을 바라보는 현대 사상은 다음 두 가지로 양극화되어 있다. 한쪽에는 인근 대학 영어 교수, 잔소리꾼 고모, 《행복에 이르는 20단계》와 《1주 만에 인품을 높이는 법》의 저자가 있다. 이런 유토피아 관점을 지닌 사람들로 루소Rousseau, 고드윈Godwin, 콩도르세Condorcet, 토머스 페인Thomas Paine, 규범경제학자(자신에게 이로울 테니 합리적인 선택을 하라고 권유하는 사람들) 등이 있다. 이들은 이성과 합리성을 믿으며, 문화적 장애를 극복하고 더 나은 인류가 되어야 한다고 주장한다. 무엇보다도 행복과 합리성에 도달하기 위해서 단지 명령만으로도 우리의 본성을 마음대로 통제하고 변경할 수 있다고 생각한다. 뚱뚱한 사람들에게 건강에 대해 알려주기만 하면 비만이 치료된다고 믿는 사람들이 이런 부류에 속할 것이다.

다른 한편에는 인류를 비극적으로 바라보는 사람들이 있다. 이들은 우리가 생각하고 행동하는 방식에 원래부터 한계와 결함이 있으며, 개인 및 집단적 행동에 앞서 이런 사실을 인정해야 한다고 생각한다. 이런 부류에 속하는 사람으로 칼 포퍼Karl Popper, 프리드리히 하이에크Friedrich Hayek와 밀턴 프리드먼Milton Friedman, 애덤 스미스Adam Smith, 허버트 사이먼Herbert Simon, 아모스 트버스키Amos Tversky와 대니얼 카너먼Daniel Kahneman, 투기꾼 조지 소로스George Soros 등이 있다. 특히 찰스 샌더스 퍼스Charles Sanders Peirce는 가장 간과되는 인물인데, 그는 100년쯤 너무 일찍 태어났다(그는 '교황 무오설無誤說'의 반대 개념으로 과학적 '오류주의fallibil-ism'라는 용어를 만들어냈다). 이 책에 담긴 생각이 비극적 부류에 속한다는 점은 두말할 필요도 없다. 우리는 원래 불완전한 존재이므로 애써 결함을 고치려고 수고할 필요가 없다. 인간은 결점이 많은데다 자연 환경과도 어울리지 않아서, 이러한 결함의 주변을 맴돌 뿐이다. 이것이 내가 (행운에 속지 않는) 두뇌와 (행운에 완전히 속아 넘어가는) 감정 사이에서 평생 치열한 싸움을 벌인 끝에 확신하게 된 사실이다. 회의적 경험론자로서 나는 세상 누구보다도 설교만 해대는 도덕 선생님을 경멸한다. 효과도 없는 기법을 그들이 왜 맹신하는지 나는 아직도 이해하지 못한다. 이들은 우리의 행동을 유효하게 통제하는 것은 감정보다는 인식 기관이라고 주장한다. 우리는 이런 주장이 완전히 틀렸음을 현대 행동과학을 통해서 확인할 것이다.

내 동료 밥 예거Bob Jaeger(나와는 반대로 트레이더를 거쳐 철학 교수가 되었다)는 더 강력한 이분법을 제시한다. 그가 말한 바로는, 세상에는 쉽고 명쾌한 답이 존재한다고 생각하는 사람이 있고, 단순화에는 필연적으로 심각한 왜곡이 따른다고 생각하는 사람이 있다(그에게는 비트겐슈타인Wittgenstein이 영웅이고 데카르트Descartes가 적이다). 결정론을 잘못 믿어 행운에 속는 현상이 사물의 특성을 단순화하는 과정에서 빚어질 수 있다는 시각에 나는 매료되었다. '바보도 이해할 만큼 단순화시켜야 한다'고 믿는다면, 단순화야말로 위험하기 짝이 없다고 지적하는 바이다.

나는 목차만 보고서도 내용을 쉽게 짐작할 수 있는 책을 경멸한다(단지 재미를 느끼려고 본문을 읽는 사람은 많지 않다). 그래서 목차는 본문이 전개되는 순서를 암시하는 정도가 되어야 한다. 이 책의 첫 부분은 솔론의 경고에 대한 자기 성찰이다(그가 겪은 희귀사건은 나의 평생 좌우명이 되었다). 이 사례를 통해서 우리는 보이는 역사와 숨은 역사, 그리고 희귀사건의 포착하기 어려운 속성에 대해 성찰한다. 두 번째 부분에서는 내가 직업상 겪은 확률편향들을 제시한다(이런 편향들이 계속해서 나를 속이고 있다). 세 번째 부분에서는 나 자신과의 싸움에 대해서 설명하고, 끝으로 몇 가지 실용적이고 철학적인 조언을 덧붙인다. '계몽'과 이성의 시대가 도래하기 전에, 인간의 결함을 극복하고 운을 뒤집어보려는 다양한 시도가 있었다. 역사는 지금도 이런 기법들을 우리에게 제공해줄 수 있다.

Part 1
솔론의 경고

──── 비대칭, 불균형, 귀납법 ────

리디아^{Lydia} 왕 크로이소스^{Croesus}는 당대 최고의 부자로 통하는 인물이었다. 오늘날에도 로망스어로 엄청난 부자를 "크로이소스 같은 거부"라고 표현한다. 하루는 솔론이 그를 방문했다. 솔론은 존엄하고, 신중하고, 도덕적이고, 겸손한데다가 검소하고, 지혜롭고, 총명하고, 용기 있다고 알려진 그리스 입법 의원이다. 그는 크로이소스의 엄청난 부와 화려한 재물에 조금도 놀라는 빛을 보이거나 감탄하는 기색을 드러내지 않았다. 저명한 손님이 아무런 내색을 보이지 않자, 마음이 상한 크로이소스는 억지로라도 인정을 받아내려 했다. 그는 솔론에게 자기보다 행복한 사람을 본 적이 있느냐고 물었다. 솔론은 전쟁에서 고귀하게 죽은 사람들을 열거했다. 그 밖에 더 없느냐고 묻자 솔론은 영웅적으로 살다가 전사한 사람들의 예를 제시했다. 마침내 화가 난 크로이소스는 자신이 가장 행복한 사람이 아니겠냐고 단도직입적으로 물었다. 그러자 솔론이 대답했다.

"세상에서 일어나는 수많은 불행한 일을 생각해 보면, 지금 즐겁다고 해서 자만해서는 안 됩니다. 또 언제든 상황이 바뀔 수 있기 때문에 행복하다고 감격해서도 안 됩니다. 우리 미래는 매우 다양한 형태로 불확실하게 전개될 테니 말입니다. 그러니 임종하는 그 순간까지 신이 행복을 허락한 사람에게만 진정 행복한 사람이라고 부를 수 있겠지요."

현대에서는 야구 코치 요기 베라^{Yogi Berra}가 솔론의 경고를 순수 그리스어 못지않은 뉴욕 영어로 우아하게 표현했다. 그는 "진짜 끝날 때까지는 끝난 것이 아니다" 또는 "경기가 완전히 끝나기 전에는 승부를 장담 못 한다"고 말했다.

1부에서는 상황이 중간에 얼마나 심하게 바뀔 수 있는지를 이야기한다. 우리는 제우스의 맏딸 티케Tyche, 행운의 여신가 만들어낸 상황에 번번이 속기 때문이다. 현명한 솔론은 운으로 얻은 것은 운으로 잃을 수 있음을 간파했다. 반면에, 운에 의하지 않고 얻은 것은 운에 크게 좌우되지 않는다. 솔론은 지난 3세기 동안 과학을 사로잡았던 문제도 직관적으로 파악했다. 이른바 귀납의 문제다. 이 책에서는 이 문제를 검은 백조Black Swan 또는 희귀사건Rare Event이라고 부른다. 도저히 일어날 것 같지 않지만 만약 발생할 경우 엄청난 충격을 몰고오는 사건을 뜻한다. 솔론은 이와 관련된 다른 문제까지도 간파했는데, 이를 '비대칭 문제'라고 한다. 실패의 대가가 지나치게 클 때 아무리 자주 성공을 해도 소용없다는 의미다.

크로이소스의 이야기는 한 번 더 뒤틀린다. 크로이소스는 페르시아 왕 키루스Cyrus와의 전쟁에서 패한 뒤, 화형을 당할 참이었다. 그는 솔론의 이름을 부르며 외쳤다. "솔론, 당신 말이 맞았소." 이 모습을 보고 키루스가 왜 그렇게 절규하는지 묻자, 크로이소스는 솔론이 경고한 내용을 말해주었다. 깊이 감동한 키루스는 크로이소스의 목숨을 살려주었다. 자신도 같은 운명에 처할지 모른다고 생각했기 때문이다. 당시 사람들은 생각이 깊었다.

CHAPTER 01

당신은 부자인데도 왜 그리 멍청한가?

태도가 정반대인 두 인물을 통해서, 운이 사회의 서열과 질투에 미치는 영향을 보여준다. 이는 잘 드러나지 않는 매우 보기 드문 희귀사건이다. 현대 생활의 모든 양상은 얼마든지 빠르게 바뀔 수 있다.

▪━ 트레이더 네로 튤립

한눈에 반하다

어느 봄날 시카고상업거래소에서 다음과 같이 이상한 장면을 목격한 뒤, 네로 튤립Nero Tulip은 증권 거래의 매력에 푹 빠지게 되었다. 몇 차례 속도를 위반하면서 달려온 빨간색 컨버터블 포르셰가 타이어에서 돼지 멱따는 소리를 내며 거래소 입구에 멈췄다. 얼굴이 붉게 상기된 30대 남자가 차에서 내리더니 호랑이에게 쫓기듯 계단을 뛰어 올라갔다. 시동도 꺼지지 않은 그의 차가 길을 막고 있었고, 사람들은 짜증을 내며 경적을 울려댔다. 한참 뒤 노란색 유니폼을 입은 젊은이가 따분한 표정으로 계단을 내려왔는데, 교통 소란에도 전혀 당황하지 않은 모습이었다. 그는 일상적인 업무를 처리하듯 무덤덤하게 차를 몰아 지하 주차장으로 내려갔다.

그날 네로 튤립은 벼락이라도 맞은 것처럼 갑자기 황홀경에 빠졌다. 프랑스식 표현으로 '한눈에 반한coup de foudre' 셈이었다. "바로 이거야!" 그는 흥분해서 소리쳤다. 즉시 자신이 택할 수 있는 다른 직업들과 트레이더의 생활을 비교해보았다. 학계를 생각하니 건방진 조교들이 앉아 있는 조용한 대학 연구실이 떠올랐다. 기업체를 생각하니 우둔한 사람들이 모여 장황하게 이야기를 늘어놓는 회의실이 떠올랐다.

잠시 제정신을 차리다

'한눈에 반하는' 대부분의 경우와는 달리, 그가 시카고에서 경험한 황홀경은 15년이 지난 뒤에도 그대로 남아 있었다. 그는 당대의 합법적인 직업 가운데 그 어떤 직업도 트레이더만큼 짜릿할 수는 없다고 확신했다. 너른 바다에서 해적질해본 적은 없지만, 이제는 그것조차 트레이더보다는 따분하리라고 확신하게 되었다.

네로는 근엄한 교회 역사가로도 어울리고 욕설을 내뱉는 시카고 중개인으로도 어울려서, 두 스타일 사이를 마음대로 오갈 수 있는 인물이었다. 그는 수억 달러 규모의 거래를 눈 하나 깜짝 않고 해치울 수 있는 반면, 전채요리 두 가지를 놓고 변덕을 부려 웨이터를 지치게 만들기도 하는 인물이었다.

그는 케임브리지 대학에서 고대문학과 수학 학사학위를 받았다. 이후 시카고 대학 통계학 박사과정에 등록했지만, 필수과목을 이수하고

방대한 박사과정 연구를 마친 뒤 갑자기 철학으로 전공을 바꿨다. 깜짝 놀란 논문 지도교수는 철학자가 되면 먹고살기 힘들다고 경고하면서 그가 다시 통계학으로 돌아올 것이라고 예언했다. 그러나 그는 "잠시 제정신을 차렸기 때문에" 전공을 바꾼 것이라고 말해서 지도교수를 더 놀라게 했다. 그는 철학 논문을 완성했다. 후기 구조주의 프랑스 철학자 자크 데리다 스타일의 난해한 철학은 아니었다. 오히려 정반대였다. 그의 철학 논문은 사회과학에 적용하는 통계추론의 방법론에 관한 것이었다. 사실 그의 논문은 수리통계학 논문과 구별이 되지 않았다. 단지 조금 더 사상이 풍부했을 뿐이다(논문 길이도 두 배였다).

사람들은 흔히 철학으로는 먹고살 수 없다고 말한다. 이것이 네로가 철학을 포기한 이유는 아니었다. 단지 철학이 재미없었기 때문이다. 처음에는 철학이 쓸모없어 보였다. 그는 통계학 지도교수의 경고를 떠올렸다. 갑자기 철학이 업무처럼 보이기 시작했다. 자신이 예전에 썼던 논문에 대한 난해한 세부 논문을 작성하는 일에 싫증 나자, 학문의 길을 포기했다. 학문적 토론이 몹시 지루해졌고, 특히 세부 사항을 논의할 때는 더 지루했다. 네로에게는 활력이 필요했다. 단조롭고 종속적인 직장 생활을 피하려고 학계를 선택했는데, 학계 역시 예외는 아니였다.

호랑이에게 쫓기듯 뛰어들어간 트레이더를 봤던 경험이 떠올라 네로는 주저 없이 시카고상업거래소에 인턴으로 들어갔다. 이 거대한 거래소는 트레이더들이 미친 듯이 소리치고 몸짓하면서 일하는 장소였다. 이곳에서 네로는 일류 트레이더 밑에서 일했는데, 시카고 스타일로 훈련을 받는 대가로 그의 수학방정식을 풀어주었다. 거래소를 가득 채운 에너지가 네로를 자극했다. 그는 곧 훈련 과정을 마치고 전업 트레이더가 되었다. 이어 군중 속에서 목청 높이는 일에 지치자, 책상 앞에 앉아 거래하는 일자리를 찾기로 했다. 뉴욕으로 이사한 그는 투자회사에 일자리를 얻었다.

네로는 계량금융상품 전문가가 되었는데, 이 분야에서 일찌감치 성공하여 유명해졌고 인기도 얻었다. 뉴욕과 런던의 여러 투자회사에서 막대한 성과급을 제안해왔다. 네로는 최고급 정장을 입고 중요한 회의에 참석하면서, 몇 년 동안 두 도시 사이를 오갔다. 그러다가 네로는 갑자기 잠적했다. 월스트리트의 주인공 역할이 기질에 잘 맞지 않았던 것이다. '인기 트레이더'의 자리를 유지하려면 조직에 대한 야심과 권력에 대한 갈증이 필요하지만, 네로에게는 그런 기질이 없었다. 단지 재미있어서 일했을 뿐이다. 그는 회의실에서 줄곧 지루함을 느꼈고, 특히 평범한 직원들과는 대화를 잇지 못했다. 네로는 사무 용어에 질색했는데, 단지 미적 감각 때문만은 아니었다. '행동방침', '요점', '달성방안', '우리는 고객에게 솔루션을 제공한다', '우리의 임무' 등 회의할 때 쏟아지는 정교하지도 분명하지도 않은 표현들이 싫었다. 단지 침묵을 깨기 위한 공허한 말인지, 아니면 회의에 정말로 도움이 되는 것인지, 그로서는 도무지 알 수가 없었다. 어쨌든 그는 이런 모임에 참여하고 싶지 않았다. 실제로 네로는 사람을 폭넓게 만났지만 일반 직원은 거의 상대하지 않았다. 하지만 나와 달리(나는 누군가 거드름을 피우며 내 비위를 건드리면 극도로 자존심이 상한다) 네로는 이런 환경에서도 초연하게 상냥한 태도를 유지했다.

그래서 네로는 이른바 고유계정거래로 분야를 전환했다. 여기서 트레이더는 독립적인 실체가 되어 회사로부터 할당된 자금을 운용한다.

이들은 만족할 만큼의 실적만 올려주면 회사로부터 아무런 간섭도 받지 않는다. 고유계정거래는 회사의 자기자본으로 매매한다. 연말이 되면 이들은 창출한 이익의 7~12%를 성과급으로 지급 받는다. 고유계정 트레이더는 전업의 혜택을 모두 누리면서도, 실제 전업에서 발생하는 번거로운 잡무를 전혀 부담할 필요가 없다. 원하는 시간에 일할 수 있고, 마음대로 여행 갈 수도 있으며, 얼마든지 자신의 취미생활을 즐길 수도 있다. 단순 작업을 싫어하고, 아무 때나 명상에 잠기길 좋아하는 네로에게 딱 어울리는 일이었다. 지난 10년 동안 그는 두 회사에서 고유계정거래를 담당했다.

운용 기법

네로의 운용 기법에 대해 한마디 하겠다. 그는 운용업계에서 누구보다도 더 보수적으로 거래한다. 지금까지 실적이 좋은 해도 있었고 나쁜 해도 있었지만, 정말로 '나쁜' 해는 거의 없었다. 그동안 매년 30만~250만 달러의 소득을 올린 덕분에 몇 년 동안 안정적으로 종잣돈을 모을 수 있었다. 평균적으로 매년 약 100만 달러의 소득을 올려 세후 50만 달러를 축적했다. 이 금액은 그의 예금계좌로 직행했다. 1993년에 그는 실적이 부진해 회사에서 난처한 처지에 놓였다. 다른 트레이더들의 실적이 훨씬 좋았으므로 그에게 할당된 자본은 대폭 삭감되었고, 회사에서는 그를 탐탁지 않게 여겼다. 그래서 자신을 더 인정해주는 다른 회사에서 같은 일자리를 얻었다.

1994년 가을에 미국 연방준비은행이 갑자기 통화를 긴축하자 세계 채권시장이 붕괴했다. 실적 경쟁을 벌이던 트레이더들이 한꺼번에 큰 손실을 보았다. 그들은 현재 모두 시장을 떠나 다양한 일을 하고 있다. 그러나 네로는 그들과 달랐다.

네로는 왜 돈을 더 벌지 못할까? 거래 스타일 때문이거나, 아니면 성격 때문이다. 그는 극단적으로 위험을 회피한다. 이렇게 재미있는 일자리를 잃고 싶지 않기 때문에 이익 극대화를 추구하며 무리하지 않는다. 운용을 망치면 거래를 접고 따분한 대학으로 돌아가야 한다. 위험이 증가할 때마다 그는 대학의 조용한 복도와, 싸구려 커피로 졸음을 쫓으며 논문을 수정하던 지루한 오전을 떠올린다. 그는 무척이나 따분했던 대학 도서관을 다시는 보고 싶지 않았다. 그래서 늘 말한다.

"나는 여기서 장수하고 싶어."

네로는 많은 트레이더가 파산하는 모습을 지켜보았기에 자신은 그런 꼴을 당하고 싶지 않았다. 파산이란 단지 돈을 잃는다는 뜻이 아니다. 예상치 못한 큰돈을 잃고 직장에서 쫓겨난다는 뜻이다(의사가 면허를 취소당하거나 변호사가 자격을 박탈당하는 꼴이다). 네로는 미리 정해놓은 손실한도에 도달하면 즉시 거래를 청산한다. 절대로 '무방비 옵션 naked option'을 매도하지 않는다. 막대한 손실 위험에 자신을 노출시키지 않으려는 것이다. 확률이 아무리 낮더라도, 예컨대 100만 달러 이상 손실이 발생할 위험은 절대로 감수하지 않는다. 손실한도는 항상 가변적이다. 그해의 누적이익 규모에 따라 달라진다. 이런 식으로 위험을 회피했기 때문에 그는 흔히 '천하무적'이라고 불리는 월스트리트의 다른 트레이더들만큼 큰돈을 벌지는 못했다. 회사에서는 이후 등장하는 존처럼 네로와 스타일이 다른 트레이더들에게 더 많은 돈을 할당했다.

네로는 "잔 손실은 괜찮아. 벌 때 크게 벌면 되지"라며 푼돈을 잃는 것에는 개의치 않는 기질이었다. 그는 트레이더를 순식간에 쓸어버리는 공황이나 폭락 같은 희귀사건에는 어떤 경우에도 당하고 싶지 않았다. 오히려 그런 희귀사건을 통해 이익을 얻고자 했다. 사람들이 왜 손실이 발생할 때 버티지 않느냐고 물어보면, 그는 항상 "최고 겁쟁이인 스티보에게 배워서 그렇다"고 대답했다. 그러나 정확한 대답은 아니었다. 사실은 그가 확률 개념을 익힌 데다가 타고난 회의론자이기 때문이다.

네로가 다른 트레이더만큼 많이 벌지 못한 또 다른 이유가 있다. 그는 의심이 많아서 자기 돈을 미국채 외에는 투자하지 않았다. 그래서 대형 강세장에서도 돈을 벌지 못했다. 약세장으로 돌변하면 함정이 될 수도 있다는 생각 때문이다. 또한 주식시장이 일종의 사기판이라고 생각해 절대로 주식을 보유하지 않았다. 그가 주식투자로 부자가 된 주변 사람들과 다른 점은, 현금 흐름은 풍족하지만 자산총액이 증가하지 않는다는 사실이다(그가 보유한 미국채 가격은 거의 변동되지 않았다).

네로는 주식투자자들이 현금 흐름상 엄청난 적자를 보이는 신생 IT 벤처 회사에 집단적으로 홀려 있다고 생각했다. 주가가 상승하면 투자자들이 부자가 될 수도 있지만, 결국 승패는 시장에서 주가가 어떻게 움직이냐에 달려 있을 수밖에 없다. 이는 바로 그가 강세장에 의존하지 않는 것처럼 약세장일 때도 전혀 걱정할 필요가 없다는 의미이다. 그의 순자산은 투자 실적에 좌우되지 않는다. 네로는 투자가 아니라 저축으로 부자가 되고자 한다.

또한, 저축 자금에 대해서는 손톱만큼의 위험도 감수하지 않기 때문에 가장 안전한 상품에만 투자한다. 미국채는 안전하다. 미국 정부에서 발행하는 증권이며, 미국 정부는 얼마든지 지폐를 발행해서 부채를 상환할 수 있으므로 파산할 일이 없다.

근로 윤리에 얽매이지 않다

투자업계에서 14년 동안 활동하고 나서 39세가 된 네로는 자신이 안정적으로 자리 잡았다고 생각한다. 개인 포트폴리오에는 중기 미국채 수백만 달러가 있으므로, 장래에 대해서 전혀 걱정할 필요가 없다. 그가 고유계정거래를 가장 좋아하는 이유는 다른 고소득 직업에 비해 시간적 여유가 있다는 점이다. 빡빡한 근무 시간을 꺼리는 그의 성향과 완벽하게 맞아떨어진다. 트레이딩을 하다 보면 일부 사람들은 깊은 고민에 빠지기도 한다. 무작정 열심히 일하는 사람들은 대개 집중력을 잃고 지적 에너지도 소진되기 마련이다. 게다가 이런 사람들은 결국 운에 휘말려 허우적거리게 된다. 네로는 근로 윤리 때문에 사람들이 신호 대신 소음에 집중하게 된다고 믿는다.

시간이 넉넉한 덕분에 네로는 취미생활을 다양하게 즐길 수 있었다. 왕성한 독서를 즐기고 체육관과 박물관에서 많은 시간을 보냈으므로 변호사나 의사를 찾을 일도 없었다. 여가 시간을 이용해 다시 통계학과로 돌아가서 박사과정을 밟았으며 더 간결한 용어로 논문을 써서 통계학 분야에서 '이학理學' 박사학위를 받았다. 네로는 이제 1년에 한 번, 반학기짜리 세미나에서 학생들을 가르친다. 뉴욕 대학 수학과에 개설된 '확률적 사고의 역사History of Probabilistic Thinking'라는 강좌인데, 독창성이 뛰어난 과목이라서 우수한 대학원생들이 많이 수강 신청한다. 그는 장래에 품위 있는 생활을 유지할 만큼 충분히 저축을 했으며 은퇴에 대비해서 비상계획까지 수립해놓았다. 미래에 어떤 사건이 일어나서 시장이 문을 닫게 되면 확률과 비결정론을 중심으로 과학과 문학을 다양하게 결합한 대중적인 수필을 쓸 생각이다. 네로는 위험을 충분히 인식하고 자제력을 유지하면서 열심히 일한다면 누구나 넉넉한 인생을 살아갈 확률이 매우 높다고 믿는다. 그 수준을 넘어서는 것은 단지 운에 불과하다. 엄청난 위험을 떠안든가, 아니면 이례적으로 운이 좋아야 한다. 적당한 성공은 실력이나 노력으로도 가능하지만, 크게 성공하려면 운이 따라야 한다.

극적인 사건을 겪은 후에 네로는 확률적 사고를 하게 되었다. 그는 이 사실을 비밀로 간직하고 있다. 관찰력이 예리한 사람이라면 네로가 이상할 정도로 의심이 많다는 사실을 감지할 것이다. 그의 생활은 보기보다 투명하지 않다. 네로는 많은 비밀을 숨기고 있는데, 이에 대해서는 때가 되면 논의할 것이다.

▪━ 트레이더 존

1990년대 네로의 집 건너편의 화려한 저택에 존이 살고 있었다. 존은 하이일드채권 트레이더였지만, 네로와는 거래 스타일이 달랐다. 업무에 관해 이야기를 잠깐만 나눠보아도 그의 지적 수준과 예리함은 에어로빅 강사처럼 금융에 문외한 수준임을 알 수 있다(체형은 전혀 아니지만). 겉보기에는 존이 네로보다 훨씬 잘나가는 것처럼 보인다. 존이 집 앞에 컨버터블 두 대(한 대는 골동품 페라리였다)와 최고급 독일제 차 두 대를 주차해놓은 반면, 네로는 폴크스바겐 카브리올레를 거의 10년째 타고 있었기 때문이다.

존의 아내와 네로의 아내는 피트니스클럽에서 마주치는 사이였지만, 네로의 아내는 존의 아내와 함께 있으면 짜증이 많이 났다. 존의 아내가 재력을 과시하려 할 뿐만 아니라 자신을 한 수 아래로 취급하는 기분이 들었기 때문이다. 네로는 다른 트레이더가 졸부가 되는 모습(그래서 와인 수집과 오페라 감상 등으로 세련미를 과시하려는 모습)에 단련이 되었지만 아내는 그렇지 않았다. 그녀는 재력을 과시하려는 사람을 만나면 마음에 상처를 입었다. 네로의 말에 따르면, 트레이더라는 직업의 유일한 단점은 전혀 준비되지 않은 사람이 돈벼락을 맞은 뒤, 갑자기 비발디의 〈사계〉가 '세련된' 음악이라고 말하는 꼴을 보는 일이다. 그러나 네로의 아내로서는 새로 일을 맡긴 실내장식가를 자랑하는 이웃을 보는 일이 고역이었다.

존 부부는 서재에 가죽 장정의 서적이 쌓여 있다는 사실을 조금도 불편해하지 않았다. 서가에는 손도 대지 않은 책들이 즐비했지만 존의 아내가 읽는 책이라고는 가십 잡지 〈피플People〉뿐이었다. 그녀는 휴가를 보냈던 외국의 발음하기도 어려운 지명을 줄곧 들먹였지만, 사실 세이셸 제도Seychelles Islands가 어느 대륙에 있는지조차 몰랐다. 네로의 아내도 인간이기에 감정은 어쩔 수 없었다. 자신은 존의 아내처럼 되지 않겠다고 다짐했지만, 인생이라는 경쟁 게임에서 밀려났다는 기분만큼은 피할 수 없었다. 큼직한 다이아몬드, 거대한 저택, 줄지은 스포츠카 앞에서는 웬일인지 이성도 아무 소용없었다.

돈만 많은 촌놈

이웃에 대해 착잡한 기분이 들기는 네로도 마찬가지였다. 그는 존을 무척이나 경멸했다. 존은 그가 혐오하는 요소를 모두 갖춘 인물이었다. 그러나 사회적 압력이 네로를 짓누르기 시작했다. 게다가 자신도 엄청난 부자가 되고 싶었다. 상대를 경멸한다고 해서 시기심까지 사라지는 것은 아니다. 건너편 저택은 증축을 거듭하며 계속 확장되었고, 이와 비례해서 네로의 심기도 불편해졌다. 네로는 인간으로나 지성적으로나 기대 이상으로 성공했음에도 자신이 어딘가에서 기회를 놓친 것 같은 생각이 들기 시작했다. 월스트리트라는 계층 구조에서 존 같은 인물이 등장함으로써 자신은 초라한 트레이더로 전락한 것이다. 네로는 이 사실을 무시하려 했지만, 존의 저택과 자동차가 네로를 물어뜯기 시작했다. 아침마다 길 건너편의 엄청난 저택이 천박한 기준으로 네로를 평가하지만 않았어도 아무 문제가 없었다. 동물적인 서열의식이 작용한 것일까? 존의 저택이 네로를 열등한 남자로 만든 것일까? 설상가상으로 존은 네로보다 다섯 살이나 젊었고, 직장 경력이 짧은데도 수입은 열 배가 넘었다.

네로는 존을 마주칠 때마다 그가 자신을 우습게 본다고 분명히 느꼈다. 드러내지는 않았지만 잘난 체하는 태도가 강하게 느껴졌다. 자신을 완전히 무시하는 날도 있었다. 존이 네로와 전혀 상관없는 인물이어서 신문을 통해서만 접하는 관계였다면, 상황은 달랐을 것이다. 그러나 존은 그의 이웃이었다. 그와 대화를 시작한 게 네로의 실수였다. 그러자 당장 서열이 형성되었다. 네로는 프루스트Proust의《잃어버린 시간을 찾아서》에 등장하는 스완의 행동을 떠올리면서 불편한 심기를 달래려 했다. 미술품 거래상인 스완은 세련되고 한가로운 사람으로, 당시 영국 황태자를 친구처럼 편하게 대하면서도 중산층 앞에서는 자신의 존재를 인정받고 싶었다. 마찬가지로 네로도 유명하고 걸출한 사람들로부터는 어느 정도 존경을 받고 있었다. 그는 정기적으로 파리와 베네치아에서 노벨상을 받은 저명한 과학자와 대화를 나누며 긴 산책을 즐겼다. 유명한 억만장자인 선물거래 투기자도 정기적으로 전화를 걸어와 그에게 어떤 파생상품에 대한 의견을 물었다. 하지만 네로는 뉴저지 사투리를 쓰는 돈 많은 촌놈으로부터 어떻게든 존경받고 싶었다(내가 네로의 입장이었다면 나는 존에게 경멸의 몸짓을 보였을 것이다. 그러나 네로는 점잖은 사람이었다).

분명히 존은 네로만큼 많이 배운 것도 아니고, 예의 바르지도 않았으며, 몸매가 근사한 것도 아니고, 똑똑해 보이지도 않았다. 게다가 네로만큼 세상 물정에 밝은 것도 아니었다. 네로는 시카고거래소에서 세상 물정에 빠삭한 사람들을 만났는데 존과는 비교할 수 없을 정도로 두뇌 회전이 빨랐다. 네로는 존이 지금까지는 잘해왔지만 자신이 떠안은 위험을 모르고 있기 때문에 자신감만 가득한 멍청이라고 확신했다. 그렇더라도 네로는 때때로 시기심을 억누를 수가 없었다. 그는 존에 대한 자신의 평가가 객관적인지 아니면 모멸감에서 나온 것인지 갈피를 잡을 수 없었다. 어쩌면 트레이더로서 신통치 않은 사람은 네로일지도 모른다. 생각하고, 글을 쓰고, 복잡한 논문을 읽는 대신에 더 열심히 노력하거나 좋은 기회를 잡았어야 했다. 하이일드채권 분야에 뛰어들었다면, 존처럼 생각이 얕은 사람들 가운데서 군계일학이 되었을지도 모른다.

네로는 시기심을 달래려고 서열의 법칙을 조사했다. 심리학자들의 연구에 따르면, 사람들은 대부분 남들이 9만 달러를 벌 때 자신이 8만 달러를 버는 것보다, 남들이 6만 달러를 벌 때 자신이 7만 달러를 버는 편을 더 좋아한다. 그는 경제학이 온통 서열만 다룬다고 생각했다. 그런 상대평가 방식이 아니라 절대평가 방식으로 자신의 처지를 분석할 방법이 없었다. 많은 지성인 교육을 받은 네로였지만, 존의 소득을 낮출 수만 있다면 자신의 소득이 낮아져도 개의치 않았을 것이다.

네로는 어쩌면 존은 단지 운이 좋았을 뿐인지도 모른다는 생각이 들었다. 다시 말해서 대궐 같은 이웃집을 피해 이사 갈 필요가 없을지도 모른다. 존이 파멸할 수 있다는 한 가닥 희망이 있기 때문이다. 존은 자신이 떠안은 엄청난 위험을 인식하지 못하는 듯했다. 그것은 시장 경험이 너무 짧은 탓에 그에게는 보이지 않는 파산 위험이었다(생각이 얕아서 역사를 공부하지 않은 탓도 있었다). 그렇지 않다면 천박하기 짝이 없는 존이 무슨 수로 돈을 벌었겠는가? 정크 본드(하이일드채권) 사업을 위해서는 '승산'을 알아야 하는데, 이는 희귀사건의 확률을 계산하는 일이다. 존 같은 바보들이 승산에 대해서 무엇을 알겠는가? 이런 트레이더들은 '계량적 도구'를 써서 승산을 구하지만, 네로는 그 기법에 동의하지 않는다. 하이일드채권 시장은 철로를 베고 낮잠을 자는 것과 비슷하다. 어느 날 오후 갑자기 기차가 당신을 깔고 지나갈 수도 있다. 장기간에 걸쳐 돈을 벌었더라도 그 누적 금액의 몇 곱절을 단 몇 시간 만에 날려버리는 것이다. 네로는 1987, 1989, 1992, 1998년에 옵션 매도자들이 이런 식으로 당하는 모습을 보았다. 어느 날 갑자기 이들은 덩치 큰 경비원들에게 둘러싸여 거래소 객장에서 쫓겨났고, 이후 이들을 다시 본 사람은 아무도 없었다. 대궐 같은 저택은 단지 대출일 뿐이다. 존은 뉴저지 어디선가 자동차 외판원이 되어 졸부들에게 자동차를 팔아야 할지도 모른다. 하지만 네로는 파산하려야 파산할 수가 없다. 4,000권의 장서를 갖춘 그의 아담한 집에는 부채도 없다. 시장에서 어떤 일이 벌어져도 그의 집은 안전하다. 손실도 모두 한정되어 있다. 그의 트레이더 지위는 절대로 위협받지 않을 것이다.

반면 존은 네로가 패배자이며, 그것도 높은 학벌만 자랑하는 속물근성의 패배자라고 생각했다. 네로는 사양 산업에 속해 있었다. 존은 네로의 전성기가 이미 지났다고 믿었다. 그는 늘 말했다. "고유계정 트레이더들은 사라지고 있어. 자기들이 제일 똑똑하다고 생각하겠지만 이미 한물갔다고."

▪ 유난히 뜨거웠던 여름

1998년 여름, 네로는 마침내 명예를 회복했다. 어느 날 아침 출근하려던 그는 평소와 달리 존이 저택 앞뜰에서 담배 피우는 모습을 보았다. 정장 차림도 아니었고 초췌해 보였다. 평소의 으스대던 모습도 사라졌다. 네로는 존이 해고당했음을 즉시 눈치챘다. 그러나 존이 거의 전 재산을 날렸다는 사실까지는 짐작하지 못했다. 존이 입은 손실에 대해서는 5장에서 자세히 살펴보기로 한다.

네로는 존의 불행을 고소하게 느끼는 열등감이 부끄러웠다. 하지만 그 기분을 억누를 수가 없었다. 이런 감정은 무례할 뿐만 아니라 불행을 가져온다는 말도 있다(네로는 약간 미신을 믿는 편이다). 그러나 이 경우

네로가 기뻤던 것은 존이 다시 제자리를 찾아갔다는 사실보다는, 자신의 기법과 신념과 실적이 신뢰를 얻었기 때문이었다. 네로에게는 이런 손실이 발생할 수 없었기에, 그는 이러한 실적을 바탕으로 자금을 끌어모을 수 있을 것이다. 이런 사건이 또 벌어진다면 그는 더 큰 성과를 올릴 터였다. 실력을 입증하라는 압력에도 불구하고 자신의 전략을 장기간 고수했다는 사실에 대해서도 자부심을 느꼈다. 이제는 자신의 거래 스타일에 대해 의심할 일도 없어진 것이다. 운 좋게 부자가 되는 사람들은 운과 시장 순환의 구조를 모르는 사람일 뿐이다.

세로토닌과 운

실적과 재산만으로 성공 여부를 판단할 수 있을까? 그럴 때도 있지만, 항상 그럴 수는 없다. 어느 시점에 보면 실적이 탁월했던 사업가 대부분이 단지 운이 좋았던 것으로 드러난다. 무능한데도 엄청난 거부가 된 사업가가 넘쳐난다는 사실은 더 기가 막힌다. 하지만 이들의 실적에 행운이 또다시 작용하지는 않는다.

운 좋은 바보일수록 자신이 운 좋은 바보일지도 모른다는 의심을 하지 않는 법이다. 그래서 이들이 운 좋은 바보인 것이다. 이들은 자신이 부자가 될 자격이 있는 것처럼 행세한다. 잇단 성공 덕에 세로토닌이 다량으로 분비되면서, 자신에게는 돈 버는 실력이 있다고 스스로를 속이는 지경에 이른다(호르몬 시스템은 성공이 운에 좌우되는지를 알지 못한다). 사람들의 자세를 보면 이런 태도를 알 수 있다. 돈을 번 트레이더는 허리를 쭉 펴고 위풍당당하게 걷는다. 그리고 돈을 잃은 트레이더보다 자기주장이 강하다.

과학자들의 연구에 따르면, 신경전달물질인 세로토닌은 인간 행동에서 많은 부분을 지배한다. 세로토닌은 긍정적 피드백을 일으켜서 선순환의 고리를 형성하지만, 우연히 어떤 외부 자극을 받게 되면 반대로 악순환을 일으킨다. 원숭이에게 세로토닌을 주입하면 서열이 올라가고, 그 서열 상승으로 인해 세로토닌 분비가 또 증가한다. 하지만 어느 순간에 선순환이 깨지고 악순환이 시작된다(선순환 기간에 실수를 저지르면 서열이 내려가는데, 서열 하락에서 유발되는 행동 때문에 서열이 더 내려가게 된다). 마찬가지로, 인간도 (실력 덕분이든 행운의 여신 덕분이든) 개인의 실적이 향상되면 세로토닌이 증가하고, 이 때문에 이른바 '리더십' 능력이 향상된다. 그는 '승승장구'한다. 침착하고 자신감 넘치는 말투 등 태도에 미묘한 변화가 일어나면서 사람들에게 더욱 신뢰감을 주게 된다. 마치 부자가 되어야 마땅한 사람처럼 보인다. 그의 실적 요인에 운 따위가 들어설 자리는 없는 것이다. 그러나 마침내 운이 다시 고개를 쳐들면서 그는 한순간에 파산하고 만다.

감정 표현에 대해서 한마디 덧붙이겠다. 자신의 감정을 숨길 수 있는 사람은 거의 없다. 미세한 신체적 신호를 통해 겉으로 보이는 인상이 전달되는데, 행동과학자들은 실력보다는 인상 때문에 리더가 된다고 한다. 이런 것을 오늘날에는 '카리스마'라고 부른다. 이런 생물학적 현상에 대해 현재 '사회적 감성social emotions'이라는 제목의 연구가 진행되고 있다. 한편 일부 역사가들은 이들의 성공을 아마도 전술적 능력, 적절한 교육, 기타 이론적 이유 등을 내세우며 후견지명을 발휘하여 설명할 것이다. 게다가 리더십은 일종의 정신병리반사회적 성격장애와 관계가 있어서, 자부심 강하고 무신경하며 눈 깜짝 안 하는 사람들이 추종자들을 끌어모은다는 기묘한 증거도 있다.

여럿이 모인 자리에서 사람들은 종종 내가 그날 거래에서 돈을 벌었는지 물어보는 고약한 질문을 한다. 만일 그 자리에 나의 아버지가 있었다면 그들에게 한마디 했을 것이다.

"상대에게 스파르타 출신인지 절대 묻지 말게. 그가 스파르타 출신이라면, 그렇게 중요한 사실은 이미 자네들에게 말했을 것일세. 만일 그가 스파르타 출신이 아니라면, 공연히 감정만 상할 뿐이네."

마찬가지로, 트레이더에게도 돈을 벌었는지 절대 묻지 않도록 하라. 그의 몸짓과 걸음걸이를 보면 쉽게 알 수 있을 것이다. 투자업계 종사자들은 트레이더가 돈을 벌고 있는지 잃고 있는지 쉽게 알아차린다. 수석 트레이더는 실적이 나쁜 트레이더를 즉시 찾아낸다. 사람들은 의식적으로 표정을 관리하기 때문에 얼굴에는 실적이 좀처럼 드러나지 않는다. 그러나 걸음걸이, 전화를 받는 방식, 주저하는 행동 등을 통해 그가 처한 상황이 드러날 수밖에 없다. 존이 해고된 날 아침, 그는 틀림없이 세로토닌이 말라버렸을 것이다. 시카고의 한 택시 기사가 자기는 시카고상품거래소 근처에서 태운 트레이더가 돈을 벌었는지 여부를 알 수 있다고 말했다. "돈 번 트레이더는 모두 우쭐대거든요." 그가 그토록 빨리 파악한다는 말이 흥미로웠다. 나중에 나는 진화심리학자로부터 그럴듯한 설명을 들었는데, 그의 말에 따르면 실적을 올린 사람은 우위를 확보한 동물과 마찬가지로 신체적 징후를 통해서 신호를 보낸다고 한다. 그래서 승자들은 더 눈에 띄며, 이것이 배우자 선택에 유리하다는 것이다.

치과의사는 몇 번을 다시 태어나도 부자다

다음 장에서 논의하는 '운에 대한 저항력'에 대해 힌트를 제시하면서 이 장을 마무리하겠다. 네로가 부유하기는 하지만 월스트리트의 기준으로 '엄청난 부자'는 아니다. 그러나 다음 장에서 다룰 기묘한 회계 기준에 의하면 그는 100번을 다시 태어나도 부자로 살 것이다. 그는 트레이딩 업무에서 위험을 거의 부담하지 않으므로 파산할 일이 거의 없다. 존과 같은 성공을 거두지 못했다는 사실이 그가 실패를 겪지 않을 수 있는 이유가 되기도 한다. 따라서 이러한 확률적인 회계 기법에 따르면 그는 부자다. 네로가 희귀사건으로부터 자신을 보호하고 있다는 점을 명심하라. 트레이더로 인생을 수백만 번 다시 산다고 해도 불운을 맞이할 확률은 거의 없다. 그러나 역시 이러한 보수성 때문에 행운을 맞이할 확률도 거의 없다. 즉, 그의 인생은 안정성 면에서 공무원과 비슷하다. 물론 우리는 그의 직장생활에 대해서 논할 뿐 사생활은 논의 대상이 아니다.

아마도 대부분의 치과의사는 핑크빛 롤스로이스를 타고 다니는 록가수, 인상파 그림 가격을 끌어올리는 투기꾼, 자가용 제트기를 타고 다니는 기업가보다 훨씬 부자일 것이다. 직업을 평가할 때에는 성공한 표본 몇 사람뿐만 아니라 그 직업에 종사하는 사람들의 평균을 고려해야 하기 때문이다. 뒤에 생존편향의 관점에서 살펴보겠지만, 여기서는 운에 대한 저항의 관점에서 알아보기로 한다.

갑과 을 두 이웃이 살고 있다고 가정하자. 갑은 경비원인데, 로또에 당첨되어 부촌으로 이사 왔고, 이웃에 사는 을은 지난 35년 동안 하루에 여덟 시간씩 치아를 치료하면서 살아온 평범한 의사다. 치과의사라는 직업은 단조롭기 짝이 없으므로, 을이 치대 졸업 후 인생을 수천 번 다시 산다고 해도 그 결과는 비교적 큰 차이가 없을 것이다(적절하게 보험에 들었다고 가정한다). 최상의 경우라면 뉴욕의 파크 애버뉴에 사는 부자들의 치아를 치료할 것이고, 최악의 경우에는 변두리의 컨테이너로 가득 찬 마을에서 치아를 치료할 것이다. 게다가 그가 명문 치대를 졸업했다면 결과의 범위는 더욱 축소될 것이다. 반면 갑은 인생을 100만 번 다시 산다고 해도 거의 전부 경비원으로 살아갈 것이고(로또 구입에 수없이 헛돈만 쓰면서), 100만 번에 한 번 로또에 당첨될 것이다.

일어난 결과와 일어나지 않은 결과를 모두 고려한다는 생각이 미친 짓처럼 보일지도 모른다. 대부분의 사람에게 확률이란 미래에 일어날 사건이지 과거에 일어난 사건은 아니기 때문이다. 이미 일어난 사건은 확률이 100%로, 다시 말해서 확실성이다. 나는 이에 대해서 여러 사람과 토론했었는데, 사람들은 쓸데없는 말로 미신과 실제를 혼동시킨다며 나를 비난했다. 하지만 미신도, 특히 솔론의 경고처럼 잘 숙성된 미신은 명백한 실제보다도 훨씬 강력할 수 있다(우리에게 경험까지 보태준다).

CHAPTER
02 이상한
회계 기법

대체역사, 세계를 보는 확률적 관점, 지적 기만, 규칙적으로 목욕을 즐기는 프랑스인이 운을 보는 지혜. 언론인들이 우연한 사건들을 이해하지 못하는 이유. 빌려온 지혜를 경계하라. 우연적 결과와 관련된 위대한 아이디어들은 거의 모두 전통적 지혜와 상반된다. 정확함과 명확함의 차이.

■─── 대체역사

한 분야의 실적은 결과만으로 평가해서는 안 되며, 역사가 다른 방식으로 진행되었을 경우의 대체비용도 고려해야 한다(이렇게 다른 사건들로 대체하는 것을 대체역사alternative history라고 부른다). 의사 결정의 타당성을 결과만으로 평가해서는 안 됨에도 불구하고 많은 사람들이 대체역사를 실패자들의 변명이라고 생각한다(성공한 사람들은 자신의 의사 결정이 타당했기 때문에 성공했다고 주장한다). 공직에서 해임되는 정치인들도 "나는 최선을 다했다"라고 주장하고, 언론은 관례에 따라 그의 변명을 받아들이며 유감의 뜻을 표한다. 지극히 당연한 말이지만, 대체역사를 생각하기란 절대 쉽지 않다.

러시안룰렛

대체역사라는 생소한 개념은 다음과 같이 설명할 수 있다. 한 괴짜 재벌이 러시안룰렛을 하여 살아남으면 1,000만 달러를 주겠다고 제안한다고 가정하자. 러시안룰렛은 6연발 권총에 총알을 한 발만 넣어 머리에 대고 방아쇠를 당기는 게임이다. 방아쇠를 당길 때마다 역사 하나가 실현되며, 여섯 개의 역사 모두 발생할 확률이 같다. 여섯 개 가운데 다섯 개는 돈을 버는 역사이고, 하나는 난감한 부고 기사를 신문에 올려야 하는 역사다. 이때 확인할 수 있는 역사는 단 하나뿐이라는 것이 문제다.

누군가 1,000만 달러를 벌게 되면 언론에서는 멍청하게도 그를 찬양하고 칭송할 것이다(이들은 경제지 〈포브스〉의 500대 억만장자들도 무조건 찬양한다). 내가 18년간의 직장 생활 동안 월스트리트에서 만났던 거의 모든 언론인이 그러듯이(이들의 역할은 단지 우연히 나온 실적을 추인하는 일에 불과하다) 대중도 겉으로 드러나는 재산만 볼 뿐 어떻게 돈을 벌었는지에는 전혀 관심이 없다. 하지만 가족, 친구, 이웃 들이 러시안룰렛 승자를 역할 모델로 삼기라도 한다면 어쩌겠는가?

나머지 대체역사 다섯 개를 확인할 수는 없지만 지혜롭고 사려 깊은 사람은 그 속성을 쉽게 짐작할 수 있다. 러시안룰렛을 하려면 어느 정도 생각과 용기가 필요하다. 그러나 이 게임을 계속한다면 결국 불행한 역사를 만나게 될 것이다. 만일 25세 청년이 1년에 한 번씩 러시안룰렛을 한다면, 그가 50회 생일을 맞이할 가능성은 지극히 희박하다. 하지만 이 게임에 참여하는 사람이 많아서 예컨대 25세 청년이 수천 명이나 된다면, 우리는 몇몇 생존자를 보게 될 것이다(극소수의 생존자는 엄청난 부자가 되고 나머지는 무덤에 묻힐 것이다). 그런데 러시안룰렛은 내게 그저 이론으로만 그치는 사례가 아니다. 나는 10대 시절에 경험한 레바논 내전에서 전우 하나를 러시안룰렛 때문에 잃었다. 하지만 그게 전부가 아니다. 영국의 소설가 그레이엄 그린Graham Greene이 장난삼아 러시안룰렛을 해보았다는 사실 때문에 나는 문학에 깊은 흥미를 느끼게 되었다. 그린은 어린 시절에 무료함을 달래려고 권총을 머리에 대고 방아쇠를 당겼다고 한다. 그의 소설을 읽을 수 없었을 확률이 6분의 1이었다는 생각이 들자 갑자기 등골이 오싹했다.

내가 다음과 같이 대체 회계의 개념을 제시하면 독자들은 별나다고 생각할 것이다. 러시안룰렛으로 베팅하여 번 1,000만 달러와 치과를 열심히 운영해서 번 1,000만 달러는 가치가 다르다. 룰렛으로 번 돈이 운에 더 크게 좌우된다는 점만 제외하면, 둘 다 구매력 면에서는 똑같은 돈이다. 회계사가 보기에도 똑같고, 이웃이 보기에도 똑같은 돈이다. 그래도 나는 두 돈이 질적으로 다르다는 생각을 지울 수 없다.

다음 장에서 살펴볼 몬테카를로 기법을 이용하는 대체 회계는 사고의 폭을 넓혀주고, 현실 상황을 수학 공식으로 표현한다는 점에서 흥미롭다. 그러나 수학적으로 설명하는 이유는 직관적 이해를 도우려는 목적이므로, 공식으로 받아들여서는 안 된다. 실제 대체역사는 계산을 통해 평가할 수 없기 때문이다. 수학은 단지 '숫자 놀음'이 아니라 생각하는 방식이다. 이제 확률이 질적 요소임을 알 수 있게 될 것이다.

가상세계

대체역사의 개념은 지성의 역사 여러 분야에서 다루어졌는데, 위험과 불확실성이라는 동일한 개념을 포함한다는 점에서 설명할 가치가 있다(확실성이란 다양한 대체역사 가운데 가장 많은 숫자가 발생할 사건이고, 불확실성이란 가장 적은 숫자가 발생할 사건을 말한다).

철학에서는 '라이프니츠Leibniz의 가상세계'라는 아이디어로부터 시작하여 상당한 연구가 진행되었다. 라이프니츠는 하느님이 무한히 많은 가상세계 가운데 단 하나의 세계만을 선택했다고 생각했다. 이렇게 선택되지 않은 세계가 가상세계이고, 내가 살아 숨 쉬고 글 쓰는 현실 세계가 이들 가운데 우연히 실행된 유일한 세계라는 뜻이다. 철학에는 이런 문제를 전문적으로 다루는 논리가 있다. 어떤 속성이 모든 가상세계에 적용되는지, 단일 세계에 적용되는지를 따지는 것이다. 솔 크립키Saul Kripke 같은 저자는 언어철학을 세분화하여 가상세계 의미론possible worlds semantics을 제시했다.

물리학의 경우, 양자역학에서는 모든 접합점에서 우주가 나뭇가지처럼 퍼져 나간다고 간주한다. 현재 우리가 사는 세상은 이러한 수많은 세상 가운데 하나에 불과하다고 보는 것이다. 이런 생각을 극단적으로 확장하면, 나는 하나의 세계에서는 수필가 겸 트레이더가 되고, 다른 세계에서는 먼지가 된다.

끝으로 경제학을 살펴보자. 경제학자들은 케네스 애로Kenneth Arrow와 제라드 드브뢰Gerard Debreu가 선봉이 되어 라이프니츠의 아이디어를 '자연 상태states of nature'에 적용하는 연구를 진행했다. 경제적 불확실성을 연구하는 이런 분석 기법을 '상태 공간state space' 기법이라고 부른다. 이

기법은 우연히도 신고전파 경제이론과 수리재정학의 기초가 되었다. 이 기법을 단순화한 것이 '시나리오 분석scenario analysis'인데, 여러 가지 가정을 사용한다. 예를 들면, 다양한 세계 경제 상황과 비료에 대한 수요를 가정하여 비료공장의 매출을 예측하는 것이다.

더 험난한 현실의 룰렛

현실은 러시안룰렛보다도 훨씬 험난하다. 첫째, 현실에서는 총알이 발사되는 경우가 더 드물다. 6연발이 아니라 수백 수천의 연발 권총에 총알 한 발이 들어 있는 것과 같다. 방아쇠를 수십 번 당겨도 아무 일이 없으므로, 사람들은 안전하다는 착각에 빠져 총알의 존재를 망각한다. 이것이 7장에서 다룰 검은 백조 문제black swan problem인데, 귀납의 문제와 연결되어 있으며, 몇몇 사상가들이 밤잠을 설쳤던 문제다. 이는 역사가 주는 교훈 무시denigration of history와도 연관되는데 도박사, 투자자, 의사 결정자 들은 남에게 일어나는 일이 자신에게는 일어나지 않으리라 생각한다.

둘째, 러시안룰렛은 정확한 확률 게임이라서 6을 곱하고 나눌 줄만 알면 누구나 쉽게 위험을 계산할 수 있지만, 현실 세계에서는 총구가 보이지 않는다. 맨눈으로 잠재된 위험을 볼 수 있는 사람은 거의 없다. 그래서 사람들은 러시안룰렛을 하면서도, 그 게임이 '저 위험low risk'이라고 생각한다. 우리는 부가 생성되는 모습에만 집중하느라 그 과정을 보지 않기 때문에 위험을 간과하게 되고, 실패에 대해서 전혀 생각하지 않게 된다. 게임이 무척 쉬워 보이기 때문에 사람들은 태평하게 즐긴다. 확률 계산에 정통한 과학자들조차 의미 있는 답을 내놓지 못한다.

총구를 볼 수 있어야 확률을 계산할 수 있는데, 현실 세계에서는 총구가 보이지 않기 때문이다.

끝으로, 추상적인 위험에 대해 경고해주어도 사람들은 고마워할 줄 모른다(일어나지 않은 일은 모두 추상적이다). 예를 들어, 우리가 패키지를 구성하여 희귀사건에 대비하여 보험업을 한다고 가정하자(내가 간혹 했던 일이다). 그리고 그 기간 동안 아무 일도 없었다고 가정하자. 일부 투자자는 자기 돈을 낭비했다고 불평할 것이고, 일부 투자자는 심지어 사과까지도 요구할 것이다. "당신은 작년에 쓸데없는 보험으로 내 돈을 낭비했잖소. 공장에 화재가 발생하지 않았으니 멍청하게 비용을 낭비한 셈이요. 화재가 발생하는 경우에만 보험에 들어야 할 것 아니오?" 한 투자자는 나에게 찾아와서 정말로 사과를 요구했다. 하지만 세상에는 그런 작자만 있는 것은 아니다. 비록 극소수지만, 일어나지 않은 사건으로부터 자신을 보호해줘서 고맙다고 말하는 사람도 있다.

▪── 원만한 대인관계

인생을 살면서 운에 저항한다는 것은 추상적인 개념이다. 그 논리는 우리의 직관에 반하며, 더욱 혼란스러운 점은 그렇게 사는 사람을 볼 수 없다는 사실이다. 하지만 나는 살아가면서 갈수록 더 운에 저항하게 되었다. 그 개인적인 이유는 나중에 밝히겠다. 분명히 말하자면, 내가 판단하는 방식은 확률적이다. 일어날 수도 있었던 일을 고려하며, 실제로 일어난 일에 대해서 특정 관점을 유지하는 것이다. 이런 확률에 대해 논할 때는 회계사를 끌어들일 필요까지는 없다. 회계사에게 확률이란 숫자에 불과하기 때문이다. 그가 확률에 관심이 있었다면 더 성찰적인 직업을 선택했을 것이다. 이런 사람이 납세 신고 업무를 맡으면 값비싼 실수를 저지르기 쉽다.

현실 세계의 룰렛에서는 총구가 보이지 않지만, 총구를 보려고 노력하는 사람도 있다. 그러려면 독특한 사고방식이 필요하다. 나는 트레이딩 업무를 시작하는 사람들과 그만두는 사람들을 수없이 보았는데(업무 속성이 운에 극단적으로 좌우되므로), 대개는 어느 정도 과학적 훈련을 받은 사람들이 오래 버틴다. 대부분의 사람에게 이런 사고방식은 후천적이다. 반드시 과학 훈련을 통해서만 얻을 수 있는 것은 아니지만, 인생의 어느 시점에 과학 연구에 몰입했던 사람들은 대개 지적 호기심이 많고 자연스럽게 자기 성찰을 했다. 좁게 한정된 문제에 계속 집중할 수 없어서 과학 연구를 포기한 사람들은 특히 생각이 깊었다(네로의 경우에도 난해한 세부 사항과 시시한 논쟁을 견딜 수가 없었다). 요즘은 지적 호기심이 넘치지 않으면 박사학위 논문을 완성하기가 거의 불가능하다. 하지만 세밀하게 전문화하려는 욕구가 없으면 과학자의 길을 가는 것도 불가능하다(추상의 세계에서 성장하는 순수 수학자의 사고와 호기심에 사로잡힌 과학자의 사고는 분명히 다르다. 수학자는 자신의 머릿속에 떠오르는 생각에 몰입하는 반면, 과학자는 외부 세계를 연구한다). 그런데 운에 대한 관심이 지나친 사람도 있다. 내가 만나본 사람들 가운데 양자역학을 연구하던 한 사람은 몹시 극단적이어서 실제로 일어난 사건은 무시하고 대체역사에만 주목했다.

운에 대해서 뜻밖에 성찰적인 트레이더도 있다. 얼마 전 나는 식당에서 이 책의 초고를 읽어준 트레이더 로렌 로즈와 식사를 했다. 우리는 동전을 던져서 밥값을 계산할 사람을 정하기로 했다. 내가 져서 돈을 냈다. 그는 내게 고맙다는 말을 하려다가 갑자기 멈추더니, 자기가 확률적으로 절반을 냈다고 말했다.

나는 사람들이 양극단 사이에 분포한다고 생각한다. 한 극단에 있는 사람들은 운이라는 개념을 절대로 받아들이지 않는다. 다른 극단에 있는 사람들은 운 때문에 고통받는다. 1980년대 내가 월스트리트에서 직장 생활을 시작했을 때, 트레이딩룸은 사업 지향적인 사람들로 가득했다. 이들은 자기 성찰도 없고, 지극히 단순했으며, 운에 쉽게 속았다. 이들의 실패율은 대단히 높았는데, 금융상품이 복잡한 경우에 특히 더 높았다. 이색 옵션처럼 교묘한 상품들이 도입되었으나 수익 구조를 직관적으로 이해하기 어려워서 사업 지향적인 사람들이 다루기 어려웠다. 이들은 추풍낙엽처럼 떨어져 나갔다. 1980년대 월스트리트에서 만났던 내 또래의 수많은 MBA 출신들이 아직도 그런 식으로 방만하게 위험을 감수하리라고는 생각지 않는다.

러시아에서 온 과학자들

1990년대에는 다양한 배경의 흥미로운 사람들이 합류해서 트레이딩룸은 훨씬 재미난 곳으로 바뀌었다. 나는 더 이상 MBA 출신들과 시시한 대화를 나누지 않아도 되었다. 많은 과학자가 돈을 벌기 위해 월스트리트로 왔는데, 일부는 자기 분야에서 크게 성공한 사람들이었다. 이번에는 이들이 자신과 닮은 과학자들을 고용했다. 대부분은 박사학위가 없었지만(실제로 박사는 지금도 소수다), 갑자기 문화와 가치가 바뀌면서 지적 수준에 대해 더 관대해졌다. 월스트리트에서는 이미 과학자에 대한 수요가 높았는데도 금융상품 개발이 가속화되면서 더욱 증가했다. 물리학 전공자가 주류였지만, 온갖 계량 분야 출신이 모여 있었다. 러시아, 프랑스, 중국, 인도식 억양이 뉴욕과 런던을 지배하기 시작했다. 모스크바에서 오는 비행기의 싸구려 좌석은 월스트리트로 가는 수리물리학자들로 가득하더라는 말이 나올 정도였다(이들은 세상 물정에 어두워서 좋은 좌석을 차지하지 못했다). 통역을 데리고 JFK 공항으로 나가 인터뷰하면, 아주 싼 연봉으로 과학자를 고용할 수도 있었다. 실제로 1990년대 말에는 세계적인 과학자로부터 훈련받은 인력을 MBA 출신의 절반 값에 고용할 수 있었다. 홍정에는 마케팅이 가장 중요한데, 이런 과학자들은 자신을 포장할 줄 몰랐다.

나는 유난히 러시아 과학자들을 선호한다. 체스 코치로 활용할 수 있기 때문이다(내게 피아노를 가르쳐준 사람도 있었다). 게다가 이들은 인터뷰에도 지극히 협조적이다. MBA 출신들은 트레이딩 업무에 지원할 때 이력서에 체스 고수라고 쓰는 경우가 많다. 내 기억에 와튼 스쿨의 MBA 취업 상담가가 "똑똑하고 전략적이라는 인상을 주므로" 체스 실력을 홍보하라고 충고한 적도 있었다. 게임 규칙만 간신히 아는 MBA 출신들도 자신이 고수라고 허풍을 떨었다. 과연 주장대로 체스 고수인지 검증하기 위해 체스판을 꺼내기라도 하면 그들은 안색이 창백해졌다.

사실 과학자들도 MBA 출신보다 약간 나은 정도였다. 그 이유는 이들이 평균적으로 실용 지능이 전혀 없다시피 했기 때문이다. 실용적 판단 여력이 있는 과학자도 일부 있었지만 말 그대로 단지 일부였을 뿐이다. 극도로 어려운 방정식 문제를 풀 수 있는 사람조차 현실과 관련된 문제에는 속수무책이었다. 마치 수학은 알지만 글자는 모르는 사람 같았다. 내가 좋아하는 한 러시아인은 확실히 두 가지 두뇌를 가졌다. 하나는 우수한 수학적 두뇌였고, 다른 하나는 나머지 모든 일을 처리하는 평범한 두뇌였다. 반면 두뇌회전이 빠른데다가 과학적 사고를 갖추었으며 세상 물정까지 잘 아는 사람도 가끔은 나타났다. 이렇게 사람들이 바뀌면 회사에 어떤 이득이 생기는지는 알 수 없지만, 우리는 체스 실력이 향상되었고 점심때에 나누는 대화 수준도 높아졌다. 그래서 점심시간이 상당히 길어졌다. 1980년대에 MBA나 세무회계를 전공한 동료와 잡담을 나눴기에 미국 재무회계기준에 대해 토론을 벌이려면 나에게 얼마나 용기가 필요했겠는지 생각해보라. 그러나 MBA 출신들은 관심사가 한정되어 있었다. 물리학자들이 흥미로웠던 점은 유체역학에 대한 토론 때문이 아니라, 다양한 주제에 대해 호기심 가득한 대화가 즐거웠기 때문이다.

나이트클럽에 간 솔론

일부 독자는 짐작했겠지만, 월스트리트에 근무하는 동안 나는 운에 대한 관점 때문에 일부 동료와 원만한 관계를 유지하지 못했다(독자들은 이 장에서 그런 사람을 여럿 간접적으로 만날 수 있다). 그런데 불편한 사람 중에 상사가 있었다는 사실은 불행한 일이었다. 내가 만난 두 상사는 거의 모든 면에서 대조적이었다.

첫 번째 상사는 게니Kenny인데, 교외에 살았고 선형석으로 가성석인 남자였다. 그는 토요일 아침에는 축구 코치를 하고, 일요일 오후에는 친척들과 바비큐 파티를 벌이는 타입이었다. 게다가 내 돈을 맡기고 싶을 만큼 신뢰감을 주는 풍채였다. 실제로 그는 파생상품에 대한 역량이 부족했음에도 매우 빠르게 승진했다. 하지만 지나친 현실주의자였기 때문에 내가 설명하는 운에 대한 논리를 이해하지 못했다. 한번은 동료 트레이더의 성공을 시기한다며 나를 나무라기도 했다. 그 동료는 1993년 유럽 채권시장 호황기에 좋은 실적을 올렸는데, 나는 그가 운 좋은 투기꾼에 불과하다고 공공연하게 말했었다. 나는 케니에게 생존편향 개념을 이해시키려고 노력했으나 소용없었다. 이후 케니 팀의 트레이더들은 이 사업에 열광해서 다른 이익 기회를 쫓아다녔다. 그러나 그는 침착하고 절제된 모습으로 자기 생각을 솔직하게 주장했으며, 대화를 나눌 때에는 상대를 편하게 해주는 사람이었다. 또한 그는 남의 말에 귀 기울이는 보기 드문 장점을 갖추고 있었다. 그런 인간미 덕분에 회장으로부터 신임을 얻었다. 그러나 나는 그에 대한 경멸감을 숨길 수가 없었는데, 무엇보다도 내 말을 이해하지 못했기 때문이다. 보수적인 외모에도 불구하고, 그는 째깍거리며 언젠가 폭발하고야 말 완벽한 시한폭탄이었다.

두 번째 상사는 분위기 있는 프랑스인 장–파트리스Jean-Patrice인데, 불같은 성격에다 지극히 공격적인 사람이었다. 정말로 좋아하는 몇 사람을 제외하면, 그는 부하 직원들을 언짢게 만들고 계속 불안한 상태로 몰아가는 데에 명수였다. 하지만 그는 나의 위험 감수 역량을 크게 성장시켜주었다. 그는 배짱 좋게 결과는 전적으로 무시하고 오로지 원인에만 신경을 쓰는 보기 드문 인물이었다. 그에게는 솔론과 같은 지혜가 있었다. 이렇게 지혜롭고 운을 잘 이해하는 사람이라면 단조롭게 살아갈 것 같지만, 그는 화려한 삶을 살았다. 케니는 흰색 와이셔츠에 보수적인 검은색 정장을 입었지만, 장-파트리스는 귀족처럼 화려하게 차려입었다. 푸른색 와이셔츠에 체크무늬 스포츠재킷을 걸치고, 화려한 치장용 비단 손수건을 꽂았다. 전혀 가정적이지 않은 사람이었고, 오전에 출근하는 경우도 드물었다. 하지만 전혀 엉뚱한 곳에서도 회사 일을 하는 사람이었던 것은 분명하다. 그는 뉴욕의 고급 나이트클럽에서 자주 전화를 걸어오곤 했는데, 새벽 세 시에 깨워놓고는 내 위험 포지션의 사소한 세부사항에 대해 논의했다. 약간 비만이었는데도 여자들은 그에게 홀딱 빠졌다. 그는 한낮에 사라져서 몇 시간씩이나 전화를 안 받기 일쑤였다. 규칙적으로 목욕을 즐기는 뉴욕의 프랑스인이었다는 사실이 아마도 그의 강점이었을 것이다. 한번은 그가 급한 사업 문제를 논의하자며 나를 불러냈다. 그는 벌건 대낮에 간판도 없는 이상한 '비밀 클럽'에 있었다. 그가 앉은 테이블에는 서류가 나뒹굴고, 벗다시피 한 두 여자가 샴페인을 마시는 그를 동시에 어루만졌다. 희한하게도 그는 마치 회의라도 하듯이 두 여자를 대화에 끌어들였다. 우리 대화가 중단되지 않도록 한 여자에게는 끊임없이 울려대는 휴대전화까지 맡겼다.

나는 이 현란한 사나이가 위험에 몰입했었다는 사실이 아직도 믿어지지 않는다. 그의 머릿속에서는 위험에 대한 생각이 계속 돌아가고 있었는데, 그야말로 일어날 수 있는 모든 가능성을 고려하고 있었다. 그는 비행기가 사무실에 충돌할 경우에 대비해서 비상계획을 세우라고 내게 지시했다(2001년 9월의 테러보다 훨씬 전이었다). 그런 사고가 나도 우리 부서에 별 손실이 없을 것이라는 내 의견에 화를 냈다. 그는 바람둥이에다가 직원을 마음대로 해고하는 변덕스러운 상사로 악명 높았지만 내 말에는 귀를 기울였고 모두 공감했으며, 내게 운을 더 깊이 연구하라고 격려해주었다. 그는 포트폴리오에 숨어 있는 모든 위험을 찾아내도록 나를 가르쳤다. 그가 과학을 존중하고 과학자들을 떠받드는 것도 우연이 아니었다. 함께 일한 지 10년 뒤, 그는 뜻밖에도 나의 박사학위 심사장에 나타나서 회의실 뒤에 앉아 흐뭇한 미소를 지었다. 케니는 회사에서 요령 있게 승진하여 고위층까지 올라간 다음 퇴출당했지만, 장-파트리스에게는 그런 승진 운이 없었다. 이후 나는 성숙기에 접어든 금융회사를 경계하게 되었다.

자칭 '이익' 지향적인 사람들은 일어나지 않은 역사에 대해 말하면 짜증스러워한다. '사업에서 성공한' 현실적인 사람에게는 내 말이 기묘하고도 난해하게 들릴 것이다. 내 주장에 사람들은 화를 내지만, 나는 이렇게 하는 것이 재미있다.

내가 직장 생활에서 만났던 케니와 장-파트리스의 대조적인 모습은 우연이 아니다. 낭비벽 심한 '이익 지향형' 인간을 경계하라. 시장에는 자칭 '이익 지향형' 인간들의 무덤이 즐비하다. 평소에는 천하무적처럼 행세하지만, 해고 통보를 받고 인사부로 향하는 그들의 모습은 창백하고 초라하며 처량하다.

■── 직관에 반하는 진실

현실주의는 고통스럽다. 확률론적 회의론은 더 고통스럽다. 확률론의 안경을 쓰고 인생을 바라보면, 착각에 단단히 빠져서 운에 대해 모르고 살아가는 바보들을 어디에서나 발견할 수 있기 때문이다. 특히 역사가들의 분석에서 많이 찾아볼 수 있다. 한니발과 히틀러는 미친 듯이 목적을 추구했지만, 오늘날 로마는 페니키아어를 쓰지 않으며 뉴욕의 타임스퀘어에도 나치의 십자가는 없다. 마찬가지로 멍청하지만 결국 전쟁에 이겨서 역사가들의 존경을 받게 된 장군들은 도대체 어떻게 된 것인가? 알렉산더 대왕이나 율리우스 카이사르가 실제 역사에서만 승리했을 뿐, 가상역사에서는 패배할 수도 있었다고 생각하기란 쉽지 않다. 우리가 이들의 이름을 기억하는 것은, 다른 수많은 사람처럼 엄청난 위험을 떠안았지만 우연히 승리했기 때문이다. 이들은 현명했고, 용감했으며, (가끔) 고상했고, 당시 최고의 교양을 갖췄다. 그러나 역사의 케케묵은 주석 속에 묻혀버린 수많은 사람도 마찬가지였다. 내가 이들이 거둔 승리에 대해서 이의를 제기하는 것은 아니다. 이들이 영웅이 된 과정을 돌아보자는 것이다. 최근 《일리아드》를 다시 읽으면서 받은 첫인상은 이렇다. 호메로스는 결과를 보고 영웅을 평가하지 않았다는 것이다. 영웅들은 자신의 용맹과는 전혀 상관없이 전쟁에 승리하거나 패배했다. 이들의 운명은 전적으로 외부 세력에 좌우되었으며, 대개 교활한 신들이 노골적으로 개입했다. 영웅이 영웅이 된 것은 전쟁의 승패 때문이 아니라, 행동이 영웅적이기 때문이다. 파트로클레스Patrocles가 영웅이 된 것은 업적 때문이 아니라 빈둥거리는 아킬레스를 일깨우려고 죽음을 택했기 때문이다. 서사 시인들은 분명 안 보이는 역사를 이해하고 있었다. 뒤에 보겠지만, 이후 사상가와 시인들은 운을 더 정교한 기법으로 다루었다.

익숙지 않은 탓이겠지만, 나는 TV 소리를 듣다 보면 간혹 흥분해서 벌떡 일어나게 된다(나는 TV 없이 자랐고 20대 후반이 되어서야 TV를 보게 되었다). 대체역사를 무시하려 했던 위험한 사례로는 언론인이자 평론가 조지 윌George Will이 로버트 실러Robert Shiller 교수와 진행한 인터뷰가 있다. 실러는 베스트셀러《비이성적 과열》로 대중에게 알려졌을 뿐이지만, 전문가들 사이에는 시장 변동성과 무작위성의 구조에 대한 탁월한 통찰력으로 유명한 인물이다.

이 인터뷰에서는 대중매체가 심하게 왜곡된 대중의 상식과 편향에 영합하는 모습을 보여주면서 매체가 지닌 파괴적인 속성이 드러났다. 나는 조지 윌이 아주 유명하고 대단히 존경받는 사람이라고 들었다(언론인 가운데 그렇다는 말이다). 지극히 지성적인 사람인지도 모른다. 하지만 그의 직업은 대중에게 단지 똑똑하고 현명한 사람처럼 보이는 일이다. 반면, 실러는 운에 대해서 속속들이 알고 있었다. 그는 엄격한 논증에 숙달되어 있지만, 그가 말하는 주제가 사회 통념을 거스르기 때문에 대중의 눈에는 똑똑해 보이지 않았다.

실러는 오랫동안 주식시장이 과대평가되었다고 주장해왔다. 조지 윌은 사람들이 과거에 실러의 말을 들었다면 돈을 잃었을 것이라고 지적했다. 실러가 시장이 과대평가되었다고 발표했던 시점보다 두 배 넘게 올랐기 때문이다. 이 그럴듯하게 들리는 조지 윌의 논리에 대해서 실러가 대응한 방법은 한 번 틀린 시장 예측에 지나치게 비중을 두어서는 안 된다는 주장 정도였다. 실러는 저녁 뉴스마다 시장에 대해서 논평하는 연예인도 아니었고 자신이 예언자라고 주장하지도 않았다. 진짜 끝날 때까지는 끝난 것이 아니라고 자신 있게 말하던 야구 감독 요기 베라였다면 입장이 훨씬 나았을 것이다.

나는 실러가 왜 그런 TV쇼에 출연해서 김빠진 인터뷰에 곤욕을 치러야 하는지 이해할 수 없었다. 멍청한 시장이 더 멍청해지지 않는다고 생각했다면, 그야말로 어리석은 생각이다. 실러가 과거에 한 번 틀렸다고 해서 시장을 멍청하다고 보는 실러의 견해가 타당성을 잃는 것은 아니다. 조지 월을 보면 내가 직장 생활 동안 맞이했던 수많은 악몽이 떠오른다. 나는 1,000만 달러를 놓고 러시안룰렛을 벌이려는 사람을 말렸는데, 조지 월의 논리는 그 사람이 내 말을 들었더라면 엄청난 손해를 보았을 것이라며 대중 앞에서 나를 모욕하는 꼴이었다. 게다가 월의 논평은 즉석에서 나온 것도 아니었다. 그는 실러의 틀린 '예언'에 대해서 글을 쓴 적도 있다. 이렇게 결과를 바탕으로 예언을 평가하려는 경향을 보면, 사람들에게는 원천적으로 현실 세계를 지배하는 운의 복잡한 구조에 대응할 능력이 없다는 사실을 알 수 있다. 예측과 예언을 혼동하는 것은 운에 대한 무지를 드러낸다(예언은 오른쪽 열에 속하지만, 예측은 왼쪽 열에 속하는 요소다 표1. p33).

토론에서 받는 굴욕

대체역사라는 개념이 직관적으로 이해하기 어렵다는 사실에서부터 재미있는 일들이 시작된다. 우리는 확률을 이해하려고 하지 않는다. 두뇌 연구자들의 말에 따르면, 평범한 사람들은 수학적 진리를 거의 이해하지 못한다. 특히 임의적 결과를 분석할 때 더욱 그렇다. 확률적으로 나타나는 결과들은 전적으로 우리의 직관을 거스른다. 나중에 수많은 사례를 보게 될 것이다. 그러면 대중의 통념에 영합해 먹고사는 일개 언론인과 왜 논쟁을 벌이려 하는가? 나는 시장에 관한 공개토론에서 쉬운 말로 조리 있게 설명하는 (조지 월 같은) 언론인에게 여러 번 굴욕을 당했지만, 뒤에 가서는 모두 내 말이 맞았던 것으로 밝혀졌다. 주장을 최대한 단순화해야 한다는 점에 대해서 내가 이의를 제기하는 것은 아니다. 그러나 복잡한 아이디어를 언론의 입맛에 맞게끔 단순화하지 못하면, 사람들은 생각이 정리되지 않았기 때문이라고 믿는다. MBA에서는 단순과 명료의 개념을 배운다. 그래서 '5분 경영자'가 유행한다. 그러나 이 개념은 비료 공장 사업계획을 결정할 때는 통할지 몰라도, 고도의 확률 논쟁에는 통하지 않는다. 나는 직장 생활을 하면서 MBA 출신들이 금융시장에서 파산하는 모습을 자주 보았는데, 이는 적정 수준보다도 두어 단계나 심하게 단순화했기 때문이다(MBA 출신 독자들이 화내지 않기를 바란다. 나 역시 알량한 MBA 학위를 보유하고 있다).

지진도 가지가지

다음과 같은 실험을 해보라. 공항으로 가서 장거리 여행객에게 여행 중 사망 시 10만 달러를 지급하는 여행자 보험에 얼마면 가입하겠냐고 물어보라. 이어서 다른 여행객에게 여행 중 테러로 사망할 경우에만 같은 금액을 지급하는 여행자 보험에 얼마면 가입하겠냐고 물어보라. 어느 경우에 여행객이 더 높은 금액을 부를 것 같은가? (첫 번째 보험에는 테러로 인한 사망이 포함되는데도) 아마도 두 번째 보험에 더 높은 금액을 부를 것이다. 심리학자 대니얼 카너먼과 아모스 트버스키는 이런 현상을 수십 년 전에 파악했다. 다만 일부 표본을 일반인이 아니라 예측가 협회 연례회의에 참석한 예측 전문가로 했다는 점이 역설적이다. 이 유명한 실험에서, 예측가든 아니든, 사람들 대부분은 캘리포니아에 지진으로 인한 홍수가 발생할 확률이 (캘리포니아를 포함한) 북미 지역에서 발생할 확률보다 높다고 판단했다. 파생상품 거래를 하면서 나는 사람들이 추상적인 위험에 대해서는 보험을 기피한다는 사실을 깨달았다. 사람들은 생생한 위험에 대해서만 관심을 보였다.

그래서 언론이 더 위험하다. 앞에서 보았듯이, 과학에 문외한인 조지 월 같은 언론인들은 틀린 주장도 옳은 것처럼 왜곡시킬 수 있다. 하지만 정보 제공자는 자신이 입수한 정보의 대표성을 왜곡함으로써 더 큰 악영향을 미칠 수 있다. 사실 우리 두뇌는 위험과 확률 문제를 만나면 피상적인 실마리라도 잡으려고 필사적으로 덤벼든다. 그러나 사람들은 이러한 실마리를 보고 머릿속에 떠오르는 생각이나 감정에 따라 쉽게 판단을 내린다. 게다가 충격적인 과학적 사실에 따르면, 인지 위험이 따르는 문제에 대해서 위험 감지와 위험 회피를 처리하는 부분은 두뇌의 '사고' 부위가 아니라 '감정' 부위다. 그 결과는 가볍지 않다. 이는 합리적 사고가 위험 회피와 거의 관계가 없다는 뜻이다. 합리적 사고가 주로 하는 일은 자신의 행동에 논리를 갖다 붙이는 정도다.

그런 의미에서, 언론의 표현은 단지 세상을 비현실적으로 묘사하는 정도가 아니라 감정 기관을 통해서 관심을 사로잡음으로써 사람들을 철저히 속인다. 이것이 가장 싼 값에 대중의 관심을 얻는 방법이다. 광우병 위협의 예를 보자. 광우병에 10년 넘게 과장 보도가 쏟아졌지만, 교통사고 사망자는 수십만 명인 데 반해 광우병 사망자는 수백 명에 불과하다. 과장 보도로 언론만 돈을 벌었을 뿐이다(광우병으로 죽을 위험보다 식중독으로 죽거나 식당으로 가는 길에 교통사고로 죽을 위험이 더 크다는 점에 주목하라). 이런 선정적인 언론이 사람들의 관심을 엉뚱한 방향으로 돌려놓을 수 있다. 암과 영양실조가 관심 부족으로 가장 큰 손해를 입는다. 아프리카와 동남아시아의 영양실조는 이제 동정도 받지 못한다. 말 그대로 관심 밖의 일이 되었다. 확률적 사고가 선정적 언론에 이토록 취약하다는 점을 고려하면, 뉴스를 보지 않고 지내는 편이 정보 측면에서 이득이다. 또 다른 예가 시장 변동성에 대한 인식이다. 사람들은 가격이 급등할 때보다 급락할 때 '변동성'이 훨씬 크다고 느낀다. 게다가 변동성은 실제 움직임보다도 언론의 논조에 의해 결정되는 듯하다. 2001년 9월 11일을 기준으로, 이후 18개월간의 하락 변동성은 이전 18개월의 상승 변동성보다 훨씬 작았다. 그러나 투자자들의 마음속에서는 하락 변동성이 매우 컸다. 언론에서 보도한 '테러 위협'이 사람들의 마음속에서 시장 변동성을 증폭시키는 효과가 있었기 때문이다. 이것은 언론이 오늘날 우리가 맞이한 최대의 저주가 된 여러 이유 가운데 하나에 불과하다. 세상은 갈수록 복잡해지는데, 언론은 갈수록 우리의 생각을 단순화시키고 있다.

많은 격언

정확함과 명료함을 혼동해서는 안 된다. 일반 통념은 즉시 '아주 간결하게' 설명되는 것을 좋아한다. 이것을 법으로 간주하는 집단이 많다. 나는 프랑스에서 초등학교를 다녔으므로 프랑스 시인 부알로Boileau의 격언을 배웠다.

생각하기 쉬운 것은 명확하게 표현된다.
말로 전하기도 쉽다.

독자들은 내가 실망하는 모습을 상상할 수 있겠지만, 운의 신봉자로 스스로 성장하면서 대부분 시적인 격언들이 명백히 틀렸음을 실감했다. 빌려온 지혜는 틀리기 쉽다. 그럴듯한 논평에 흔들리지 않으려고 엄청난 노력을 기울여야 했다. 상식은 18세까지 습득한 오해의 종합체에 불과하다는 아인슈타인의 말이 떠오른다. 게다가 대화나 회의, 특히 언론의 똑똑해 보이는 말은 더욱 의심스럽다.

과학사에 따르면, 과학적으로 입증된 거의 모든 훌륭한 발견들도 당시에는 미친 짓처럼 보였다. 1905년 〈타임Time〉 기자에게 이동 중에는 시간이 느려진다고 설명했다면 어떤 반응을 보였을까(노벨위원회조차 아인슈타인에게 특수상대성 이론에 대해 상을 주지 않았다). 아니면 물리학에 문외한인 사람에게 우주에는 시간이 존재하지 않는 공간이 있다고 설명하면 뭐라고 하겠는가. 케니는 부하인 스타 트레이더가 탁월한 실력을 '입증'했다고 생각하지만, 나는 그 트레이더가 위험한 멍청이에 불과하다는 사실을 얼마든지 입증할 수 있다.

위험 관리자

최근 기업과 금융회사들은 위험 관리자Risk Manager라는 이상한 직책을 만들어냈다. 위험 관리자는 회사가 러시안룰렛 같은 사업에 너무 깊이 빠지지 않도록 감시하고 확인하는 일을 담당한다. 기업들은 몇 번 심하게 데어보았기 때문에, 희귀사건의 발생 가능성을 감시할 누군가의 필요성을 깨달은 것이다. 트레이딩이 더 재미있는데도 내 친구 중에 아주 똑똑한 여러 사람이 이런 직책에 매력을 느꼈다. 특히 위험 관리자의 평균 소득이 트레이더보다 높다는 점도 매력적이다. 또한, 직장에서 쫓겨나는 트레이더가 많다는 점도 고려해야 한다. 트레이더의 10년 생존율은 한 자릿수인 데 반해 위험 관리자는 거의 100%이다. 트레이더들은 왔다가 사라지지만, 위험 관리자는 계속 머무른다. 나는 이 직책을 잡을 것인지에 대해 계속 생각했다. 확률적으로도 수익성이 더 높은데다 단순한 매매 업무와는 달리 조사와 실행을 통합하면서 더 지적인 업무를 수행할 수 있기 때문이다. 또한 위험 관리자의 혈액에는 스트레스 호르몬 같은 유해 성분이 더 적다. 하지만 나는 물러섰다. 투기에서 느끼는 고통과 즐거움을 더 원했기 때문만은 아니었다. 위험 관리자의 업무는 좀 이상했다. 앞에서도 말했지만, 현실 세계에서는 위험 요소가 보이지 않는다. 게다가 위험 관리자는 수익을 내는 트레이더에게 위험을 떠안지 말라고 막을 권한도 없다. 조지 월 같은 멍청이들이 사후 결과만 보고 소중한 수익 기회를 날려서 주주들에게 손실을 안겼다고 비난할 것이기 때문이다. 반면, 대형 손실이 발생하면 위험 관리자가 책임을 져야 한다. 그런 조건이라면 무슨 일을 할 수 있겠는가?

위험 관리자는 정치적으로 처신할 수밖에 없다. 위험 감수 활동에 대해 경고하는 모호한 표현의 내부 규정을 만들지만, 자신의 자리를 보존해야 하므로 위험 감수를 완전히 막지는 못한다. 의사가 양성 오류 _{실제로 정상인데 암으로 진단하는 경우}와 음성 오류 _{실제로 암인데 정상이라고 진단하는 경우} 사이에서 망설이듯이, 위험 관리자도 오류의 여지가 필요하다는 사실을 인식하고 사내에서 처신의 균형을 유지해야 한다.

부수 현상

회사의 관점에서 보면, 위험 관리자는 실제로 위험을 줄이는 것이 아니라 위험을 줄이는 듯한 인상을 줄 뿐이다. 흄 이후의 철학자들과 현대 심리학자들은 부수 현상epiphenomenalism이라는 개념, 즉 원인과 결과에 대한 착각을 연구해왔다. 나침반이 배를 움직이는가? 위험을 '감시'함으로써 당신은 효과적으로 위험을 줄이는가, 아니면 의무를 다한다는 기분만 느끼는가? 당신은 CEO처럼 행동하는가, 아니면 눈치만 살피는가? 이런 통제에 대한 착각이 해로운가?

이 장을 마무리하면서, 투자업계의 핵심적 역설을 제시하겠다. 나는 원래 반골 기질이 있으므로 내 스타일이나 기법이 인기도 없고 이해하기 어렵다고 해도 놀랄 이유가 없다. 그러나 내게도 딜레마는 있다. 현실 세계에서 다른 사람들과 함께 일하고 있는데, 그들 중에는 잡담을 늘어놓는 사람들뿐만 아니라 하찮은 언론인들도 있다. 그래서 나는 사람들 대부분이 계속 운에 속기를 바라지만(그래야 내가 역발상 투자를 계속할 수 있다), 한편으로는 소수의 똑똑한 사람이 내 기법을 인정해주고 내 서비스를 이용해주기를 바란다. 다시 말해서, 사람들이 운에 속기는 하되 모두가 속아서는 안 된다. 나는 다행히 이런 이상적인 파트너에 해당하는 도널드 서스먼Donald Sussman을 만났다. 그는 내 직장 생활 두 번째 단계에서 고용 조건을 개선해주었다. 나에게 가장 큰 위험은 크게 성공하는 것이다. 그러면 내 사업이 사라질 것이기 때문이다. 참으로 기묘한 사업이다.

역사에 대한
수학적 고찰

몬테카를로 시뮬레이션으로 무작위 역사적 사건들을 이해한다. 운과 가상역사. 경험 많은 노인이 낫다. 역사 교수는 기초 표본 이론을 배워야 한다.

유럽의 플레이보이 같은 수학자

전형적인 수학자라면 덥수룩한 턱수염에 길게 자란 더러운 손톱, 간소하지만 어질러진 책상 앞에서 조용히 연구하는 모습이 그려질 것이다. 빈약한 어깨에 올챙이배를 하고 더러운 사무실에 앉아 지저분한 환경 따위는 안중에도 없는 듯 연구에 완전히 몰입한 모습이다. 공산주의 체제에서 성장했으므로 영어 발음은 딱딱하고 묵직한 동유럽 억양이 묻어 있다. 시간이 갈수록 그는 순수 이론에 더 몰입하며 추상화 수준이 더 높아진다.

문명혐오주의자 유나바머Unabomber라는 인물이 미국 사회에서 화제였다. 그는 턱수염을 기른 하버드 대학 출신 천재 수학자로서 오두막에 살면서 현대 과학기술 개발자들을 학살하는 일에 몰두했다. 언론인들은 그의 논문 주제인 복소경계Complex Boundaries를 전혀 이해할 수 없었으므로 설명할 엄두조차 내지 못했다. 복소수는 완전히 추상적이고 가상적인 숫자로서 -1의 제곱근이 포함되며, 수학 세계가 아닌 현실 세계에는 객체로 존재하지 않는다.

몬테카를로라는 지명을 들으면 햇볕에 그을린 멋진 유럽 플레이보이가 지중해의 미풍을 받으며 카지노에 들어가는 모습이 떠오른다. 그는 스키와 테니스에 능할 뿐 아니라, 체스와 브리지에도 고수다. 다림질된 이탈리아 수제 양복을 입고 회색 스포츠카를 몰며 간결한 문장으로 말한다. 그리고 대중 매체를 통해 대중들을 사로잡는다. 카지노 안에서 그는 기민하게 카드를 읽고, 승산을 파악하며, 최적 판돈 규모를 정확하게 계산해서 신중하게 건다. 제임스 본드의 더 멋진 이복동생인지도 모르겠다.

나는 몬테카를로 수학을 생각하면 두 요소의 절묘한 조합을 떠올린다. 두 요소는 몬테카를로 사나이의 천박하지 않은 현실주의와, 지나치게 추상화되지 않은 수학자의 직관이다. 실제로 수학에서 이 분야는 대단히 실용적이기 때문이다. 일반 수학이 흔히 그렇듯 무미건조하지가 않다. 나는 트레이더가 되는 순간부터 몬테카를로 기법에 중독되어 운과 관련된 대부분의 문제에 대해 이 기법으로 생각하게 되었다. 이 책에서 제시한 사례들도 대부분 몬테카를로 기법으로 만들어낸 것이다. 그러나 중요한 것은 계산 기법이 아니라 사고방식이다. 수학은 사고의 도구이지, 계산의 도구가 아니다.

도구

앞 장에서 설명한 대체역사의 개념은 대폭 확장하고 기술적으로도 다양하게 개선할 수 있다. 이렇게 하면 대체역사는 트레이딩을 하면서 불확실성을 다루는 도구가 된다. 개요는 뒤에 설명하겠다. 몬테카를로 기법이란, 간단히 말해서 다음 개념을 사용해서 가상역사를 만들어내는 것이다.

첫째, 표본경로를 생각한다. 대체역사의 과학적 명칭은 대체표본경로alternative sample paths인데, 이는 확률 과정이라는 확률 수학의 한 분야에서 빌려온 이름이다. 경로는 결과의 반대 개념으로서, 단순히 MBA 스타일의 시나리오 분석이 아닌, 시간의 흐름에 따라 시나리오가 발생하는 현상을 조사한다는 뜻이다. 다시 말해, 새가 내일 밤 어디에 있을 것인지를 알려고 하는 것이 아니라, 내일 밤 새가 돌아다닐 수 있는 다양한 장소를 모두 알고자 하는 것이다. 마찬가지로 1년 뒤 투자자의 자산 가치를 알려는 것이 아니라, 투자자가 1년 동안 가슴 졸이며 겪을 가격 등락을 모두 알려는 것이다. 표본이라는 단어는 우리가 수많은 가능성 가운데 실현된 하나만 본다는 뜻을 강조한다. 표본경로는 임의적이거나 결정론적이다.

임의표본경로random sample path는 임의실행이라고도 하는데, 특정 시작일부터 종료일까지 일어나는 가상역사 사건을 뜻하며 불확실성 수준은 변동될 수 있다. 하지만 여기서 임의random라는 단어를 확률이 같다는 뜻으로 착각해서는 안 된다. 확률이 더 높은 것도 있고 더 낮은 것도 있다. 임의표본경로의 예를 들면, 장티푸스 걸린 사촌의 체온을 발병 기간의 처음부터 끝까지 시간 단위로 잰 경우가 있다. 또는, 예컨대 1년 동안 기록된 인기 기술주의 종가로 시뮬레이션 할 수도 있다. 한 시나리오에서는 100달러로 시작해서 220달러에 고점을 찍은 다음 20달러로 끝날 수도 있다. 아니면, 10달러에 저가를 기록한 뒤 125달러로 끝날 수도 있다. 카지노에서 저녁 시간을 보낼 때 지갑의 변동 과정도 사례가 된다. 1,000달러로 시작해서 15분마다 지갑을 확인한다. 한 표본경로에서는 자정에 2,200달러가 된다. 다른 표본경로에서는 겨우 집에 갈 택시비 20달러만 남는다.

확률 과정이란 시간의 흐름에 따라 펼쳐지는 사건들의 역학이다. 확률은 운을 가리키는 화려한 단어다. 이 확률 분야에서는 연속적인 임의 사상의 전개 과정을 연구한다. 이 과정의 핵심은 시간이 포함되어 있다는 점이다.

몬테카를로 생성기란 무엇인가? 목수를 부르지 않고도 다락방에 완벽한 룰렛을 설치한다고 상상해보자. 컴퓨터 프로그램을 이용하면 무엇이든 시뮬레이션이 가능하다. 이런 시뮬레이션이 목수가 만든 실제 룰렛보다 낫다. 실제 룰렛은 다락의 바닥이 경사지거나 룰렛이 기울어졌을 때 확률이 어떤 숫자로 치우칠 수가 있기 때문이다. 이런 현상을 편향이라고 부른다.

몬테카를로 시뮬레이션은 내 평생에 가장 훌륭한 장난감이다. 임의 표본경로를 수천 개 또는 수백만 개 만들어내서 일반 속성을 파악할 수 있기 때문이다. 이런 연구에는 컴퓨터가 필요하다. 몬테카를로라는 매력적인 이름으로 부르는 것은 카지노처럼 임의 사상을 시뮬레이션 한다는 뜻이다. 현실과 비슷하게 조건을 설정한 다음, 가능한 사상을 중심으로 다수의 시뮬레이션을 실행한다. 수학을 모르더라도 우리는 18세의 기독교계 레바논 청년이 러시안룰렛을 일정 횟수 시행했을 때 부자가 될 확률이 얼마인지 알 수 있고, 평균 몇 번 만에 무덤으로 가는지도 알 수 있다. 권총을 500연발로 바꿀 수도 있는데, 그러면 사망 확률이 낮아진다.

몬테카를로 시뮬레이션 기법은 로스앨러모스Los Alamos 국립연구소에서 원자폭탄을 준비하던 기간에 개발되었다. 이 기법은 1980년대 금융 수학에서 유행했는데, 특히 자산 가격의 랜덤워크 이론에 활용되었다. 사실 러시안룰렛 사례에는 이런 기법이 필요 없지만 현실 상황과 비슷한 문제에는 몬테카를로 시뮬레이션의 위력을 이용할 필요가 있다.

몬테카를로 수학

실제로 '진정한' 수학자들은 몬테카를로 기법을 좋아하지 않는다. 그들은 이 기법이 수학의 기교와 우아함을 빼앗아갔다고 생각한다. 그래서 '폭력'이라고 부른다. 몬테카를로 시뮬레이션으로 방대한 수학 지식을 대신할 수 있기 때문이다. 예를 들면, 기하학을 전혀 모르는 사람도 불가사의에 가까운 파이Pi를 계산할 수 있다. 어떻게 계산할까? 사각형 안에 원을 그린 다음 균등 분포가 되도록 임의로 총을 쏜다. 원 안에 떨어진 총알을 발사된 전체 총알로 나누면 신비로운 파이 값의 배수가 나오며, 무한히 정밀한 값이 된다. 파이는 수학 공식을 써서 분석적으로 계산할 수도 있으므로 컴퓨터를 사용하는 이 방법이 효율적인 것은 아니다. 하지만 방정식으로 풀어내는 것보다는 컴퓨터를 이용하는 방법이 직관적으로 이해하기에 더 쉽다. 사람들의 두뇌와 직관은 이런 방식을 더 쉽게 이해한다(나도 그렇다).

나는 '타고난' 수학자가 아니다. 언어로 비유하자면, 수학이 모국어가 아니라 외국어인 셈이다. 수학자라면 정리나 증명 등으로 수학을 진보시키는 일에 관심이 있겠지만, 수학 그 자체보다 응용에 관심이 있다. 나는 현실적인 문제가 발등에 떨어지지 않으면 방정식을 단 하나도 집중해서 풀지 못한다. 그래서 수학을 대부분 파생상품 거래를 하기 위해서 배웠다. 옵션 때문에 확률 수학을 공부할 수밖에 없었다. 도박 중독자들은 보통 수준의 지능에도 불구하고 탐욕 덕분에 놀라운 카드 계산 능력을 얻게 된다.

아니면 문법에 비유할 수도 있다. 수학은 따분하고 재미없는 문법이다. 문법 그 자체에 관심을 두는 사람이 있는가 하면 단지 글을 바르게 쓰는 법에만 관심을 가지는 사람도 있다. 두 번째 부류에 속하는 사람들을 '퀀트quant'라고 부른다. 물리학자와 마찬가지로, 이들은 수학 그 자체보다는 수학을 도구로 활용하는 일에 더 관심이 있다. 수학적 재능은 타고나는 것이지 절대로 계발되는 것이 아니다. 물리학과 퀀트도 마찬가지다. 나는 문제만 해결할 수 있다면 내가 구사하는 수학이 과연 우아하고 고급스러운 방식이냐에 대해서는 개의치 않는다. 그래서 가능하다면 나는 몬테카를로 기법을 즐겨 사용한다. 이 기법으로 문제를 해결할 수 있기 때문이다. 게다가 교육하기에도 훨씬 좋은 방법이므로, 이 책에서 예를 들 때는 이 방법을 사용하고자 한다.

실제로 확률은 자기 성찰적인 분야다. 특히, 모든 과학의 어머니인 지식을 포함해서 여러 과학에 영향을 미친다. 지식을 수집하고 구성하는 과정에 작용한 우연적 요소를 고려하지 않고서는 지식의 질을 평가하기가 불가능하다. 과학에서는 확률과 정보가 완전히 똑같은 방식으로 다루어진다. 위대한 사상가들은 거의 모두 확률을 건드려보았으며, 대부분은 빠져들다시피 했다. 내가 가장 존경하는 두 거장, 아인슈타인과 케인스는 둘 다 확률에서부터 탐구의 길을 시작했다. 아인슈타인은 1905년에 쓴 주요 논문에서 정지한 유체 속 부유 입자의 움직임을 말하는 '연속적 무작위 사건'이라는 확률적 용어를 처음으로 사용하였다. 브라운운동Brownian motion 이론에 관한 아인슈타인의 논문은 금융 모델링에서 사용하는 랜덤워크 이론의 중추라 하겠다. 케인스의 경우, 교양인들은 그를 인용하기 좋은 좌경 정치경제학자보다는 공정하고 자기 성찰적이며《강력한 확률론A Treatise on Probability》의 저자로서 존경한다. 케인스가 정치경제라는 음울한 분야로 진출하기 전까지 확률론자였기 때문이다. 그러나 그에게는 다른 흥미로운 성향도 있었다. 그는 큰돈을 모은 다음 트레이딩으로 그 돈을 모두 날려버리곤 했다. 확률을 이해하는 사람이라도 행동은 전혀 다를 수 있는 것이다.

이러한 확률론적 자기 성찰의 다음 단계는 인식론, 방법론, 과학 철학 등 주로 지식과 관련된 철학에 심취하게 된다. 이러한 주제에 대해서는 책의 뒷부분에서 다루기로 한다.

■── 다락방에서 즐기는 오락

역사를 만들다
1990년대 초, 나도 계량금융 분야에서 활동하는 많은 친구와 마찬가지로 다양한 몬테카를로 엔진에 중독되었다. 혼자 공부해서 엔진을 만들었는데, 마치 창조주가 되어 역사를 쓰는 듯한 짜릿한 기분이었다. 가상역사를 창출하여 다양한 결과가 분산되는 모습을 보면 감전된 듯한 충격을 느끼게 된다. 이러한 분산이 운에 대한 저항 수준을 가리킨다. 이런 모습을 보고 나는 직업 선택에 지극히 운이 좋았다고 확신했다. 세랑옵션 트레이더라는 내 직업의 장점 중 하나는 하루 일과의 거의 95%를 자유롭게 생각하고, 책 읽고, 연구하면서 보낼 수 있다는 점이다(아니면 체육관, 스키장, 공원 벤치에서 명상에 잠길 수도 있다). 또한 컴퓨터 장비가 잘 갖춰진 안락한 방에서 일하는 특권도 누렸다.

컴퓨터 혁명이 우리에게 주는 이득은 홍수처럼 쏟아지는 이메일과 채팅방 출입이 아니다. 분당 수백만 개의 표본경로를 생성해내는 고성능 프로세스를 사용하게 된 것이다. 사실 방정식 풀이에는 전혀 관심도 없고, 솜씨를 발휘한 적도 거의 없다. 방정식 풀이보다는 방정식 설정에 능숙했다. 그러나 내가 만든 엔진 덕분에 난해한 방정식도 최소한의 노력으로 풀 수 있게 되었다. 풀지 못하는 문제도 거의 없다.

다락방에 붐비는 조글럽들

내가 개발한 몬테카를로 엔진 덕분에 몇 가지 흥미로운 탐구를 할 수 있었다. 내 동료는 새로운 이야기, 중앙은행의 발표, 실적 보고서, 경제 예측, 경기 결과, 사내 정치 등에 몰두했지만 나는 몬테카를로 엔진으로 금융확률과 관련된 분야에서 놀았다. 아마추어가 자연스럽게 진입할 수 있는 분야가 진화생물학이다. 진화생물학이 제시하는 메시지와 시장에 적용하는 방법이 같다는 점이 매력적이다. 빠르게 돌연변이를 일으키는 조글럽Zorglub, 만화에 등장하는 미친 과학자을 모수로 삼아 기후 변화를 기준으로 시뮬레이션을 시행하자 전혀 뜻밖의 결과를 보게 되었다. 그 결과의 일부는 5장에 다시 나온다. 나는 직장 생활의 무료함을 달래려는 순수 아마추어였으므로, 나의 목적은 이러한 사건들로부터 단지 직관력을 개발하려는 데 있었다. 분석 전문가와는 달리 지나치게 정교한 직관력은 필요 없었다. 가끔 분자생물학도 가지고 놀았는데, 무작위로 발생하는 암세포를 생성하여 놀라운 진행 과정을 목격하였다. 또한 조글럽을 분석하는 것과 마찬가지로 '멍청한 낙관론자', '성급한 비관론자', '신중론자'로 트레이더를 구분하여 강세장 및 약세장 환경하에 시뮬레이션을 시행하였고, 단기 생존율과 장기 생존율을 조사하였다. 이런 구조에서 멍청한 낙관론자들은 강세장에서 돈을 벌지만, 이 돈으로 자산을 더 사들이면서 가격을 높이다가 마침내 자금이 바닥나게 된다. 한편, 비관론자들은 강세장에서 돈을 벌지 못해 망한다. 내 모델에 따르면 결국 제대로 생존한 사람은 거의 없었다. 비관론자들은 강세장에서 추풍낙엽처럼 떨어져 나갔고, 낙관론자들은 강세장의 풍악 소리가 멈추자 평가이익이 사라지면서 학살당했다. 그러나 예외가 하나 있었다. 일부 옵션 매입자들은 지구력이 탁월했다. 그래서 나도 이 대열에 합류하고 싶었다. 왜 그랬을까? 파산에 대비해서 보험을 매입할 수 있었기 때문이다. 단 하루의 손실로 자신의 일자리를 위협받지 않아서 이들은 편안한 잠을 이룰 수 있었다.

이 책에 다윈주의와 진화론적 사고가 배어 있다면, 내가 자연과학을 정식으로 배웠기 때문이 아니라 몬테카를로 시뮬레이션을 통해서 그것을 습득했기 때문이다.

나는 아이디어를 점검하고 싶을 때마다 시뮬레이션을 시행하려는 욕구가 생긴다. 그러나 오랜 기간 몬테카를로 엔진을 사용한 덕분에, 실현된 결과를 볼 때마다 실현되지 않은 결과도 반드시 살피게 되었다. 나는 이것을 "역사 종합"이라고 부르는데, 이 기법으로 아원자 입자 Subatomic particle의 역학을 분석한 유명 물리학자 리처드 파인먼Richard Feynman의 표현을 빌린 것이다.

몬테카를로 기법을 이용해서 역사를 만들고 재구성하는 과정에서, 1960년대와 1970년대에 인기를 끌었던 알랭 로브-그리예Alain Robbe-Grillet 같은 작가의 실험적 소설이 떠올랐다. 그의 소설에서 작가는 새로운 표본경로를 만들듯이 각 장을 고쳐 쓰면서 줄거리를 바꿨다. 작가는 자신이 만들어낸 과거 상황에서 벗어나 사후적으로 줄거리를 마음대로 바꿀 수 있었다.

역사가 주는 교훈을 무시하다

몬테카를로 관점에서 역사에 대해 한마디 덧붙이겠다. 솔론의 경고와 같은 고전적 이야기에서 많은 지혜를 배운 뒤, 나는 솔론 같은 고색창연한 이야기를 전해주는 옛 역사가들을 더 연구했다. 그러나 인간은 천성적으로 역사로부터 제대로 배우지 못한다. 이는 현대의 증권시장에서 똑같은 거품과 붕괴가 끝없이 반복되는 사실에서도 드러난다. 내가 말하는 역사란 일화들이다. 역사에서 발견한 이론을 근거로 사건을 해석하려는 거창한 역사주의나 역사 이론을 말하는 것이 아니다. 즉, 역사의 종언 따위를 예측하는 헤겔 철학이나 사이비 과학 역사주의가 아니다(이들은 과거 사건들이 우연히 발생했을지도 모른다는 점을 고려하지 않은 채 이론을 도출하므로 사이비 과학이다. 이런 주장을 통제된 실험으로는 검증할 수가 없다). 역사는 내게 여러모로 쓸모가 있다. 나의 감각을 높여주고, 과거 사건을 고려하도록 해주며, 다른 사람들의 사상을 활용하게 해주고, 타인으로부터의 학습을 가로막는 정신적 결함을 고쳐준다. 나는 노인에 대한 존경심에서 한 걸음 더 나아가 백발노인에 대한 본능적 경외감을 키우고 싶지만, 트레이더로 생활하면서 이런 존경심이 사라졌다. 나이와 성공이 별개인 모습을 자주 보았기 때문이다. 실제로 나는 두 가지 방법으로 역사에서 배운다. 옛사람들의 글을 통해 과거에서 배우고, 몬테카를로 엔진을 통해 미래로부터 배운다.

불에 데어봐야 뜨거운 줄 안다

사람들은 천성적으로 역사로부터 교훈을 얻지 못한다. 경험은 문화적 방법으로는 전달되기 어려운 법이다. 아이들은 잘못을 저지르면서 배운다는 말이 있다. 불에 데어봐야 다시는 불에 손대지 않는다. 다른 사람이 아무리 주의를 줘도 아이는 전혀 조심하지 않는다. 어른도 마찬가지다. 행동경제학을 개척한 대니얼 카너먼과 아모스 트버스키는 이런 행태를 조사했다. 이들은 위험한 치료에 대한 사람들의 태도를 분석했다. 그런데 나도 나 자신의 질병 예방과 검진에 대해서는 지극히 관대한 반면(나는 특별한 존재라서 내게는 다른 사람들의 감염확률이 적용되지 않는다고 생각한다), 내가 감염되었을 경우에는 치료에 대해 지극히 적극적이다(화상을 입으면 과잉 반응한다). 이것은 불확실한 상황 속에서 합리적인 행동이 아니었다. 그런데 어린아이나 나 같은 사람만 이런 식으로 다른 사람들의 경험을 무시하는 것이 아니다. 기업의 의사 결정자나 투자자들도 전반적으로 이런 식이다.

단지 역사책을 읽기만 해도 '타인의 잘못'으로부터 배울 수 있다고 생각한다면, 다음 19세기 실험에 대해 생각해보라. 스위스 의사 클라파레드Claparede는 기억상실증 환자를 대상으로 유명한 심리학 실험을 시행했다. 한 여성 환자는 기억상실증이 몹시도 심해서, 의사가 15분마다 한 번씩 자기소개를 해야 할 정도였다. 하루는 의사가 날카로운 핀을 손에 숨긴 채 환자와 악수를 했다. 다음 날 의사가 악수를 청하자 환자는 재빨리 손을 거두어들였지만 여전히 의사를 알아보지 못했다. 이후 기억상실증 환자에 대한 많은 연구에 따르면, 환자는 무의식적으로는 일종의 학습을 하지만 이 학습을 의식적으로는 기억하지 못한다. 이러한 의식적 기억과 무의식적 기억을 과학 용어로는 서술 기억과 비서술 기억으로 구분한다. 경험으로부터 얻는 위험 회피는 대개 두 번째 유형에 속한다. 그래서 나는 교과서 형식으로 주입식으로 배우지 않은 경우에만 역사를 존중한다.

실제로는 현실이 더 나쁠 수도 있다. 어떤 면에서 우리는 자신의 경험으로부터도 배우지 못한다. 예를 들면 사람들은 과거에 경험한 감정적 반응이 단기에 그쳤음을 기억하지 못한다. 그래서 어떤 물건을 사면 장기간 행복할 것이라고 착각하거나, 사지 않으면 장기간 고통을 받을 것이라고 착각한다(과거에 비슷한 물건을 샀을 때의 기쁨도 오래가지 않았고, 사지 않았을 때의 고통도 오래가지 않았다).

내가 알고 지낸 동료들 가운데 역사가 주는 교훈을 무시한 사람들이 가장 처참하게 파산했다. 그런 사람 중에 파산하지 않은 사람은 한 명도 없다. 그러나 정말 흥미로운 점은 이들이 파산한 방식이 놀라울 정도로 비슷하다는 사실이다. 이들은 단지 돈을 잃는 데 그치지 않았다.

돈을 잃으리라고는 꿈에도 생각지 못했던 시점에 돈을 잃었다. 크든 작든 위험을 감수하겠다고 선언한 이상, 그 위험에 일격을 당하는 일은 전혀 이상할 것이 없다. 파산한 트레이더들의 특징을 보면, 이들은 자신이 시장을 잘 파악하고 있으므로 불리한 사건을 피할 수 있다고 믿고 있었다. 이들이 위험을 감수한 것은 용감해서가 아니라 단지 무지했기 때문이다.

나는 비슷한 이유로 파산한 사람들을 수없이 보았다. 1987년 주식시장 붕괴 때 파산한 사람들, 1990년 일본 붕괴 때 파산한 사람들, 1994년 채권시장 붕괴 때 파산한 사람들, 1998년 러시아 사태 때 파산한 사람들, 나스닥 주식을 공매도했다가 파산한 사람들 모두 마찬가지였다. 이들모두 "이번에는 다르다" 또는 "우리 시장은 다르다"고 주장하며 체계적이고 지성적인 듯한 경제 논리를 내세웠다. 서점마다 이런 붕괴를 자세히 설명하는 책들이 널려 있었는데도 이들은 다른 사람들의 공개된 경험을 받아들이지 못했다. 이러한 시장 전반적인 파산 외에, 나는 옵션 트레이더 수백 명이 멍청하게 파산해서 회사를 떠나는 모습을 보았다. 어린아이에게 불이 위험하다고 경고하듯이 베테랑들이 경고했음에도 그들은 귀 기울이지 않았던 것이다. 내가 질병 예방 및 검진에 대해 낙관하는 태도와 비슷했다. 누구나 자신은 다르다고 생각하므로 정작 진단을 받게 되면 "왜 하필이면 내가?"라며 더 큰 충격을 받게 된다.

과거 역사를 예측하는 능력

우리는 이 문제를 다른 각도에서 논의할 수 있다. 전문가들은 이렇게 역사가 주는 교훈을 무시하는 것을 '역사 결정론'이라고 부른다. 언제 역사가 만들어지는지 알고 있다고 생각하는 것이다. 우리는 1929년 주식시장 대폭락을 경험했던 사람들이 그것이 격렬한 역사적 사건임을 알고 있었고, 이런 사건이 반복되는 경우에도 역시 그 사실을 알 것으로 생각한다. 인생은 모험영화 같아서, 앞으로 일어날 큰 사건을 미리 알 수 있다고 생각한다. 역사적 사건을 경험한 사람들이 당시가 얼마나 중요한 순간이었는지 몰랐으리라고는 상상하기 어렵다. 아무리 역사를 중시하더라도 현재를 대하는 태도는 그다지 달라지지 않는다.

앞 장에 나왔던 장-파트리스의 자리는 운을 다뤄본 적이 없는 공무원 유형의 사람으로 갑자기 대체되었다. 후임자는 보고서 작성법을 가르치는 행정학과를 나와 관리직에서 근무했었다. 주관적인 평가를 받는 자리에 있는 사람들이 으레 그러듯이 그도 전임자를 깎아내렸다. 그래서 장-파트리스를 나약하고 어설픈 사람으로 만들었다. 새 관리자가 처음으로 착수한 업무는 거래 내용에 대한 분석 작업이었다. 그는 우리의 거래량이 너무 많아서 후선 부서에 비용이 매우 많이 발생했다고 생각했다. 그는 외환 트레이더의 거래를 샅샅이 분석한 뒤, 제대로 이익이 발생한 거래는 겨우 1%에 불과하다는 보고서를 작성했다. 나머지 거래에서는 손실이나 작은 이익이 발생했다고 말했다. 그는 트레이더들의 거래 가운데 돈 버는 경우보다 잃는 경우가 많다는 사실에 충격받았다. 그는 이제 우리가 자신의 지시를 따라야 한다고 확신했다. 우리가 돈 버는 거래를 두 배만 늘려도 회사의 실적은 엄청나게 개선될 것이라고 생각했던 것이다. 그 말이 맞다면 그렇게 높은 보수를 받는 트레이더들이 왜 전에는 이런 생각을 못 했단 말인가?

지나고 나면 항상 상황이 명확하게 보이는 법이다. 새 관리자는 이러한 실수들을 곳곳에서 발견했다. 이것은 우리 생각이 역사적 정보를 다루는 방법 때문에 나타나는 현상이다. 우리가 과거를 돌아볼 때, 그것은 늘 하나의 사건으로 존재한다. 그래서 과거의 역사는 마치 결정론적인 것으로 보인다. 과거 사건을 해석할 때 그 이전의 사건은 생각하지 못한다. 답을 아는 상태에서 시험을 치른다고 상상해보라. 역사는 시간과 함께 흘러가지만 우리는 시간을 거슬러서 역사를 보려 한다는 사실을 깨닫지 못한다. 왜 그럴까? 11장에서 논의하겠지만, 간단히 설명하면 다음과 같다. 우리의 사고는 세상의 작동 원리를 이해하기보다는 재빨리 곤경을 모면하면서 결과를 얻도록 설계되어 있다. 우리의 사고가 세상을 이해하도록 만들어졌다고 가정하면, 머릿속에는 VCR처럼 과거 역사를 재생하는 장치가 들어 있고, 이 장치의 부하 때문에 작동이 느려져서 애를 먹는 것이다. 사람들이 이후에 얻은 정보 때문에 사건 당시 자신의 지식을 과대평가하는 현상을 심리학자들은 후견지명편향hindsight bias, 즉 "나는 처음부터 그럴 줄 알았어" 효과라고 부른다.

언론에서 낙선한 후보자의 출마를 '실수'라고 부르듯이, 새 관리자는 손실을 본 거래를 '엄청난 실수'라고 불렀다. 그러나 실수란 사후적으로 평가할 대상이 아니라, 당시까지 존재한 정보를 바탕으로 평가할 대상이다. 나는 이 관점을 목이 쉬도록 거듭 주장할 생각이다.

이런 후견지명의 더 심각한 악영향은 과거 예측에 능숙한 사람들은 자신을 미래 예측에도 능숙한 사람으로 착각한다는 점이다. 그래서 2001년 9월 11일 테러 사건을 경험하고도 중요한 사건들이 예측 불가능하다는 사실을 절대 깨닫지 못한다. 당시에는 심지어 쌍둥이빌딩 붕괴조차 예측할 수 있는 것처럼 보였다.

내가 솔론의 경고에 대해 고민하는 이유가 또 있다. 솔론의 일화를 들으면, 나는 똑같은 이야기가 있었던 동지중해 땅이 떠오른다. 나의 선조는 단 한 세대 동안에 엄청난 풍요와 난처한 빈곤을 동시에 경험했다. 지속적으로 지위가 향상되어온 내 주변 사람들로서는 상상하기 어려운 일이다. 내 주변 사람들은 대공황 때를 제외하면 가족이 좌절을 경험한 적도 거의 없고, 더 일반적으로 말하면 과거를 돌아볼 만한 역사의식도 없다. 나처럼 선조가 동로마제국 출신의 그리스 정교도라면, 약 500년 전 콘스탄티노플이 터키의 침략으로 역사에서 사라진 슬픈 봄날의 기억이 예사롭지 않을 것이다. 선조는 멸망한 제국의 유민으로서 이슬람 세계에서 크게 번창했던 소수민족이었지만 부의 기반은 지극히 취약했다. 나는 위엄 있는 친할아버지의 모습을 생생하게 기억한다. 할아버지는 부수상의 아들이자 자신도 부수상까지 역임했지만 아테네의 초라한 아파트에 살았고, 레바논 내전 기간에 그나마 남아 있던 재산을 모두 잃었다. 우연히 전쟁의 황폐함을 겪어본 뒤, 나는 신체적 위험보다도 품위 없는 빈곤이 더 견디기 어렵다는 것을 알게 되었다(나에게는 품위 있게 죽는 편이 경비원 같은 인생을 사는 것보다 훨씬 낫다. 그래서 나는 신체적 위험보다도 금융 위험을 더 싫어한다). 크로이소스 역시 목숨보다도 제국을 잃게 될 것을 더 걱정했을 게 틀림없다.

역사적 사고의 매우 중요한 측면이 시장에도 그대로 적용되는 것 같다. 물론 자연과학과는 달리, 역사는 실험할 수 있는 대상이 아니다. 그러나 역사는 매우 강력해서 중장기적으로 시나리오 대부분을 실현하여 결국 악당들을 땅속에 파묻어버린다. 시장에는 나쁜 거래를 하면 대가를 치른다는 말이 있다. 확률을 연구하는 수학자들은 이를 우아하게 '에르고딕성ergodicity'이라고 부른다. 표본경로가 아주 길어지면 결국 서로 닮게 된다는 뜻이다. 매우 긴 표본경로의 속성은 짧은 표본경로의 몬테카를로 속성과 비슷할 것이다. 1장의 로또에 당첨된 경비원은 1,000년을 더 산다고 해도 로또에 다시 당첨되기 어려울 것이다. 능력이 있는데도 인생에서 불운을 맞이한 사람들은 결국 다시 일어서게 될 것이다. 운 좋은 바보는 인생에서 운의 덕을 보았더라도, 장기적으로는 점차 불운한 바보들과 비슷한 상태가 될 것이다. 모두가 자신의 장기 속성으로 돌아가게 된다.

■ 정제된 생각

긴급 뉴스

내가 혐오하는 언론인은 이 책에 조지 윌로 등장하여 우연한 결과를 다루었다. 다음 단계로 내가 왜 몬테카를로 엔진을 통해서 정제된 생각을 선호하게 되었는지 설명하겠다. 정제된 생각이란 의미 없는 소음은 제거하고 제대로 된 정보를 바탕으로 하는 생각을 뜻한다. 소음과 정보를 구분하자면, 소음은 언론에 비유할 수 있고 정보는 역사에 비유할 수 있다. 언론인이 제대로 일을 하려면 문제를 역사가의 관점에서 바라보아야 하고, 자신이 제공하는 정보의 가치를 다음과 같이 겸손하게 말해야 한다. "오늘은 시장이 상승했습니다. 그러나 이 정보는 주로 소음에서 나온 것이므로 의미가 거의 없습니다." 그러나 이렇게 자신이 보유한 정보의 가치를 하찮은 것으로 취급하면 틀림없이 일자리를 잃을 것이다. 언론인이 역사가처럼 생각하기도 어렵지만, 역사가가 언론인처럼 바뀌는 것도 난감한 일이다.

아이디어는 묵어야 아름답다(이 주장에 대해 수학적으로 논하기는 아직 이르다). 솔론의 경고는 운에 좌우되는 우리 인생에 적용할 수 있으므로, (언론에서는 반대로 새로운 아이디어가 아름답다는 메시지를 전하지만) 나는 본능적으로 겉모습에 관계없이 새로운 생각보다 정제된 생각을 더 높이 평가한다. 그래서 침대 곁에 늘 고전을 쌓아둔다(내가 최근 읽는 뉴스라고는 〈이코노미스트The Economist〉 외에 〈태틀러Tatler〉, 〈파리스 매치Paris Match〉, 〈베니티 페어Vanity Fair〉에 실린 무척 흥미로운 상류사회의 잡담뿐이다). 최신 기사들은 잡스러운 반면, 고대의 사상들은 단정하다. 나는 진화론과 조건부 확률을 수학적으로 풀어내는 일에 시간을 일부 투입했다. 어떤 아이디어가 수많은 순환기를 거쳐 오래 생존했다면, 이는 상대적으로 잘 적응했음을 말해준다. 적어도 일부 소음은 걸러진 것이다. 수학적으로 보면, 진보란 새로운 정보의 일부가 과거의 정보보다 낫다는 뜻이지, 새로운 정보가 전반적으로 과거의 정보를 대신한다는 뜻이 아니다. 따라서 의심스러울 때는 새로운 아이디어, 정보, 기법을 체계적으로 거부하는 것이 최선이 된다. 항상 명확하고 지독하게 거부하라. 그 이유는 무엇인가?

'새로운 것'과 '더욱 새로운 것'을 옹호하는 주장은 다음과 같다. 자동차, 비행기, 전화, 개인용 컴퓨터 등 신기술이 가져온 극적인 변화를 보라. 확률적 사고방식을 하지 않는 평범한 사람들은 모든 신기술과 발명들이 우리 생활을 혁명적으로 바꿀 것으로 생각한다. 답은 그렇게 명확하지가 않다. 지금 우리는 실패한 신기술은 제외하고 성공한 신기술만을 보고 계산하기 때문이다. 실패한 신기술이 어디 있느냐고? 토요일 신문에는 우리 생활을 혁명적으로 바꿔줄 특허품이 수십 개씩 실린다. 대개 사람들은 일부 발명품들이 우리 생활을 혁명적으로 바꿨으므로 낡은 기술보다 신기술이 낫다고 생각한다. 내 생각은 그 반대다. 비행기나 자동차처럼 '더욱 새로운 것'을 놓쳐버리는 기회비용은, 이러한 보석 같은 신기술을 얻기 위해 걸러내야 하는 온갖 쓰레기들의 독성에 비하면 아무것도 아니다(사람들은 보석 같은 신기술이 우리 생활을 개선했다고 생각하지만, 나는 의심스러울 때가 많다).

이제 정보에 대해서도 똑같은 주장을 할 수 있다. 정보의 문제는 사람의 관심을 딴 곳으로 돌리게 하거나 쓸모없다는 점이 아니라, 그것이 유해하다는 점이다. 우리는 매우 빈번하게 보도되는 뉴스의 가치를 신호 여과와 시청 빈도를 통해 알아보려고 한다. 고전의 가르침을 존중한다면 재잘거리는 현대 언론인들의 상혼을 무시해야 하고, 불확실성 속에서 의사 결정을 하는 사람들은 대중매체에 접하는 일을 최소 수준으로 낮춰야 한다. 귓전을 때리는 '긴급' 뉴스에서 소음 이상의 가치를 찾아내려 한다면, 이는 모래밭에서 바늘을 찾는 행동과 같다. 사람들은 대중매체가 그들의 관심을 끌어 돈을 번다는 사실을 깨닫지 못한다. 언론인에게는 입 다물고 있으니 말 한마디라도 하는 편이 낫다.

언젠가 6시 42분 뉴욕행 기차에 올랐을 때, 출근자들의 침울한 표정을 보고 깜짝 놀란 적이 있다. 이들은 〈월스트리트 저널〉에 푹 빠져 있었는데, 기업들의 상세 공시 사항을 읽고 있었다. 아마도 그 기업들의 십중팔구는 지금쯤 망했을 게 틀림없다. 이들이 신문을 읽고 있어서 침울해 보이는지, 아니면 침울한 사람들이 주로 신문을 읽는지, 아니면 출근길이라 침울해 보이는 것인지 도무지 알 수가 없었다. 하지만 나는 이런 소음에 집중하는 스타일이 아니다. 그런 정보는 통계적으로 아무 의미가 없어서 가치 있는 결론을 도출할 수 없기 때문이다. 그래서 이런 광경을 가볍게 넘겨버린다. 나는 수많은 사람이 투자를 실행한 뒤 과잉 반응을 하면서 멍청한 행동을 하는 모습을 보면 행복감을 느낀다. 다시 말해서 사람들이 쓸데없이 신문을 읽는 모습을 보면, 운을 모르는 바보들을 상대로 내가 재미있는 옵션거래 사업을 계속할 수 있겠다는 안도감을 느낀다(지난달에 우리가 뉴스를 '연구'하면서 30여 시간 이상을 소비했지만, 예측력을 높이거나 세상에 대한 지식을 넓히는 데 전혀 도움이 되지 않았다는 사실을 깨달으려면 엄청난 성찰이 필요하다. 이는 우리가 과거의 잘못을 바로잡는 능력이 취약하기 때문이다. 새해에 굳은 결심을 하고 피트니스클럽에 등록하는 것처럼 사람들은 다음 뉴스가 상황을 이해하는 데 중요하다고 생각한다).

돌아온 실러

사회에 유통되는 정보의 가치가 전반적으로 마이너스라는 생각은 로버트 실러로부터 시작되었다. 금융시장에 대해서만 하는 이야기가 아니다. 그는 1981년의 논문에서 처음으로 수학 공식을 이용해서 사회가 정보를 다루는 방법을 분석했다. 그는 이 논문에서 시장 변동성을 분석하여 이름을 떨쳤다. 그는 주가가 '무엇(예컨대 기업의 현금 흐름)'에 대한 추정 가치라면, 시장가격은 변동성이 매우 커서 '무엇(대용으로 배당을 사용했다)'을 확실하게 나타내기 어렵다고 말했다. 가격은 내재

가치보다 더 크게 움직여서, 때로는 지나치게 오르거나 내리는 과잉 반응을 보였다. 가격과 정보의 변동성이 다르다는 것은 '합리적 기대'가 작동하지 않는다는 뜻이다(시장 가격은 증권의 장기 내재 가치를 합리적으로 반영하지 않고 과다하게 상승하거나 하락했다). 시장이 분명히 잘못되었다. 그래서 실러는 시장이 금융 이론에서 주장하는 것만큼 효율적이지 않다고 발표했다(시장이 효율적이라는 말은 가격에 모든 정보가 반영되어 있어서 투자자들이 가격을 예측할 수도 없고 이익을 얻을 수도 없다는 것이다). 실러가 이렇게 결론을 내리자, 효율적 시장 가설의 사제들은 배신한 이단을 처단하라고 지시했다. 우연의 일치겠지만, 흥미롭게도 앞 장에서 조지 윌이 깎아내린 사람이 바로 실러다.

실러를 본격적으로 비판한 사람은 로버트 머튼Robert C. Merton이었다. 순전히 방법론에 대한 공격이었다(실러의 분석은 전혀 정교하지 않았다. 예를 들어, 이익 대신 배당을 사용했으므로 타당성이 약했다). 또한 머튼은 시장이 효율적이어서 이익 기회를 쉽사리 주지 않는다고 주장하면서 효율적 시장 가설을 방어했다. 하지만 바로 이 로버트 머튼이 후에 시장의 비효율성을 노리는 헤지펀드의 '설립 파트너'가 되었다. 머튼의 헤지펀드가 검은 백조를 만나 장렬하게 파산했다는 사실은 덮어두더라도, 그가 이런 헤지펀드를 설립했다는 것 자체가 실러와 마찬가지로 시장을 비효율적이라고 보았다는 뜻이다. 현대 금융과 효율적 시장 가설을 옹호하던 사람이 시장의 비효율성을 이용하는 펀드를 설립한 것이다.

요즘도 상황은 크게 나아지지 않았다. 지금은 대중매체가 인터넷을 통해 온갖 '긴급 뉴스'를 제공하고 있다. 정제된 정보보다 정제 안 된 정보들이 시장을 채우고 있다. 노인의 설교는 긴급 뉴스로 전달되지 않는다.

그렇다고 모든 언론인이 운에 속아서 소음만 제공한다는 말은 아니다. 사려 깊은 언론인도 많이 활동하고 있다(런던의 아나톨 칼레츠키Anatole Kaletsky와 뉴욕의 짐 그랜트Jim Grant 및 앨런 아벨슨Alan Abelson이 금융언론인 가운데 뛰어나고, 과학언론인 가운데는 게리 스틱스Gary Stix가 훌륭하다). 그럼에도 대다수의 유명 언론은 단지 사람들의 관심을 끌기 위해 무심코 소음을 제공하고 있으며, 소음과 정보를 구분하는 메커니즘조차 존재하지 않는다. 실제로 똑똑한 언론인이 징계당하는 경우도 많다. 진실 따위는 아랑곳없이 언변으로 어리석은 배심원들을 조종하려는 변호사처럼, 언론은 그럴듯한 주장으로 사람들의 관심을 끌기 위해 덤빈다. 학계에 있는 내 친구들은 뻔한 언론의 현실에 대해 내가 왜 흥분하는지 의아해할 것이다. 이유는 내 직업상 필요한 정보를 언론에 의지해야 한다는 데 있다.

경험 많은 노인이 낫다

정제된 생각을 선호한다는 말은 나이 든 투자자나 트레이더, 즉 가장 오랜 기간 시장에서 경험을 쌓은 사람들을 선호한다는 뜻이다. 반면, 월스트리트는 가장 수익성 높은 고객을 선호하므로 될 수 있으면 젊은 고객을 상대하려고 한다. 나는 실제 역사와 비슷하게 다양한 상황을 설정하여 이질적인 트레이더들을 대상으로 몬테카를로 시뮬레이션을 시행했다. 절대적 성공 대신 누적 경험 연수를 선택 기준으로 사용했더니 나이 든 트레이더가 훨씬 유리한 것으로 밝혀졌다. 투자 분야 언론에서는 '적자생존'이라는 말을 즐겨 쓰고 있지만, 이는 말의 의미를 제대로 이해하지 못한 것으로 보인다. 5장에서 보겠지만, 상황을 바꾸면 실제로 가장 잘 적응한 사람이 누구인지 불분명해지며, 생존한 사람이 반드시 가장 잘 적응한 사람으로 보이지도 않는다. 신기하게도 가장 나이 든 사람이 유리하게 나왔는데, 희귀사건을 가장 오랜 기간 경험했으므로 이에 대한 저항력이 강하기 때문일 것이다.

흥미롭게도 배우자 선택에 관한 진화론에서도 비슷한 주장을 발견했다. 다른 조건이 같다면, 여성은 건강하고 젊은 남성보다 건강하고 늙은 남성을 선호하는데, 이는 늙은 남성의 유전자가 더 우수하기 때문이라고 한다. 백발은 생존 능력이 강화되었음을 알려주는 신호다. 백발 단계까지 도달했다면, 그 사람은 인생의 온갖 변덕에 잘 버텼다는 뜻이다. 묘하게도 르네상스 시대 이탈리아의 생명보험업자들도 똑같은 결론에 도달했다. 20대 남자와 50대 남자에게 보험료를 똑같이 부과했는데 이는 이들의 기대 여명이 같았다는 뜻이다. 일단 40세를 넘긴 사람은 어지간한 병으로는 죽지 않는다고 보았던 것이다. 이제 이러한 주장들을 수학적으로 풀어보기로 한다.

■── 몬테카를로의 필로스트라투스, 소음과 정보의 차이

현자는 의미에 귀를 기울이고, 바보는 소음만 듣는다. 현대 그리스 시인 카바피C. P. Cavafy가 1915년 "신은 미래의 일을 인식하고, 평범한 사람들은 현재의 일을 인식하며, 현명한 사람들은 곧 일어날 일을 인식한다"는 필로스트라투스Philostratus, 그리스 철학자들의 격언 뒤에 이렇게 덧붙였다.

길거리 사람들이 아무 소리도 듣지 못하는 동안, 현명한 사람들은 깊이 명상하면서 다가오는 사건들의 숨은 소리에 경건하게 귀를 기울인다.

될 수 있으면 수학을 쓰지 않으면서 소음과 의미의 차이를 설명하고, 역사적 사건을 평가할 때 시간 척도가 중요함을 이해시키는 방법을 찾기 위해 오랜 시간 깊이 고민했다. 몬테카를로 시뮬레이션을 이용하면 직관적으로 이해할 수 있다. 우리는 투자업계에서 사례를 빌려다 쓰려고 한다. 이 사례는 설명하기 쉽고, 그 개념도 어디에나 적용할 수 있다.

유복하게 은퇴한 치과의사가 쾌적하고 화창한 마을에 살고 있다고 가정하자. 그는 탁월한 투자자여서 미국 단기 국채보다 연 15% 높은 수익을 올리고 있는데 오차율, 즉 변동성은 연 10%이다. 이는 표본경로가 100개인 경우, 68개가 15% 초과수익률의 ±10% 범위인 5~25% 안에 들어온다는 뜻이다(엄밀하게 말하면, 종형 정규 분포에서는 관측치의 68%가 −1~1 표준편차 안에 들어온다). 또한 표본경로 95개는 −5~35% 범위 안에 들어온다는 뜻이다.

이는 분명히 매우 낙관적인 상황이다. 치과의사는 카푸치노를 즐기면서 시장을 지켜보려고 다락방에 근사한 트레이딩 책상을 갖춰놓았다. 그는 모험을 즐기는 기질이므로 파크 애버뉴에 사는 노인들의 치아를 치료하는 것보다는 트레이딩이 더 재미있다.

치과의사는 커피값보다도 싼값에 온라인 실시간 주가 정보를 이용한다. 보유 종목을 스프레드시트에 입력해놓았으므로, 투자 종목들의 주가를 실시간으로 확인할 수 있다.

연 15% 수익률에 변동성이 연 10%라면, 한 해에 수익이 발생할 확률이 93%라는 뜻이다. 그러나 표2과 같이 1초 단위로 본다면, 수익이 발생할 확률은 50.02%에 불과하다. 시간 단위를 아주 짧게 잡으면 승산이 크게 낮아진다. 하지만 치과의사는 이 사실을 깨닫지 못한다. 감정적인 사람이므로, 그는 화면에서 손실을 확인할 때마다 고통을 느낀다. 이익이 발생할 때는 기쁨을 느끼지만, 손실이 발생했을 때 느끼는 고통보다는 작다.

매일 시장이 마감될 때마다 치과의사는 심리적으로 탈진 상태가 된다. 하루 8시간씩 분 단위로 실적을 확인한다면, 그는 매일 241분 기쁨을 경험하고 239분 고통을 경험하게 된다. 1년이면 기쁨 60,688분에 고통 60,271분을 경험한다. 손실로 말미암은 고통이 이익으로 얻는 기쁨보다 강도가 심하기 때문에 치과의사는 실적을 빈번하게 확인함으로써 엄청난 심리적 적자를 보는 셈이다.

이번에는 치과의사가 매월 증권사로부터 거래명세서를 받을 때만 실적을 확인한다고 생각해보자. 월별 실적의 67%가 이익을 기록할 것이므로, 그는 1년에 4회만 고통을 겪고 8회는 기쁨을 느낄 것이다. 동일한 치과의사가 동일한 전략을 구사했는데도 이런 차이가 발생한다. 이번에는 치과의사가 1년에 한 번씩만 실적을 확인한다고 가정하자. 그가 앞으로 20년을 산다면, 그는 19번 기쁨을 느끼는 반면 고통은 단 한 번만 경험할 것이다.

시간 단위에 따른 성공 확률 표2

시간 단위	1년	1분기	1개월	1일	1시간	1분	1초
확률	93%	77%	67%	54%	51.3%	50.17%	50.02%

이렇게 시간 단위에 따라 달라지는 운의 속성을 전문가들조차 제대로 이해하지 못하고 있다. 나는 어떤 박사가 (어느 기준으로 봐도 의미 없을 정도로) 짧은 기간에 나온 실적에 대해 주장하는 모습을 본 적이 있다. 언론인들을 깎아내리기 전에 데이터를 몇 가지 더 살펴보자.

다른 각도에서 소음과 정보의 비율을 계산해보면 다음과 같이 나온다. 1년 단위면, 실적 확인 1회당 소음이 약 0.7개 포함된다. 1개월 단위면, 실적 확인 1회당 소음이 2.32개다. 1시간 단위면, 실적 확인 1회당 소음이 30개고, 1초 단위면 소음이 1,796개다.

따라서 다음과 같은 결론이 나온다.

(a) 시간 단위가 짧으면 실적이 아니라 변동성을 보게 된다. 다시 말해서, 편차만 볼 뿐이다. 그래서 기껏해야 편차와 수익이 뒤섞인 모습을 보는 것이지, 수익을 보는 것이 아니다(하지만 우리의 심리는 이런 사실을 깨닫지 못한다).

(b) 우리 심리는 이런 사실을 이해할 수 있도록 설계되어 있지 않다. 치과의사는 더 빈번하게 확인하는 것보다 매월 거래명세서를 확인하는 편이 더 낫다. 아마도 1년에 한 번만 명세서를 확인한다면 훨씬 나을 것이다(스스로 심리를 통제할 수 있다고 생각한다면, 자신의 심장 박동이나 머리카락 성장까지 통제할 수 있다고 믿는 사람도 있음을 명심하라).

(c) 휴대전화나 태블릿 PC로 실시간 주가를 확인하는 투자자를 볼 때마다 나는 웃고 또 웃는다.

나 역시 심리적 결함이 많은 사람이다. 하지만 나는 아주 예외적인 경우가 아니면 아예 정보에 접근하지 않는다. 다시 말하지만, 시를 더 좋아한다. 정말 중요한 사건이라면, 어떤 경로로든 내 귀에 들어올 것이다. 여기에 대해서는 뒤에 설명하겠다.

같은 방법으로 뉴스에는 왜 소음이 가득하고 역사에는 (해석 문제는 많지만) 왜 소음이 없는지 설명할 수 있다. 바로 이런 이유 때문에 부고 기사 외에는 신문을 읽지 않고, 시장에 대해서는 잡담을 절대로 나누지 않으며, 트레이딩룸에 있을 때에는 트레이더가 아니라 수학자나 비서를 자주 대한다. 바로 이런 이유 때문에 매일 아침 〈월스트리트 저널〉을 읽는 대신 월요일마다 〈뉴요커〉를 읽는다(두 잡지 독자들의 엄청난 지적 수준 차이는 별도로 하고, 빈도가 그렇다는 말이다).

무작위 사건을 너무 깊이 들여다보는 사람들은 육체적으로도 탈진하게 되고, 잇달아 겪는 고통 때문에 감정도 메말라버리게 된다. 사람들이 어떤 주장을 하든, 손실 때문에 겪게 되는 고통은 이익에서 오는 기쁨으로 상쇄되지 않는 법이다(일부 심리학자의 분석에 따르면, 손실에서 오는 부정적 효과는 이익에서 얻는 긍정적 효과보다 강도가 2.5배나 크다). 따라서 심리적으로 적자 상태에 이르게 된다.

이제 치과의사가 빈번하게 실적을 확인하면서 고통과 기쁨을 둘 다 많이 경험하게 되고 이 둘은 상쇄되지 않는다는 점을 알게 되었으니, 실험 가운을 걸친 사람들이 이런 고통의 무서운 속성이 신경계에 미치는 영향을 조사한다고 생각해보자(대개 혈압이 올라갈 것이다. 드물겠지만 만성 스트레스가 기억상실로 이어지고, 뇌 가소성이 약화되며, 두뇌 손상으로 이어지는 경우도 있다). 내가 아는 바로는 트레이더의 탈진에 대해 정확하게 속성을 조사한 연구는 없다. 그러나 제대로 통제할 수 없음에도 그렇게 높은 변동성에 매일매일 노출된다면 생리적으로 영향을 받는다고 보아야 한다(이런 노출이 암 발생에 미치는 영향도 아직까지는 연구된 바가 없다). 긍정적 자극과 부정적 자극은 그 속성과 강도가 다르다는 사실을 경제학자들은 오랫동안 알지 못했다. 이제 이 둘을 처리하는 두뇌의 부위가 다르다는 점을 고려하라. 이익 직후의 결정과 손실 직후의 결정은 합리성 수준이 엄청나게 다르기 때문이다.

또한 재산을 얼마나 모았느냐보다 어떤 방법으로 모았느냐가 행복에 더 중요하다는 점을 명심하라.

자신이 현명하고 합리적이라고 생각하는 사람들은 내가 신문에 실린 소중한 정보를 무시하고, 그것을 '단기 사건'이라는 소음으로 취급한다고 비난한다. 나의 고용주 몇 사람도 화성인 같다고 비난했다.

내가 합리적이지도 않고 운에 휩쓸려 심리적 고통을 받는다는 점이 문제다. 나는 공원 벤치나 카페에서 숙고해야 하는 사람이다. 하지만 그렇게 하려면 정보로부터 떨어져 있어야 한다. 나의 유일한 장점은 나자신의 약점을 안다는 사실이다. 뉴스를 보면 감정을 다스리지 못하고 맑은 정신으로 실적을 보지도 못한다. 내게는 침묵이 훨씬 낫다. 3부에서 더 설명하겠다.

CHAPTER 04

운, 허튼소리, 과학적 지성

몬테카를로 엔진으로 만든 인공 사상을 엄격한 실제 사상과 비교하다. 과학 전쟁이 사업 세계에 시작되다. 심미적 감각이 운에 속고 싶어 하는 이유.

■── 무작위로 만들어 낸 문장

몬테카를로 엔진은 인문학 영역에도 적용할 수 있다. 시간이 갈수록 과학적 지성과 인문학적 지성이 구분되고 있다. 이른바 '과학 전쟁'이 극에 달하면서, 인문학적 비과학자들과 비인문학적 과학자들 사이에 파벌이 형성되고 있다. 둘 사이를 구분하는 논쟁은 1930년대 빈에서 시작되었다. 여기서 과학자들은 그동안 과학이 크게 발전했으므로 인문학 분야에 대해서도 주장을 펼 수 있다고 결의했다. 과학자들이 보기에, 인문학적 사고는 그럴듯하게 들리는 허튼소리를 감추고 있었다. 그래서 이들은 수사학에 들어 있는 허튼소리와 제대로 된 사고를 구분해내고 싶었다(문학과 시는 예외였다).

과학자들은 진술이 오로지 두 유형 가운데 하나가 되어야 한다고 선언하면서, 지성에 엄격한 기준을 제시했다. 하나는 예컨대 $2+2=4$와 같은 연역법이다. 정밀하게 정의된 명확한 틀로부터 나오는 명백한 진술이다. 다른 하나는 경험이나 통계와 같이 검증할 수 있는 진술로서 "스페인에 비가 온다" 또는 "뉴욕 사람들은 대체로 무례하다" 같은 귀납법이다. 그 밖의 진술은 그저 저질 허튼소리에 불과했다(이런 추상적인 말보다는 음악이 훨씬 낫다). 검은 백조 문제에서 보겠지만, 귀납적 진술에 대한 검증은 당연히 어려우며 심지어 불가능할 수도 있다. 경험주의 또한 누군가에게 확신을 심어줄 경우 허튼소리보다도 더 해로울 수 있다. 하지만 자신의 진술에 대해 지성인 스스로 증거를 제시할 책임을 지도록 학계 연구가 출발한 점은 잘 된 일이다. 포퍼, 비트겐슈타인, 카르납Carnap 외 다수의 아이디어가 개발되어 빈학파The Vienna Circle를 형성했다. 이들의 원래 아이디어에 어떤 장점이 있었든 간에 철학과 과학 실무에 미친 영향은 지대했다. 비록 훨씬 느리긴 했지만 비철학적 지성인들의 생활에 미친 영향이 효과를 나타내기 시작했던 것이다.

과학적 지성과 인문학적 지성을 구분하는 그럴듯한 방법이 하나 있다. 과학적 지성은 다른 과학자가 쓴 글을 대개 인식할 수 있지만, 인문학적 지성은 과학자가 쓴 글과 엉터리 비과학자가 쓴 글을 구분하지 못한다. 특히 인문학적 지성이 문맥에 벗어나서든, 과학과 정반대의 의미로든, '불확정성 원리', '괴델의 정리', '평행우주' 같은 당시 유행하는 과학 용어를 사용하면 구분하기가 더 어려워진다. 나는 이런 행태를 설명한 앨런 소칼Alan Sokal의 몹시 재미있는 책 《지적 사기Fashionable

Nonsense》를 읽어보라고 추천한다(비행기에서 이 책을 읽으며, 너무 자주 웃음보를 터뜨리자 승객들이 나를 보면서 수군댔다). 책의 내용은 인문학적 지성이 과학 참조자료를 마구잡이로 인용한 결과 그것을 과학 논문으로 착각하게 되었다는 이야기다. 과학자에게 과학은 엄격한 추론의 결과이지, 상대성이론이나 양자 불확정성 같은 거창한 개념을 마구잡이로 인용해서 만드는 것이 아니다. 이런 엄격한 내용이 쉬운 영어로 명쾌하게 설명되어 있다. 과학은 방법과 엄격성이 중요한데, 그것은 가장 단순한 문장을 통해 드러날 수 있어야 한다. 리처드 도킨스Richard Dawkins의 《이기적 유전자Selfish Gene》를 읽으면서 감동했다. 그 책에는 방정식이 단 하나도 나오지 않지만, 수학 공식을 번역해놓은 듯이 논리 정연했다. 그러면서도 예술적인 문장이었다.

역 튜링 테스트

임의성을 활용해도 진정한 과학을 확인할 수 있다. 수다쟁이와 사상가를 구분하는 훨씬 재미있는 방법이 또 있기 때문이다. 몬테카를로 엔진을 이용하면 인문학적 담론으로 착각할 만한 문장을 만들어낼 수 있지만, 과학적 담론은 만들어낼 수가 없다. 화려한 문장은 무작위로 만들어낼 수 있지만, 진정한 과학 지식은 만들어낼 수 없는 것이다. 이는 인공지능에 대한 튜링 테스트Turing test를 역으로 적용했다. 튜링 테스트란 무엇인가? 영국의 탁월한 수학자이자 괴짜인 컴퓨터 선구자 앨런 튜링Alan Turing은 다음과 같은 테스트를 시행했다. 컴퓨터가 자신을 사람으로 착각하도록 다른 사람을 속일 수 있다면, 컴퓨터는 똑똑하다. 그 역도 성립한다. 사람 A의 멍청한 말을 컴퓨터가 똑같이 되풀이했을 때 사람 B가 그 말을 사람의 말로 착각한다면, 사람 A는 멍청하다. 난해한 작품으로 착각할 만한 글을 순전히 무작위로 만들어낼 수 있을까?

가능할 것 같다. 앞에서 소개한 앨런 소칼의 장난(엉터리 글을 만들어낸 뒤 저명한 학술지에 실리게 했다)이 아니더라도, 몬테카를로 엔진을 이용하면 그럴듯한 논문을 만들어낼 수 있다. '포스트모더니즘' 문장을 동원해서 순환적 문법이라는 기법으로 문구들을 무작위로 배열하면, 문법적으로는 그럴듯하지만 전혀 의미 없는 문장들을 만들어낼 수 있다. 마치 자크 데리다^{Jacques Derrida}, 캐밀 파야^{Camille Paglia} 같은 무리의 글처럼 보인다. 내용이 워낙 모호하기 때문에 인문학의 지성도 속아 넘어갈 만하다.

앤드류 불학^{Andrew C. Bulhak}이 구축한 데이다 엔진^{Dada Engine}을 소개하는 호주 모나시^{Monash} 대학 프로그램에서 나는 다음과 같은 문장을 담아 논문 몇 편을 만들어냈다.

그러나 루시디 작품의 주요 테마는 현실의 변증 패러다임이 제시하듯이, 이론이 아니라 전(前) 이론이다. 담론의 신(新)의미주의자 패러다임의 전제는, 아이러니하게도 그 성적 정체성을 의미한다.

관찰자로서 작가의 역할에 관한 많은 이야기가 공개될 수 있다. 문화적 담론이 성립한다면, 우리는 담론의 변증 패러다임과 신(新)개념적 마르크스주의 사이에서 선택해야만 한다고 말할 수 있다. 문화적 담론에 대한 사르트르의 분석은 역설적으로 사회에 객관적 가치가 있다고 주장한다.

따라서 표현의 신(新)변증 패러다임의 전제는 의식이 계층 강화에 사용될 수 있다는 의미지만, 오로지 현실이 의식과 구분될 경우에만 해당된다. 만일 그렇지 않다면 우리는 언어에 본질적 의미가 있다고 추정할 수 있다.

기업인들의 연설도 사용하는 어휘가 다르고 품위가 떨어진다는 점만 제외하면 위의 부류에 속한다. 회사 CEO의 연설을 모방해서 무작위로 연설문을 만들어낼 수도 있다. 그러면 그의 말에 가치가 있는지, 아니면 운 좋게 CEO가 된 사람의 허튼소리를 치장한 것에 불과한지 확인할 수 있다. 어떻게 하냐고? 아래에 열거된 문구 가운데 다섯 개를 임의로 선택해서 문법적으로 그럴듯하게 연결하면 된다.

우리는 고객의 이익을 추구한다 / 앞에 놓인 길 / 직원은 회사의 자산 / 주주 가치 창조 / 우리의 비전 / 우리의 역량은 ~에 있다 / 우리는 쌍방향 솔루션을 제공한다 / 이 시장에서 우리의 포지션은 ~다 / 우리의 고객을 더 잘 섬기는 방법 / 장기 이익을 위한 단기 고통 / 장기적으로는 보상을 받을 것이다 / 우리는 강점을 활용하고 약점을 개선한다 / 용기와 결단이 승리할 것이다 / 우리는 혁신과 기술에 헌신한다 / 행복한 직원이 생산성이 높다 / 탁월성을 향한 몰입 / 전략 계획 / 우리의 근로 윤리

이렇게 만든 연설문이 당신이 방금 들은 CEO의 연설과 아주 비슷하다면 다른 일자리를 찾아보라고 권하는 바이다.

모든 사이비 사상가의 아버지

가상역사에 대해서 논할 때, 모든 사이비 사상가의 아버지 헤겔에 대해 언급하지 않을 수가 없다. 헤겔이 쓰는 용어는 자유분방한 파리의

카페나, 현실 세계와 완전히 격리된 대학의 인문학부를 제외하면 아무 의미가 없다. 그 독일 철학자가 쓴 다음 문단을 살펴보자(칼 포퍼가 발견해서 번역하고 매도한 문단이다).

> 소리는 물질부의 특정 분리 조건이 변화한 것이며, 이러한 조건의 부존재에 있다. 말하자면 그 명세에 대한 추상이나 이상적인 관념성에 불과하다. 그러나 이 변화는 그 자체로 물질 특성적 존재를 즉각 부정한다. 따라서 이것은 예컨대 열과 같은 특정 중력과 결합의 실제 관념성이다. 소리 나는 육체에 대한 가열은 구타하고 문지른 육체와 마찬가지로 열의 형태이며, 개념적으로 소리와 함께 유래한다.

몬테카를로 엔진으로 문장을 만들어내도 이 위대한 철학자의 글처럼 엉망이 되지는 않을 것이다('열'과 '소리'를 혼합하려면 몬테카를로 엔진을 수없이 돌려야 할 것이다. 이것도 철학이라고 납세자의 돈으로 빈번하게 지원하다니! 이제 헤겔 철학적 사고가 역사를 연구하는 '과학적' 방법과 접목되었다는 점을 생각해보라. 마르크스주의 체제와 이른바 '신 헤겔철학' 사고 분파까지 만들어냈다. 이러한 '사상가'들은 열린 세계로 나오기 전에 학부 수준의 통계 표본 이론 교육을 받아야 한다).

▪ 몬테카를로 시

가끔 운에 속고 싶을 때가 있다. 나는 보통 장황한 허튼소리를 혐오하지만, 예술과 시를 대할 때는 달라진다. 한편, 나는 스스로를 운의 역할을 찾아내는 진지한 초현실주의자처럼 생각하고 처신한다. 다른 한 편으로는 아무 거리낌 없이 온갖 미신에 탐닉한다. 이것에 어떻게 선을 긋는가? 답은 미학이다. 아름다운 형태는 우연히 만들어졌든 순전한 착각이든 우리의 마음을 사로잡는다. 우리 유전자의 일부는 모호한 언어에 깊이 감동한다. 굳이 저항할 이유가 어디 있는가?

무작위로 만들어낸 흥미로운 문장, '아름다운 시체屍體'라는 시 작문 연습을 마주했을 때, 시와 언어를 사랑하는 나는 처음에는 낙담했다. 많은 단어를 긁어모으다 보면 조합의 법칙에 의해 진귀하고 신비로운 은유가 반드시 떠오르게 되어 있다. 이러한 시 가운데 일부는 정말이지 황홀할 정도로 아름답다. 우리의 심미적 감각을 만족시킬 수만 있다면 그 원천이 무슨 상관인가?

'아름다운 시체' 이야기는 다음과 같다. 제1차 세계대전의 여파로 앙드레 브르통Andre Breton, 폴 엘뤼아르Paul Eluard 등 초현실주의 시인들이 카페에 모여 다음과 같이 시도했다(현대 문학비평가들은 이들이 전후 침울한 분위기의 현실에서 벗어나려는 시도였다고 설명한다). 이들은 둘러앉아 다른 사람이 쓴 내용을 모르는 상태에서 접힌 종이 위에 각자 맡은 문장 성분을 적었다. 첫째 사람은 형용사를 쓰고, 둘째 사람은 명사를 쓰며, 셋째 사람은 동사, 넷째 사람은 형용사, 다섯째 사람은 명사를 쓰는 식이다. 이렇게 무작위로 만들어낸 시 문장은 다음과 같다.

아름다운 시체가 새 와인을 마실 것이다.

Les cadavres exquis boiront le vin nouveau.

감동적인가? 불어로 읽으면 더욱 시적이다. 간혹 컴퓨터를 이용하기도 했지만, 매우 감동적인 시가 이런 방식으로 만들어졌다. 그러나 여러 사람이 아무 생각 없이 무작위로 만들었든 한 사람이 의식적으로 정교하게 지었든, 사람들은 시에서 아름다움 외에 다른 것에 대해서는 진지하게 고민하지 않는다.

몬테카를로 엔진으로 만든 시든 소아시아 장님이 지은 시든, 언어에는 기쁨과 위안을 가져다주는 강력한 힘이 있다. 시를 단순한 논리적 주장으로 해석해서 지성적 타당성을 시험한다면, 이는 시가 지닌 영향력을 강탈하는 셈이다. 해석한 시처럼 김빠진 것도 없다. 언어의 역할을 설득력 있게 보여주는 사례 가운데 하나는 성스러운 종교언어가 일상적인 실용성에 오염되지 않은 채 보존돼 있다는 사실이다. 유대교, 이슬람교, 정통 기독교 등 셈족의 종교들은 이 요점을 이해하고 있었다. 그래서 일상적 용도 때문에 종교언어를 합리화하지 않았고, 전문용어를 타락시키지 않았다. 40년 전 가톨릭교회는 미사와 성찬식의 라틴어를 현지 언어로 번역했다. 이렇게 한다고 설마 신앙심이 저하될까 생각하는 사람도 있을 것이다. 갑자기 종교가 미학이 아니라 지성과 과학 기준으로 평가받게 되었다. 그리스정교회는 운 좋게도 실수를 저질렀다. 일부 기도를 교회 그리스어로부터 안티오키아 지역 그레코시리아인 Grecosyrians이 사용하는 셈계 현지 언어로 옮기는 과정에서 완전히 죽은 언어를 선택한 것이다. 그래서 내 친척들은 운 좋게도 완전히 죽은 코이네Koine어와 코란 아랍어를 혼합해서 기도한다.

운에 관한 책에서 왜 이런 이야기를 하는가? 인간은 본성적으로 작은 죄를 저지른다. 대개 지극히 난해한 방식으로 현실을 벗어나는 경제학자들조차 인간을 움직이는 동기가 합리성이 아님을 이해하기 시작했다. 우리는 일상생활에 있어서까지 합리적이고 과학적일 필요는 없다. 우리에게 해를 입히고 생존을 위협하는 경우에만 합리적이면 된다. 현대 생활은 우리를 정반대 방향으로 몰고 가는 듯하다. 종교나 개인적 행동 같은 문제에 대해서는 지극히 현실적이고 지성적이 되는 반면, 주식이나 부동산 투자처럼 운에 지배되는 문제에 대해서는 지극히 비합리적이 된다. 내가 만난 진지하고 '합리적인' 동료는 내가 보들레르Baudelaire와 생 종 페르스Saint-John Perse의 시를 좋아하고, 엘리아스 카네티Elias Canetti, 보르헤스J. L. Borges, 발터 벤야민Walter Benjamin 같은 난해한 작가의 글을 좋아한다는 사실을 도무지 이해하지 못했다. 하지만 이들은 증권 방송 '투자 고수'의 분석에 귀 기울이거나, 비싼 차를 모는 이웃의 말만 듣고 전혀 알지도 못하는 주식을 샀다가 낭패를 봤다. 빈학파는 헤겔 스타일의 장황한 철학을 과학적 기준으로 보면 순전히 쓰레기이고, 예술적 관점으로 보면 음악보다 못하다고 깎아내렸다. 나는 CNN 뉴스나 조지 윌의 프로그램보다 보들레르가 훨씬 재미있다.

"어쩔 수 없이 돼지고기를 먹어야 한다면, 최고급으로 먹는 편이 낫다"는 유대인 속담이 있다. 나도 운에 속아야 한다면, 아름답고 해롭지 않은 운에 속는 편이 낫다. 이에 대해서는 3부에서 다시 설명하겠다.

CHAPTER 05 부적자생존, 진화도 운에 속을까?

두 희귀사건에 대한 사례 연구. 희귀사건과 진화. '다윈주의'와 진화론 개념을 오해하는 이유. 인생은 연속이 아니다. 진화가 어떻게 운에 속게 될까? 귀납법 문제에 대한 서론.

▪ 신흥시장의 마법사 카를로스

나는 뉴욕의 다양한 파티에서 카를로스를 만났다. 그는 흠잡을 데 없이 말끔하게 차려입고 나타났지만 숙녀들 앞에서는 다소 수줍어하는 모습이었다. 그의 직업은 신흥시장 채권 트레이더였는데, 나는 그를 볼 때마다 달려가 지혜를 빌리곤 했다. 그는 점잖은 사람이었으므로 내 질문에 기꺼이 답해주면서도 다소 긴장하는 태도였다. 영어는 유창한 편이었지만, 이맛살을 찌푸리거나 목 근육을 긴장하는 것을 보면 편안한 모습은 아니었다(외국어를 결코 못 하는 사람도 있다).

신흥시장 채권이 무엇인가? '신흥시장'이란 정치적으로 배려하는 표현으로서, 그다지 개발되지 않은 나라를 가리킨다(나는 회의론자이므로 '신흥'이란 단어에 확실한 의미를 부여하지 않는다). 신흥시장 채권은 주로 러시아, 멕시코, 브라질, 아르헨티나, 터키 등 외국 정부가 발행한 국채다. 이러한 정부들의 형편이 좋지 않을 때, 그 채권들은 헐값에 거래되었다. 그런데 1990년대 초 갑자기 투자자들이 신흥시장에 몰려들어 해외 채권을 계속 사들이면서 시장이 사상 유례없이 성장했다. 이들 나라에서는 모두 호텔을 지었는데, 피트니스클럽에는 최신 운동 기구와 대형 스크린 TV를 갖췄고, 객실에서는 미국 케이블 뉴스 채널을 시청할 수 있었다. 이제 이들 모두 동일한 전문가와 금융연예인들을 접하게 되었다. 은행가들이 찾아와서 이 국가들의 채권에 투자했고, 이 국가들은 더 좋은 호텔을 지어 더 많은 투자자를 유치했다. 어느 시점에 이르자 이들 채권이 대유행을 일으키면서 헐값에서 고가로 상승했다. 이들 채권에 대해서 조금이라도 아는 사람들은 엄청난 재산을 모았다.

카를로스는 1980년대 경제위기로 몰락한 라틴아메리카의 명문가 출신처럼 보인다. 하기는 내가 만나본 신흥국 출신들 가운데 한때 엄청난 토지를 소유했거나 러시아 황제에게 납품을 했던 명문가 출신이 아닌 사람은 거의 없었다. 그는 대학을 우수한 성적으로 졸업한 뒤, 당시 라틴아메리카 명문 출신들이 으레 그랬듯이 경제학 박사학위를 따려고 하버드에 진학했다(박사학위 없는 악당들 때문에 망해가는 조국의 경제를 구하려는 뜻이었다). 그는 공부를 잘했지만 적절한 박사학위 논문 제목을 찾아내지 못했다. 논문 지도교수는 그가 창의력이 부족하다고 평가했다. 카를로스는 석사학위로 만족하고 월스트리트에서 일자리를 찾았다.

1992년 뉴욕 은행의 신설 신흥시장 부서에서 그를 채용했다. 그는 성공에 필요한 요소를 제대로 갖추고 있었다. 그는 신흥국에서 발행한 달러 표시 채권인 '브래디 본드Brady bonds'의 발행 국가들을 세계지도에서 찾을 수 있었다. GDP가 무엇인지도 알았다. 진지하고 똑똑해 보였으며, 스페인어 억양이 강하긴 해도 영어가 유창했다. 그는 은행에서 안심하고 고객 앞에 내세울 만한 사람이었다. 세련미가 부족한 다른 트레이더들과 얼마나 비교되는가!

카를로스는 적기에 그 시장을 담당한 덕분에, 시장이 융성하는 모습을 볼 수 있었다. 그가 은행에 입사했을 때 신흥시장 채권은 시장 규모가 작아서 담당 트레이더들은 구석 자리에 앉아 있었다. 그러나 빠르게 성장을 거듭할수록 이 시장이 은행 수익에서 차지하는 비중도 계속 커져갔다.

카를로스는 신흥시장 트레이더 공동체에 잘 어울리는 사람이었다. 다양한 신흥국 명문가 출신 트레이더들이 모여 있는 모습을 보면 와튼 스쿨의 국제학생 커피 타임이 떠올랐다. 그런데 모국 시장을 담당하는 트레이더가 드물다는 사실은 이상한 일이었다. 런던에서 근무하는 멕시코 출신들은 러시아 증권을 담당하고, 이란과 그리스 출신들은 브라질 채권을 담당하며, 아르헨티나 출신들은 터키 채권을 담당했다. 나와 함께 지냈던 진짜 트레이더들과는 달리 이들은 거의가 세련되고 잘 차려입고 예술품을 수집했지만 지성적이지는 않았다. 이들은 진정한 트레이더가 되기에는 지나치게 순응적이었다. 신흥시장의 역사가 짧다 보니 이들의 나이는 대부분 30대였다. 이들 가운데 다수가 메트로폴리탄 오페라 정기권을 갖고 있었을 것이다. 내 생각에 진정한 트레이더들은 옷차림은 수수하거나 후줄근하지만 지적 호기심이 넘치는 사람들이라서, 벽에 걸린 세잔 그림보다는 쓰레기에서 나온 정보에 더 흥미를 느낀다.

카를로스는 트레이더 겸 이코노미스트로 승승장구했다. 다양한 친구로 구축된 방대한 네트워크를 통해 라틴아메리카의 여러 국가들에 어떤 일이 일어났는지 항상 정확하게 파악하고 있었다. 그는 수익률이 높거나 장차 수요가 증가하여 가격이 상승할 것으로 보이는 매력적인 채권들을 매입했다.

그를 트레이더라고 부르는 것이 부정확할지도 모른다. 트레이더는 사고팔지만, 그는 사들이기만 했기 때문이다. 그것도 대량으로 매입했다. 신흥국에 자금을 빌려주는 일은 경제적 가치가 있으므로, 이런 채권을 보유하면 푸짐한 보상을 받는다고 믿었다. 반면 공매도^{주식이나 채권을 가지고 있지 않은 상태에서 행사하는 매도 주문}는 아무런 경제적 의미가 없다고 생각했다.

은행 내에서 카를로스는 신흥시장 분야의 권위자가 되었다. 최신 경제지표들을 줄줄이 외고 있었다. 그의 견해에 따르면, 트레이딩은 경제학일 따름이다. 경제학은 줄곧 그에게 큰 힘이 되었다. 승진을 거듭했고, 마침내 신흥시장부서의 대표 트레이더가 되었다. 1995년부터 시작해서, 카를로스는 갈수록 더 좋은 실적을 올렸고 은행으로부터 할당받은 자본 규모도 꾸준히 증가했다. 그 증가 속도가 너무 빨라서 새로 설정된 위험 한도를 채우기 어려울 정도였다.

전성기

카를로스가 전성기를 맞은 이유는 단지 그가 매입한 신흥시장 채권 가격이 상승했기 때문만은 아니다. 채권 가격이 하락했을 때에도 매입을 했기 때문이다. 그는 채권 가격이 일시적으로 폭락했을 때도 매집했다. 1997년 10월 주식시장이 일시적으로 폭락하면서 채권 가격이 급락했을 때 추가로 채권을 매입하지 않았다면 그의 그해 실적은 부진했을 것이다. 이런 행운의 반전을 경험하면서 자신이 천하무적이라고 믿게 되었다. 자신은 타고난 경제적 직관력 덕분에 트레이딩 판단이 뛰어나다고 믿었다. 시장이 폭락한 뒤 그는 펀더멘털을 점검했고, 아무 문제가 없으면 채권을 더 사들였다가 시장이 회복된 다음 물량을 줄였다. 카를로스가 처음 참여했을 때부터 마지막으로 보너스를 받은 1997년 12월까지 신흥시장 채권의 가격 흐름을 돌아보면, 상승 곡선이 이어지다가 1995년 멕시코 통화의 평가절하 시점처럼 때때로 폭락이 발생하기도 했지만 이후 다시 상승장이 지속되었다. 따라서 일시적인 폭락은 '탁월한 매입 기회'였던 것으로 밝혀졌다.

카를로스를 파산시킨 것은 1998년 여름의 폭락이었다. 이 마지막 폭락은 상승으로 반전되지 않았다. 이 시점까지 그의 분기 실적을 보면 나빴던 때는 마지막 분기 딱 한 번뿐이었다. 그러나 그것으로 끝이었다. 그는 전년도까지 누적해서 은행에 거의 8,000만 달러를 벌어주었지만 1998년 여름철 단 한 분기에 3억 달러를 잃었다. 무슨 일이 일어났던 걸까? 6월 시장이 하락하기 시작했을 때 그가 네트워크를 통해 입수한 정보에 따르면 가격 하락은 전직 와튼 교수가 운용하는 뉴저지 헤지펀드가 '청산'했기 때문이다. 그 펀드는 모기지 채권 전문인데, 최근 보유

자산을 모두 처분하라는 지시를 받았다. 이 펀드는 하이일드채권에 '분산투자'하고 있었는데, 수익률이 높은 러시아 채권도 포함되어 있었다.

물타기

시장이 하락하기 시작하자 그는 러시아 채권을 더 매집했고, 평균매입단가는 약 52달러가 되었다. 물타기가 카를로스의 주특기였다. 그는 시장 하락이 러시아와 아무 상관이 없고, 미친 과학자가 운용하는 뉴저지 펀드가 러시아의 운명을 좌우할 리도 없다고 생각했다. "내 말 똑바로 들어. 펀드 청산 때문이야!" 채권 매입에 의문을 제기하는 사람들에게 그는 소리쳤다.

6월 말이 되자 1998년 매매 이익이 6,000만 달러에서 2,000만 달러로 줄어들었다. 그래서 화가 났다. 하지만 그의 계산에 따르면, 시장이 뉴저지 펀드가 매도하기 전 수준으로 회복된다면 매매 이익이 1억 달러로 올라갈 터였다. 그렇게 될 수밖에 없다고 역설했다. 러시아 채권은 어떤 일이 있어도 절대 48달러 밑으로 내려갈 수 없다고 말했다. 그에게 위험은 너무도 작고, 수익 기회는 너무도 컸다.

이어 7월이 왔다. 시장이 조금 더 내려갔다. 러시아 채권은 이제 43달러였다. 보유자산은 평가손실을 기록하고 있었지만, 그는 물량을 늘렸다. 이제 그의 연간 실적은 3,000만 달러 적자였다. 그의 상사가 초조한 모습을 보이기 시작했지만, 그는 러시아가 파산할 리 없다고 계속 말했다. 러시아는 너무 커서 망할 수 없다는 상투적인 변명만 되풀이했다. 러시아 구제금융에 들어가는 비용은 아주 작은 반면 세계 경제가 입는 혜택은 매우 크므로, 지금 보유자산을 처분한다면 말이 되지 않는다고 주장했다. 그는 반복해서 말했다. "지금은 살 때지 팔 때가 아닙니다. 러시아 채권 가격은 청산 가치에 근접했습니다." 다시 말해서 러시아가 파산해서 이자를 지불할 달러마저 바닥난다고 해도 채권 가격이 더는 내려가지 않는다는 말이었다. 그는 어떻게 이런 생각을 하게 되었을까? 다른 트레이더 및 신흥시장 이코노미스트들과 협의해서 내린 판단이었다. 카를로스는 자기 재산의 절반인 500만 달러를 러시아 채권에 투자했다. "이걸로 돈이나 벌어서 은퇴해야겠소." 중개인에게 주문을 내면서 그가 말했다.

마지막 지지선

시장이 마지막 지지선을 뚫고 내려갔다. 8월 초가 되자 30달러로 내려앉았다. 8월 중순에는 20달러가 되었다. 그는 지켜보기만 했다. 스크린에 뜬 가격이 '가치'와 전혀 상관이 없다고 생각했다.

전쟁 피로감이 그의 행동에 드러나기 시작했다. 카를로스는 신경과민으로 마음의 평정을 유지하지 못했다. 회의 시간에 언성을 높였다. "손절매는 얼간이들이나 하는 짓이요! 나는 비싸게 사서 싸게 팔 생각 없소!" 잇단 성공을 거두고 있던 기간에 그는 신흥시장 이외의 트레이더들의 입을 막아버리는 요령을 터득했다. 이렇게 반복했다. "1997년 10월 우리가 막대한 손실을 본 뒤 보유물량을 처분했다면, 그해에 그렇게 탁월한 실적을 올리지 못했을 겁니다." 경영진에도 이렇게 말했다. "이 채권은 지나치게 낮은 가격에 거래되고 있습니다. 지금 이 시장에 투자하는 사람들은 엄청난 수익을 거둘 것입니다." 카를로스는 매일 아침 한 시간씩 전 세계 이코노미스트들과 현재 상황을 논의했다. 그들도 모두 지금이 과매도 상태라고 비슷한 이야기를 하는 듯했다.

카를로스의 부서는 다른 신흥시장에서도 손실을 보았다. 러시아 국내 루블화 채권 시장에서도 돈을 잃었다. 손실이 계속 쌓여갔지만, 그는 경영진에게 다른 은행들은 더 큰 손실을 보았다며 소문을 전했다. "다른 은행들보다는 나은 실적"이라고 주장하면서 스스로 위안을 얻었다. 그러나 이것은 산업 전반적으로 문제가 발생하고 있다는 징조였다. 업계 트레이더들이 모두 똑같은 거래를 하고 있다는 뜻이었다. 다른 트레이더들도 곤경에 빠졌다는 말은 자신의 잘못을 인정하는 것이다. 진정한 트레이더의 사고 구조라면, 다른 트레이더들이 가지 않는 방향으로 가야 한다.

8월 말이 되자 벤치마크 러시아 채권은 10달러 밑으로 떨어졌다. 카를로스의 재산도 거의 절반이 날아갔다. 결국 그는 해고되었다. 트레이딩 부서의 대표였던 그의 상사도 해고되었다. 은행장은 임시직으로 강등되었다. 이사회는 군인들에게 월급도 못 주는 러시아 정부에 왜 그렇게 많은 자금을 투자했는지 이해할 수가 없었다. 이것은 전 세계 신흥시장 이코노미스트들이 미처 고려하지 못한 수많은 요소 가운데 하나에 불과했다. 노련한 트레이더 마티 오코넬^{Marty O'Connell}은 이것을 소방서 효과라고 부른다. 소방대원들은 대기 시간 동안 너무 오래 이야기를 나누기 때문에, 외부인의 객관적인 관점으로는 말도 안 되는 결론에 합의하게 된다는 뜻이다. 심리학자들은 이런 현상에 더 근사한 이름을 붙였지만, 내 친구 마티는 행동과학을 배우지 않았다.

멍청한 IMF는 러시아 정부의 사기에 넘어갔다. 이코노미스트는 그럴듯한 포장 능력으로 평가받는 것이지, 현실에 대한 정확한 분석으로 평가받는 것이 아니다. 하지만 채권 가격은 그런 포장에 속지 않았다. 채권 가격은 이코노미스트들보다 똑똑했고, 신흥시장 부서의 카를로스 같은 트레이더들보다도 똑똑했다.

돈 많은 신흥시장 트레이더들로부터 수없이 굴욕을 당했던 이웃 부서의 노련한 트레이더 루이는 명예를 회복했다. 루이는 당시 52세의 브루클린 토박이 트레이더로서 시장의 온갖 부침 속에서도 30년 넘게 살아남은 베테랑이었다. 생포된 병사가 투기장으로 끌려가듯 경비원에 둘러싸여 문으로 향하는 카를로스를 그는 조용히 지켜보았다. 브루클린 억양으로 그가 중얼거렸다.

"경제학은 무슨 얼빠진 경제학. 모두 시장 역학이지."

카를로스는 이제 시장에서 밀려났다. 언젠가 역사가 그가 옳았음을 입증해주더라도, 그가 불량 트레이더라는 사실에는 변함이 없다. 그는 사려 깊은 신사와 이상적인 사윗감의 자질과 함께 불량 트레이더의 속성도 대부분 갖추고 있었다. 부유한 트레이더는 최악의 트레이더가 되는 경우가 많다. 나는 이것을 횡단면 문제cross-sectional problem라고 부른다. 일정 시점에서 보면, 가장 큰 성공을 거두는 트레이더는 시장의 최근 순환 주기에 가장 잘 맞는 트레이더다. 치과의사나 피아니스트에게는 이런 일이 자주 발생하지 않는다. 이런 직업은 운에 그다지 영향을 받지 않기 때문이다.

하이일드채권 트레이더 존

우리는 1장에서 네로의 이웃 존을 만났다. 페이스 대학의 루빈 경영 대학원을 졸업한 35세의 존은 월스트리트에서 하이일드채권 트레이더로 7년째 근무하고 있었다. 그는 최단기간에 팀원 10명을 거느린 팀장으로 승진했다. 비슷한 월스트리트 회사 두 곳에서 경쟁적으로 그에게 후한 성과급 계약을 제안해온 덕분이었다. 계약에 따라 연간 이익의 20%를 성과급으로 받을 수 있었다. 게다가 개인 자금으로도 트레이딩이 가능했다. 엄청난 특전이었다.

존은 똑똑하다고 말할 수 있는 사람이 아니었지만, 회사는 그가 훌륭한 사업 감각을 타고났다고 믿었다. '활동적'이면서도 '전문적'이라고 보았다. 타고난 사업가라는 인상을 주었으며, 조금이라도 분위기에 어울리지 않는 말은 절대로 하지 않았다. 어떤 상황에서도 침착성을 유지했고, 어떤 형태로든 감정을 드러내는 일이 거의 없었다. 그가 때때로 내뱉는 "여기는 월스트리트야!"라는 저주의 말조차 직업에 잘 어울리는 표현이었다.

존은 흠잡을 데 없이 차려입곤 했다. 매달 런던으로 출장을 다녔기 때문이다. 그의 팀은 위성을 통해서 유럽인들의 하이일드채권 투자 활동을 관찰하고 있었다. 그는 런던의 고급 양복점 거리에서 맞춘 검은색 양복에 페라가모 넥타이를 맸다. 성공한 월스트리트 전문가다운 인상을 전달하기에 충분했다. 네로는 그를 마주칠 때마다 자신의 복장이 초라하다는 느낌이 들었다.

존의 팀이 수행한 주력 사업은 '하이일드채권' 거래였다. 회사의 차

입 금리가 5.5%일 때, 예컨대 수익률이 10%인 '저가' 채권을 매입하는 것이다. 이렇게 하면 이른바 금리 차이에 해당하는 이익 4.5%가 떨어졌다. 얼핏 작아 보이지만, 레버리지를 동원하면 이익을 몇 배로 늘릴 수 있었다. 그는 여러 나라에서 현지 금리로 차입해서 '위험' 자산에 투자했다. 여러 대륙에 걸쳐 이런 거래로 액면가 30억 달러의 자산을 구축하는 일은 어렵지 않았다. 미국, 영국, 프랑스, 기타 정부 채권 선물을 매도하여 위험을 분산시킴으로써 위험을 두 상품의 금리 차이로 한정했다. 그는 이 헤지 전략hedging strategy으로 세계 금리의 힘겨운 변동 위험으로부터 안전하게 보호받는 기분이었다.

컴퓨터와 방정식을 아는 퀀트

존은 외국인 퀀트quant, 계량분석가 헨리를 부하 직원으로 거느렸다. 그의 영어는 알아듣기 어려웠지만 위험관리 기법에 대해서만은 실력을 인정받는 사람이었다. 존은 수학에 문외한이었다. 그래서 전적으로 헨리에게 의존했다. 존은 "헨리의 두뇌와 내 사업 감각이면 돼"라고 말하곤 했다. 헨리는 전체 포트폴리오의 위험 평가를 담당했다. 존은 불안을 느낄 때마다 헨리에게 새로 갱신된 보고서를 요청했다. 존이 헨리를 고용할 당시, 그는 경영과학Operation Research을 공부하는 대학원생이었다. 그의 전공은 계산금융학Computational Finance이었는데, 명칭에서 드러나듯이 밤새 컴퓨터 프로그램을 돌리는 일이었다. 헨리의 소득은 5만 달러에서 시작하여 3년 만에 60만 달러가 되었다.

존이 회사에 벌어준 이익의 대부분은 두 상품의 금리 차이에서 얻은 것이 아니라, 존이 보유한 채권의 가격 상승에서 얻은 것이다. 다른 트레이더들이 존의 전략을 모방하려고 같은 채권을 매입했기 때문이다. 금리 차이는 존이 생각했던 '공정가치'에 근접하고 있었다. 존은 자신이 '공정가치' 산출에 사용하는 기법이 건전하다고 생각했다. 그는 팀원 모두의 지원을 받아 채권을 분석하고 평가하면서, 가격 상승 잠재력이 크고 매력적인 채권을 가려냈다. 시간이 흐를수록 그가 막대한 이익을 거두는 것은 지극히 정상이었다.

존은 꾸준히 회사에 돈을 벌어주었다. 사실은 꾸준한 정도가 아니었다. 해마다 전년도보다 거의 두 배로 이익이 늘어났다. 지난해에는 이익이 네 배로 불어났는데, 트레이딩에 할당된 자본금이 상상을 초월할 정도로 증가했기 때문이다. 그가 받은 보너스는 1,000만 달러였다(세후로는 약 500만 달러가 될 것이다). 존은 개인 재산이 32세에 100만 달러였다. 35세에는 1,600만 달러를 넘어섰다. 대부분 보너스를 모은 것이다. 그러나 개인 포트폴리오에서 얻은 이익도 꽤 많았다. 그는 1,600만 달러 가운데 1,400만 달러를 자신의 주력 사업인 하이일드채권에 투자했다. 은행으로부터 3,600만 달러를 대출받아 레버리지를 일으켰으므로, 개인 포트폴리오를 5,000만 달러로 키울 수 있었다. 그러나 레버리지를 이용하면 작은 손실로도 치명상을 입을 수 있다.

1,400만 달러가 허공으로 사라지기까지는 불과 며칠이 걸렸을 뿐이다. 게다가 존은 일자리까지 한꺼번에 잃었다. 카를로스의 경우와 마찬가지로, 이 사건도 1998년 여름 하이일드채권 가격이 폭락하면서 발생했다. 시장 변동성이 높아지면서, 이 기간 그가 보유한 증권의 가격이 대부분 동시에 하락하기 시작했다. 걸어놓은 헤지는 이제 아무 효과도 없었다. 그는 이런 사건의 가능성을 파악하지 못했다고 헨리에게 화를

냈다. 아마도 프로그램에 오류가 있었던 모양이다.

처음 손실이 발생했을 때 헨리의 반응은 시장을 무시하는 것이었다. 그는 말했다. "시장의 변덕에 일일이 신경 쓰다 보면 누구나 미쳐버릴 겁니다." 그의 말은 현재 시장의 변덕이 '소음'에 불과하므로, 반대 방향 '소음'과 상쇄되어 평균으로 회귀한다는 뜻이었다. 하지만 그 '소음'은 계속 같은 방향으로 증가하고 있었다.

성경에 나오는 주기와 마찬가지로, 존이 영웅이 되는 데는 7년이 걸렸지만, 실패자로 전락하는 데는 단 7일이 걸렸다. 존은 이제 가장 낮은 계급이 되었다. 그는 직장에서 쫓겨났고, 전화도 받지 않았다. 그의 친구들도 같은 처지가 되었다. 어떻게 된 것인가? 온갖 정보를 입수했고, 완벽한 기록을 유지했으며, 정교한 수학까지 동원했는데 왜 실패했을까? 운이라는 유령 같은 존재를 잊었던 것일까?

사건이 워낙 빠르게 진행된 데다가 충격을 받은 상태였으므로 존이 상황을 깨닫기까지는 오랜 시간이 걸렸다. 시장의 하락 폭은 그다지 크지 않았다. 그가 동원한 레버리지가 너무 컸을 뿐이다. 더 충격적인 점은, 이들의 계산으로는 그 사건이 벌어질 확률이 1,000,000,000,000,000,000,000,000년에 한 번이었다는 사실이다. 헨리는 '텐 시그마$^{10\sigma}$' 사건이라고 불렀다. 헨리는 이 확률을 두 배로 부풀려 말했지만 대세에 전혀 영향이 없었다. 그렇게 해도 확률은 1,000,000,000,000,000,000,000,000년에 두 번이었다.

존이 시련을 극복하려면 기간이 얼마나 걸릴까? 십중팔구 영원히 극복하지 못할 것이다. 존이 손실을 보았기 때문이 아니다. 손실은 유능한 트레이더들도 익숙하게 겪는 일이다. 문제는 그가 파산했다는 사실이다. 그는 손실한도를 초과해서 손실을 보았고 완전히 신뢰를 잃었다. 그러나 존이 절대로 회복하지 못하는 이유가 또 있다. 존은 처음부터 실력이 전혀 없었기 때문이다. 시장이 숨 가쁘게 상승하던 기간에 우연히 그 자리에 있었던 것뿐이다. 그가 그 자리에 어울렸는지 몰라도, 그 자리에 어울릴 만한 사람은 수없이 많다.

사건을 겪은 뒤 존은 자신이 '망했다'고 생각했다. 그래도 그의 재산이 100만 달러 가까이 남았는데, 이는 인류의 99.9% 이상이 부러워할 금액이다. 물론 잃어버리고 남은 금액과 쌓아올려서 도달한 금액이 같을 수는 없다. 1,600만 달러에서 100만 달러로 가는 과정이 0에서 100만 달러로 가는 과정만큼 즐겁지는 않을 것이다. 게다가 존은 수치심에 사로잡혀 지금도 길에서 친구를 만날까봐 걱정하고 있다.

존을 고용한 회사야말로 이번 사건의 제일 큰 희생자이다. 존은 이번 사건에서 그동안 저축했던 돈의 일부나마 건질 수 있었다. 심리적으로는 탈진 상태였지만, 그래도 무일푼이 된 것은 아니라는 점에 감사해야 할 것이다. 그러나 회사의 경우는 이야기가 다르다. 존은 자신을 고용한 뉴욕 투자은행에 7년 동안 2억 5,000만 달러를 벌어주었다. 하지만 그는 단 며칠 만에 6억 달러가 넘는 손실을 입혔다.

이들의 공통점

신흥시장 트레이더와 하이일드채권 트레이더들이 모두 카를로스나 존처럼 말하고 행동하는 것은 아니다. 가장 실적이 좋은 사람이나, 아마도 1992~1998년 호황기에 가장 좋은 실적을 올렸던 트레이더들만 그럴 것이다.

아직 젊으니까 존과 카를로스는 둘 다 일자리를 얻을 수 있다. 하지만 다른 직종에서 찾아보는 편이 현명할 것이다. 투자업계에서는 생존하기가 어려울 확률이 높다. 왜 그럴까? 이들이 경험한 상황을 들여다보면, 운이 가장 크게 작용하는 환경에서 운을 전혀 모른 채 성공한 사람들이었기 때문이다. 더 걱정되는 점은 이들의 상사와 회사들도 똑같았다는 사실이다. 이들 역시 시장에서 영원히 쫓겨났다. 우리는 이런 사람들의 특성을 이 책 곳곳에서 보게 될 것이다. 특성을 명확하게 정의할 수는 없지만, 그 인물을 보면 해당 여부를 알 수 있다. 존과 카를로스는 어떤 일을 하더라도 운에 대해서는 영원히 깨닫지 못할 것이다.

■ 운 좋은 바보들에 대한 검토

이들은 표1 오른쪽 열과 왼쪽 열을 혼동했다[p33]. 운에 속은 것이다. 아래에 간략하게 설명한다.

• 경제든(카를로스) 통계든(존) 자신의 판단이 정확하다고 과신했다

경제 변수를 이용한 트레이딩이 통했던 것은 단지 우연의 일치일지도 모른다는 점, 그리고 과거 사건에 대한 경제 분석 속에 우연 요소가 숨어 있을지 모른다는 점을 이들은 전혀 고려하지 않았다. 온갖 경제 이론을 동원하면 우리는 과거 사건을 그럴듯하게 설명하는 이론을 찾아낼 수 있다. 카를로스는 그의 경제 이론이 통하는 시점에 거래를 시작했지만, 시장이 건전한 경제 이론과 반대로 움직였던 기간에 대해서는 이론을 전혀 검증하지 않았다. 경제 이론이 트레이더들을 도와준 기간도 있고 몰락시킨 기간도 있다.

• 미국 달러는 1980년대 초에 과대평가 상태였다

자신의 경제 직관에 따라 외환을 매입한 트레이더들은 파산했다. 그러나 나중에는 이렇게 한 사람들이 돈을 벌었다. 시장은 임의로 움직인다. 마찬가지로, 1980년대 말에 일본 주식을 공매도한 사람들은 파산했다. 이때 생존해서 1990년대 시장 붕괴 기간에 손실을 회복한 사람은 거의 없다. 지난 세기 말쯤에는 '매크로macro' 트레이더라는 사람들이 추풍낙엽으로 떨어졌다. 스타가 되어 승승장구하던 전설적 투자자 줄리언 로버트슨Julian Robertson도 2000년에 쫓겨났다. 생존 편향을 논의하는 과정에서 더 밝혀지겠지만, 엄밀해 보이는 경제 분석도 사실은 전혀 엄밀하지가 않다.

• 포지션과 결혼했다

무능한 트레이더는 포지션 정리하기가 이혼하기보다 어렵다는 말이 있다. 아이디어에 충절을 지키는 일은 트레이더에게나 과학자에게나 이롭지 않다.

• 스토리를 멋대로 바꿨다

시장 흐름에 따라 단기 트레이딩과 장기 투자 사이를 수시로 오가다 손실을 보게 되자 장기 투자자가 되어버렸다. 트레이더와 투자자의 차이는 투자 기간과 투자 규모에 있다. 단기 트레이딩과 섞어서 하지만 않는다면 장기 투자는 문제될 것이 전혀 없다. 문제는 손실을 본 뒤에 장기 투자자가 되는 사람이 많다는 사실이다. 이들은 자신 의 잘못을 인정하지 않으려고 매도 결정을 미루는 것이다.

• 손실에 대한 대응 방안을 사전에 수립하지 않았다
이들은 손실 가능성을 인식하지 못했다. 둘 다 시장이 급락한 뒤 채 권을 추가로 매입했지만 사전에 수립한 계획이 아니었다.

• 비판적 사고가 부족해서 '손절매'에 대한 태도를 바꾸지 못했다
평범한 트레이더들은 심지어 '더 높은 가격'에도 매도하기를 싫어한 다. 이들은 자신의 평가 기법이 틀렸을 가능성은 생각지 못하고, 시 장의 평가가 잘못되었다고 생각한다. 이들의 판단이 옳았을 수도 있 지만, 자신이 틀렸을 가능성을 고려하지 않았다. 소로스도 결함이 많은 사람이지만, 그는 부진한 실적을 분석할 때 반드시 자신의 분 석 틀을 시험한다.

• 현실 부인
손실이 발생했을 때, 이들은 손실을 분명하게 받아들이지 않았다. 화면에 나타난 가격을 무시하고 추상적 '가치'를 내세웠다. "펀드 청산으로 인한 투기성 매도일 뿐이야"라고 주장하면서 현실을 부인 했다. 이들은 시장에서 보내오는 메시지를 계속 무시했다.

일부 트레이더들은 책에 나오는 온갖 실수를 저지르고도 어떻게 성공할 수 있었을까? 운을 의식하기 때문이다. 그래서 생존편향이 나타난다. 우리는 실력 있는 트레이더가 성공한다고 생각하기 쉽다. 이는 아마도 인과관계를 거꾸로 이해한 것이다. 단지 돈을 벌었기 때문에 실력이 있다고 본 것이다. 하지만 금융시장에서는 순전히 운이 좋아서 돈을 벌 수도 있다.

카를로스와 존은 둘 다 시장 순환주기의 덕을 본 사람들이다. 단지 이들이 시장을 제대로 골랐기 때문이 아니다. 당시 상승하던 시장의 특성과 이들의 성향이 잘 맞아떨어졌기 때문이다. 이들은 시장이 하락할 때 매입했다. 돌이켜 보면 이 방식은 두 사람이 활동하던 1992~1998년 여름 동안 시장에서 우연히도 가장 유리했던 방식이었다. 역사의 일정 기간에 우연히 이런 방식으로 투자했던 사람들이 당시 시장을 석권했다. 이들은 실적이 좋았기 때문에 더 유능했던 트레이더들을 밀어내고 시장을 차지했다.

■── 순진한 진화론

카를로스와 존의 사례를 보면, 불량한 트레이더도 단기나 중기적으로는 유능한 트레이더보다 우위를 나타낼 수 있다. 다음에는 이 논의를 한 차원 높여 일반화시켜 보자. 다윈 이론의 자기 선택을 거부하는 사람이 있다면, 그는 안목이 없거나 어리석다고 볼 수밖에 없다. 그러나 개념이 단순하다 보니 일부 아마추어들은 다윈주의가 경제학을 포함해서 모든 분야에 절대적이고도 지속적으로 적용된다고 맹목적으로 믿기도 한다.

수십 년 전 생물학자 자크 모노 Jacques Monod는 모든 사람이 스스로 진화론의 전문가라고 믿는다며 탄식했다(금융시장에 대해서도 똑같이 말할 수 있다). 상황은 더 악화되었다. 아마추어들은 동물과 식물이 번식을 거듭하면서 오로지 완벽을 향해 나아간다고 믿는다. 이런 생각을 사회에 적용시켜보면, 사람들은 기업과 조직들이 경쟁 덕분에 더 개선될 수밖에 없다고 믿는다. 가장 강한 기업은 살아남고, 가장 약한 기업은 사라지기 때문이다. 또한 투자자와 트레이더의 경우에도 경쟁으로 인해 최고는 번창하지만 최악은 시장에서 밀려난다고 믿는다.

하지만 세상일이란 그렇게 단순하지 않다. 조직은 자연계의 생물처럼 번식하지 않으므로 우리는 다윈의 아이디어를 근본적으로 오용하고 있다. 다윈의 아이디어는 생존이 아니라 번식 적합성에 관한 것이다. 문제는 결국 운이다. 동물학자들의 발견에 따르면, 일단 운이 시스템에 개입되면 매우 놀라운 결과가 일어난다. 얼핏 진화로 보이던 것이 전환에 불과하거나 퇴화가 되기도 한다. 예를 들어, 스티븐 제이 굴드 Steven Jay Gould는 이른바 '유전적 소음', 즉 '부정적 돌연변이'의 증거를 많이 발견했는데, 이 때문에 동료로부터 분노를 샀다(그는 진정한 과학자의 자세를 버리고 인기에 영합한다고 비난받았다). 학계 토론에서는 굴드를 도킨스처럼 운에 관한 수학에 숙달된 동료 학자와 대결시키려 했다. 부정적 돌연변이는 생식 적합성 면에서는 열등한 존재인데도 살아남는다. 그러나 이들은 몇 세대밖에 지속되지 못한다.

게다가 국면 전환처럼 운의 형태가 바뀌는 경우에는 상황이 더욱 악화될 수도 있다. 국면 전환이란 시스템의 모든 속성이 알아볼 수 없을 정도로 바뀌는 상황을 말한다. 다윈의 적응성은 아주 오랜 기간에 걸쳐 발전하는 종에 적용되는 것일 뿐 단기간에 대해서는 해당되지 않는다. 시간이 축적되면 운이 미치는 영향이 대부분 사라지기 때문이다. 이때 장기적으로는 상황이 균형을 이룬다고 말한다.

우리가 사는 세상에서는 희귀사건이 갑자기 발생하므로, 상황이 '수렴' 하면서 지속적으로 개선되지 않는다. 게다가 인생에서 벌어지는 상황도 전혀 연속적이지 않다. 연속성에 대한 믿음은 18세기 초까지 우리 과학 문화에 깊이 배어들었다. 사람들은 자연은 비약하지 않는다고 말했다. 사람들은 발음도 멋진 라틴어로 이 말을 인용했다. Natura non facit saltus. 이는 주로 18세기 식물학자 린네Linnaeus의 영향이다. 하지만 그는 분명히 잘못 알고 있었다. 라이프니츠도 미적분학을 정당화하기 위해서 이 논리를 사용했는데, 그는 어떤 해상도로 보더라도 상황은 연속적이라고 믿었다. 그러나 멋지게 들리는 그럴듯한 말들과 마찬가지로 이 논리도 전적으로 틀린 것으로 밝혀졌다. 양자역학이 그 예다. 아주 작은 미립자들은 상태 사이를 미끄러지면서 이동하지 않고 불연속적으로 건너뛰는 것으로 밝혀졌다.

진화도 운에 속을까?

다음과 같은 생각을 하면서 이 장을 마치기로 한다. 운의 문제를 인과관계로만 아는 사람들은 동물들이 당시에 최대의 적합성을 유지한다고 생각할 것이다. 그러나 진화는 그런 뜻이 아니다. 평균적으로는 동물들이 적응한다. 하지만 모든 동물이 적응하는 것도 아니고, 항상 적응하는 것도 아니다. 단지 표본경로를 잘 만나 생존했을 수도 있다. 마찬가지로, 어떤 사업에서 성공한 사람도 다행히 희귀사건이 없는 표본 경로를 잘 만나 생존했을지도 모른다. 한 가지 고약한 점은, 이러한 동물들이 희귀사건을 만나지 않고 지내는 기간이 길어질수록, 이들은 희귀사건에 취약해진다는 사실이다. 앞에서 말했듯이, 시간을 무한대로 연장하면 에르고딕성에 의해 사건이 확실히 발생하게 되며, 그 종은 전멸할 것이다. 진화는 시계열時系列의 한 시점에 적합하다는 뜻이지, 모든 환경에 평균적으로 적합하다는 뜻이 아니기 때문이다.

존 같은 사람은 장기적으로는 패배하여 생존에 실패하지만, 운이 가진 고약한 구조 때문에 단기적으로는 높은 적응력을 과시하여 유전자를 증식시키는 경향이 있다. 앞에서 설명한 것처럼 호르몬은 자세에 영향을 주고 배우자감에게 신호를 보낸다. 그는 성공을 거둔 뒤 자신의 모습을 횃불처럼 화려하게 드러낸다. 순진한 배우자감은 다음 희귀사건이 발생하기 전까지는 그의 유전자가 우수하다고 착각할 것이다. 솔론은 요점을 파악했다. 이것을 업계의 순진한 다윈주의자나 길 건너편 부자 이웃에게 설명해보라.

CHAPTER
06

편향과
비대칭

편향의 개념을 소개한다. '황소(시장에 대한 낙관)'와 '곰(시장에 대한 비관)'은 동물원
에서나 써야 하는 용어다. 운의 구조를 망가뜨린 악동. 인식 불투명의 문제. 귀납 문제를
다루기 전의 두 번째 단계.

■── 중앙값은 의미가 없다

한동안 나의 역할 모델이었던 과학자 겸 수필가 스티븐 제이 굴드는
40대에 악성 위암 진단을 받았다. 그가 생존 확률에 대해 처음으로 얻
은 정보는 이 암의 생존 기간 중앙값이 약 8개월이라는 사실이었다. 이
정보는 죽음을 맞이하여 집안을 정리하라고 이사야가 히스기야 왕에게
내린 경고와도 같았다.

요즘은 이렇게 심각한 진단을 받으면 사람들은 그 병에 대해 집중적
으로 조사한다. 특히 굴드 같은 다작 작가로서는 책을 몇 권 더 완성하
려면 시간이 필요했으므로 두말할 필요도 없었다. 조사를 진행하면서

굴드는 처음에 들었던 정보와는 전혀 다른 내용을 발견하게 되었다. 기대|expected, 평균 생존 기간이 8개월보다 훨씬 길다는 사실이었다. 그는 기댓값과 중앙값이 전혀 다른 뜻임을 깨닫게 되었다. 중앙값은 환자의 50%는 8개월 전에 죽고, 50%는 8개월 뒤에도 생존한다는 뜻이다. 그러나 8개월 뒤에도 생존하는 사람들은 상당히 오래 살기 때문에 일반인들과 마찬가지로 보험 사망률 표에 나오는 73.4세를 채우는 경우가 많았다.

여기서 비대칭 현상이 나타난다. 발병 후 매우 일찍 죽는 사람도 있지만, 아주 오래 사는 사람도 있다. 결과가 비대칭이라면, 평균값은 생존 기간 중앙값과 전혀 관계가 없다. 이 사건을 계기로 편향의 개념을 어렵사리 깨달은 굴드는 진심에서 우러나온 역작 《중앙값은 아무 의미도 없다The Median Is Not the Message》를 집필하게 되었다. 그의 요지는 의학 연구에서 사용하는 중앙값 개념이 확률 분포의 특성이 아니라는 뜻이다.

나는 도박이라는 더 재미있는 사례를 통해서 굴드가 제시한 평균값 기댓값의 개념을 쉽게 설명하겠다. 확률도 비대칭적이면서 결과도 비대칭적인 사례를 제시하여 개념을 설명하고자 한다. 확률이 비대칭적이라 함은 두 사건의 확률이 50%가 아니라, 한 사건의 확률이 다른 사건의 확률보다 높다는 뜻이다. 결과가 비대칭이라 함은 그 사건에 대한 보상 수준이 같지 않다는 뜻이다.

내가 표3과 같이 1,000번 가운데 999번은 1달러를 벌고(사건 A), 1,000번 가운데 1번은 1만 달러를 잃는(사건 B) 도박을 한다고 가정하자. 이 경우 나의 기댓값은 9달러 손실이다(확률에 결과를 곱하면 나온다). 손

사건 A와 B의 경우를 통한 평균값의 비대칭성			표3
사건	**확률**	**결과**	**기댓값**
A	999/1000	$1	$.999
B	1/1000	–$10,000	–$10
합계			–$9.001

실의 빈도나 확률은 그 자체로는 전혀 의미가 없고, 결과의 규모와 연계해서 판단해야 한다. 이 도박은 사건 A가 사건 B보다 확률이 훨씬 높다. 사건 A에 돈을 걸면 돈을 벌 확률이 높지만 이것은 좋은 생각이 아니다.

요점은 단순하고도 상식적이다. 돈을 거는 사람이라면 누구나 이해한다. 그런데도 이 사실을 깨닫지 못하는 금융시장 사람들과 나는 평생 씨름을 벌여야 했다. 초보 투자자들만 깨닫지 못하는 것이 아니라, MBA 출신처럼 많이 배운 사람들조차 둘의 차이를 이해하지 못한다.

왜 사람들은 이런 요점을 간과할까? 왜 확률과 기댓값, 즉 확률에 결과를 곱한 값을 혼동하는 것일까? 아마도 사람들이 동전 던지기처럼 대칭적 성격의 사례로부터 확률을 배우기 때문일 것이다. 실제로 세계적으로 널리 사용되는 이른바 정규분포곡선bell curve도 전적으로 대칭적이다. 이에 대해서는 나중에 더 논의하기로 한다.

▪— 황소와 곰은 동물 이름

대중매체에서는 '황소(시장에 대한 낙관)'와 '곰(시장에 대한 비관)'이라는 용어를 홍수처럼 쏟아내는데, 이는 증권시장이 상승한다거나 하락할 것으로 전망한다는 뜻이다. 사람들은 "나는 조니에 대해 낙관해"라고 말하거나, "나는 나심이라는 친구를 도통 이해할 수가 없어서 비관적이야"라고 말하면서 어떤 사람의 출세에 대해 전망하기도 한다. 그러나 낙관적이라거나 비관적이라는 표현은 운이 지배하는 세상에서는 쓸모없는 공허한 말에 불과하다. 특히 결과가 비대칭적인 현실 세계에서는 더욱 그렇다.

대형 증권사의 뉴욕 사무실에서 근무하는 동안, 뉴욕 트레이딩룸에서 활동하는 전문가들이 참여하는 주간 '토론회'에 달갑지 않은 초대를 받기도 했다. 나는 그런 모임이 반갑지 않았는데, 내 운동 시간이 줄어든다는 이유 때문만은 아니었다. 모임에는 실적으로 평가받는 트레이더들도 참석했지만, 주로 증권사 영업직원(고객을 홀리는 사람들)과 이른바 월스트리트 '이코노미스트'나 '전략가'들이 주로 참석했다. 이코노미스트나 전략가들은 전혀 위험을 감수하지 않으면서 시장 전망을 발표하는 사람들이었으므로, 실제로 검증 가능한 사실보다는 순전히 말솜씨로 출세가 좌우되는 일종의 연예인들이었다. 토론 시간에 사람들은 세계 경제에 대한 자신의 의견을 발표했다. 내가 보기에 이런 모임은 오로지 지성을 오염시킬 뿐이었다. 사람들은 모두 자신의 이야기나 이론, 통찰을 다른 사람들과 공유하고자 했다. 하지만 충분히 연구하지도 않은 어떤 주제에 대해 자신의 생각이 독창적이라거나 통찰력 있다고 생각하는 사람을 보면 화가 난다(그러나 내 친구 스탠 요나스^{Stan Jonas}처럼 과학적 사고를 갖춘 사람은 존경한다. 그는 주제에 대해 의견을 발표하기 전에, 다른 사람들의 관련 활동을 파악하기 위해서 밤마다 엄청난 양의 자료를 공부한다. 의학 논문도 읽지 않는 의사의 의견에 귀 기울일 사람이 있을까).

그런 자리에서 내가 즐겨 사용하는 전략은 다른 사람들의 의견은 전적으로 무시하면서 마음껏 하고 싶은 이야기를 하는 방식이었다(나는 진부한 의견을 혐오한다). 마음껏 떠들다 보면 내 생각이 정리되는데다 운이 좋으면 다음 주에 초청받지 않을 수도 있었다(초청받으면 의무적으로 참석해야 한다).

이 모임에서 주식시장에 대해 의견을 발표한 적이 있었다. 나는 다음 주에 시장이 약간 상승할 가능성이 매우 크다고 다소 형식적으로 말했다. 확률이 얼마나 높으냐는 질문에 대해 "약 70%"라고 대답했다. 이는 분명 매우 강력한 의견 표명이었다. 그런데 이때 누군가 불쑥 나섰다. "하지만 나심, 당신은 S&P500 선물에 대해 대량 매도 포지션을 잡았다고 방금 자랑했는데, 이는 시장이 하락하는 쪽에 걸었다는 뜻 아닌가요? 왜 생각을 바꿨습니까?" 나는 대답했다. "나는 생각을 바꾸지 않았습니다. 내 포지션에 대해서는 여전히 확신합니다(청중은 웃음을 터뜨렸다). 사실은 지금이라도 더 매도하고 싶은 기분입니다." 내 말에 청중은 완전히 어리둥절한 듯했다. 그 전략가가 다시 물었다. "당신은 황소(시장 상승)에 거나요, 곰(시장 하락)에 거나요?" 나는 황소와 곰은 동물원에서나 쓰는 용어이므로 무슨 뜻인지 이해하지 못하겠노라고 대답했다. 앞의 사례에서 설명한 사건 A와 사건 B처럼, 나는 시장이 상승할 확률이 더 높지만(낙관적이지만) 하락할 경우에는 크게 하락할 수 있으므로, 매도 포지션을 선호한다는(비관적인) 의견이었다. 갑자기 청중 가운데 몇몇 사람이 내 의견을 이해했고, 비슷한 의견이 나오기 시작했다. 그리고 나는 다음 토론 모임에 초대받지 못했다.

다음 주 시장이 상승할 확률이 70%, 하락할 확률이 30%라고 가정하자. 하지만 상승한다면 그 폭이 평균 1%인 반면, 하락한다면 평균 10%라고 가정하자. 당신이라면 어떻게 하겠는가? 당신은 낙관적인가, 비관적인가?

낙관적 또는 비관적이라는 용어는 실제로 불확실성을 다루지 않는, TV 해설자나 위험을 다룬 경험이 없는 사람들이 사용하는 표현이다. 게다가 투자자나 사업가가 받는 보상은 확률이 아니라 돈이다. 따라서 중요한 것은 어떤 사건이 일어날 확률이 아니라, 그 사건이 발생했을 때 얼마를 버느냐이다. 중요한 것은 얼마나 자주 이익이 발생하느냐가 아니라, 그 결과 발생하는 이익 규모다. TV 해설자를 제외하면, 시장 예측 빈도에 따라 돈을 버는 사람은 극히 드물다. 이들이 얻는 것은 이익이나 손실이지, 확률이 아니기 때문이다. TV 해설자의 경우는 얼마나 자주 맞추느냐에 따라 성공이 좌우된다. TV에 자주 등장하는 대형 증권사 '투자 전략팀장들'도 이런 부류에 속하는데, 그래서 연예인이나 다를 바가 없다. 이들은 유명하고 말솜씨가 뛰어나고 숫자를 줄줄이 열거하지만, 기능적인 면에서 본다면 오락거리를 제공할 뿐이다. 이들의 예측이 타당성을 얻으려면 통계 검증이 필요하기 때문이다. 이

금융 시장의 가정 사고 실험			표4
사건	**확률**	**결과**	**기댓값**
시장 상승	70%	상승 1%	0.7
시장 하락	30%	하락 10%	−3.0
합계			−2.3

들의 분석 틀은 정교한 검증의 결과가 아니라, 매끄러운 발표 솜씨에 불과하다.

건방진 29세 아들

나는 이런 천박한 모임에 오락거리를 제공했을 뿐만 아니라 '시장 예측' 위원으로 위촉되는 바람에 친구와 친척들로부터 개인적인 스트레스를 받기도 했다. 하루는 아버지의 친구(돈 많고 자신감 넘치는 부류였다) 한 사람이 뉴욕 방문 중에 나를 찾아왔다(그는 만나자마자 바로 자신이 콩코드를 타고 왔으며 이런 식의 여행이 불편하다고 냉소적인 표현을 써가며 자신의 사회적 지위를 과시했다). 그는 내게 금융시장 전망을 듣고 싶어 했다. 나는 실제로 아무 의견도 없었고, 시장에 대해 전혀 관심이 없었기에 의견을 제시하려고 노력하지도 않았다. 그런데도 이 신사는 경제 현황과 유럽 중앙은행에 대해서 내게 캐묻듯이 질문을 던졌다. 틀림없이 자신의 계좌를 관리하는 뉴욕 대형 증권사 '전문가'의 의견과 비교해보려는 속셈이었다. 나는 모른다는 사실을 전혀 숨기지 않았고, 이에 대해 미안한 기색도 보이지 않았다. 분명 나는 시장에 관심이 없었고(물론 나는 트레이더지만) 예측도 하지 않았다. 나는 그에게 내가 생각하는 운의 구조와 시장 예측의 공허함에 대해 설명했으나, 그는 계속 크리스마스 시즌까지 유럽 채권시장이 어떻게 될 것인지 더 정확하게 말해달라고 요구했다.

그는 내가 농담을 한다고 생각하면서 자리를 떴다. 아버지와 친구분의 관계에 금이 갈 지경이었다. 그는 아버지에게 다음과 같이 불만을 토로했다. "내가 변호사에게 법률 의견을 구하면 변호사는 정중하고도 정확하게 답해준다네. 내가 의사에게 의료에 대해 물어보면 의사도 의견을 말해준다네. 나에게 무례하게 대하는 전문가는 아무도 없었어. 하지만 자네의 무례하고 독단적인 스물아홉 살짜리 아들은 건방을 떨면서 내게 시장의 방향을 말해주지 않더구면."

희귀사건

내가 시장에서 평생 벌여온 사업을 한마디로 표현하면 '편향에 대한 베팅'이다. 다시 말해서, 자주 발생하지는 않지만 한 번 발생하면 막대한 이익을 가져다주는 희귀사건으로부터 이익을 얻는 사업이다. 내가 가급적 드물게 돈을 벌려는 이유는, 희귀사건은 공정하게 평가되지 않으며 사건이 더 희귀할수록 가격이 더 저평가된다고 생각하기 때문이다. 게다가 나 자신의 경험에 비추어 볼 때, 이렇게 직관에 반하는 트레이딩은 분명히 내게 이점을 제공한다(우리의 심리 구조는 반직관적 현실에 순응하지 못한다).

왜 희귀사건은 제대로 평가받지 못할까? 심리적 편향 때문이다. 내 직장 동료는 통근열차에서 〈월스트리트 저널〉 섹션 2를 읽는 데 너무 몰두한 나머지 희귀사건의 속성을 적절하게 평가할 수가 없었다. 아니면 TV에 등장하는 권위자를 너무 많이 보았거나 태블릿 PC 업그레이드에 너무 많은 시간을 쏟았기 때문이다. 노련한 트레이딩 전문가조차 빈도가 중요하지 않다는 사실을 모르는 듯하다. '전설적인' 투자가 짐 로저스Jim Rogers는 다음과 같이 말했다.

나는 옵션을 매수하지 않습니다. 옵션 매수는 가난뱅이가 되는 지름길입니다. 증권거래위원회SEC의 의뢰를 받아 진행된 분석에 따르면, 옵션의 90%는 만기에 손실로 끝났습니다. 만일 매수 포지션의 90%가 손실을 보았다면, 매도 포지션의 90%는 이익을 얻었다는 뜻이 됩니다. 내가 비관적 관점이 되어 옵션을 거래하게 된다면, 나는 옵션을 매도할 생각입니다.

나머지 10% 매수 포지션에서 발생한 이익 규모를 고려하지 않는다면, 매수 포지션의 90%에서 손실이 발생했다는 통계빈도는 아무 의미가 없다. 매수 포지션 10%에서 얻는 이익이 평균 손실의 50배라면, 옵션 매수는 부자가 되는 지름길이라고 자신 있게 말할 수 있다. 짐 로저스는 확률과 기댓값도 구분하지 못하는 사람치고는 매우 크게 성공한 사람으로 보인다(그가 희귀사건으로 크게 성공한 조지 소로스의 파트너였다는 사실이 신기할 정도다. 뒤에 더 논의한다).

이런 희귀사건의 예가 1987년 주식시장 붕괴였는데, 이 덕에 나는 트레이더로서 성공했고 호사스럽게도 온갖 연구에 참여하게 되었다. 1장에 등장했던 네로는 희귀사건을 회피함으로써 피해를 벗어나려고 했는데, 이는 대체로 방어적인 기법이다. 나는 네로보다 훨씬 공격적이어서 한 단계 더 나아간다. 희귀사건으로부터 이익을 얻을 수 있도록 나의 경력과 사업을 구성했다. 비대칭적 베팅을 통해 희귀사건으로부터 이익을 추구하는 것이다.

비대칭과 과학

대부분 학문에서는 비대칭이 문제가 되지 않는다. 합격과 불합격으로 판정하는 학업 환경에서는 누적 학점이 아니라 단지 빈도만이 중요할 뿐이다. 하지만 그 외에는 규모가 중요하다. 불행히도 경제학에서 사용하는 기법들은 대개 다른 분야에서 도입한 것들이다. 금융경제학은 여전히 신생 학문이다(아직은 분명 '과학'이 아니다). 다른 학문에서는 대부분 표본에서 극단치를 제거해도 문제가 되지 않는다. 흔히 교육이나 의료 분야처럼 결과에 따라 보상 규모가 크게 달라지지 않을 때 특히 그렇다. 교수가 최고점과 최저점이라는 극단치를 제거하고 나머지 학점으로 학생들의 평균 학점을 계산하더라도, 이는 불건전 관행이 되지 않는다. 일기예보자도 마찬가지로 극단적 기온을 제거하고 평균 온도를 계산한다. 이례적인 기온을 포함하면 전반적인 결과가 왜곡된다고 생각하기 때문이다(하지만 만년설에 대해 예측할 때에는 이런 방식이 잘못임이 드러나게 될 것이다). 그래서 금융 분야에서도 이런 기법들을 빌려와서 희귀사건을 무시하는데, 희귀사건이 회사를 파산시킬 수도 있다는 사실을 깨닫지 못하는 것이다.

실물 세계의 과학자 중에도 이런 어리석음에 빠져서 통계를 잘못 해석하는 사람들이 많다. 한 가지 명백한 사례가 지구 온난화 토론이다. 과학자들은 급등한 기온을 표본에서 제거했기 때문에 초기 단계에 지구 온난화 문제를 파악하지 못했다. 휴가 계획을 짤 경우에는 극단치를 제거하고 평균 기온을 계산해도 아무 문제가 없다. 그러나 기후의 물리적 속성을 연구할 때에는 이런 방법이 통하지 않는다. 특히 누적 효과를 고려할 때 문제가 된다. 과학자들은 이런 기온 급등이 드물기는 하지만 만년설의 누적 용해에 엄청난 영향을 미친다는 사실을 초기에 무시했다. 금융에서와 마찬가지로, 아무리 희귀한 사건이라도 중대한 영향을 미치는 사건이라면 무시해선 안 될 것이다.

거의 모두가 평균 이상이 될 수도 있다

중앙값과 평균을 착각하는 전통적 오류를 짐 로저스만 범하는 것이 아니다. 공정하게 말하자면, 사상으로 먹고사는 로버트 노직Robert Nozik 같은 유명한 철학자도 같은 실수를 저질렀다(게다가 노직은 훌륭하고도 예리한 사상가였다. 요절하기 전에 그는 아마도 당대에 가장 존경받는 미국 철학자였다). 저서《합리성의 본성The Nature of Rationality》에서 그는 다른 철학자들과 마찬가지로 아마추어적인 진화론에 빠져 다음과 같이 썼다. "기껏해야 개인의 50%만이 평균보다 부자가 될 수 있다." 물론 개인의 50% 이상이 평균보다 부자가 될 수도 있다. 지극히 가난한 사람이 극소수이고, 나머지가 중산층에 몰려 있다고 가정해보자. 그러면 평균은 중앙값보다 낮아진다. 모집단이 10명인데, 9명의 순자산이 3만 달러이고, 1명이 1,000달러라고 하자. 평균 순자산은 2만 7,100달러가 되고, 10명 가운데 9명이 평균을 넘어서게 된다.

표5에 나타나는 점들은 처음에 W₀에서 시작에서 Wt 시점에 끝난다. 이 점들은 가상이든 실제든 다양한 실적으로 볼 수도 있다. 당신이 즐겨 사용하는 트레이딩 전략일 수도 있고, 펀드매니저의 실적이 될 수도 있다. 또한 르네상스 시대 플로렌스 왕궁의 땅값이 될 수도 있고, 몽골 주식시장의 주가지수가 될 수도 있으며, 미국과 몽골 주식시장의 지수 차이가 될 수도 있다.

우리가 운이 사라진 결정론적 세상에 살고 있고 만사를 확실하게 알 수 있다면, 세상일이 한층 쉬울 것이다. 시계열 패턴에서 상당한 예측 정보가 드러날 것이다. 이류 엔지니어들도 하루 뒤, 1년 뒤, 심지어 10년 뒤

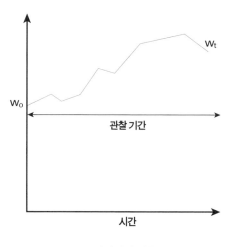

표5 시계열의 기초

에 어떤 일이 일어날지 정확하게 예측할 수 있다. 현대 학문으로 무장할 필요조차 없다. 19세기 프랑스 수학자 라플라스^{Laplace} 밑에서 교육을 받은 사람도 이른바 미분 방정식, 즉 운동 방정식으로 방정식을 풀 수 있다. 시간에 따라 위치가 결정되는 실체의 운동을 연구하는 일이기 때문이다.

운이 개재되는 세상을 다룰 때에도, 이른바 계량경제학이나 시계열 분석을 활용한다면 역시 일이 쉬워질 것이다. 우리는 친절한 계량경제 학자에게 부탁할 수도 있다(내 경험으로는 계량경제학자들은 대개 실무자 들에게 친절하고 공손하다). 그는 자신의 소프트웨어로 데이터를 돌린 다음, 그런 실적을 올린 트레이더에게 투자할 가치가 있는지, 또는 그런 트레이딩 전략이 가치가 있는지 진단을 내려줄 것이다. 아니면 999달러 이하의 학생판 소프트웨어를 구입해서 다음 비 오는 주말에 직접 돌려볼 수도 있다.

그러나 우리가 사는 세상을 차트로 잘 그려낼 수 있을지는 확실하지 않다. 이렇게 과거 속성을 분석해서 내린 판단이 옳은 경우도 있다. 하지만 의미가 없을지도 모른다. 때로는 엉뚱하게도 반대 방향으로 이끌 수도 있다. 시장 데이터가 함정이 되는 경우도 있다. 본래의 속성과 반대 모습을 보여주어, 잘못된 증권에 투자하거나 위험 관리를 잘못할 수도 있다. 예를 들어, 역사적으로 가장 안정된 모습을 보였던 통화가 가장 붕괴하기 쉽다. 이 사실을 1997년 여름에 말레이시아, 인도네시아, 태국 등 달러에 연동된 안정적인 화폐에 투자했던 사람들이 쓰라리게 깨달았다(이들 화폐는 변동성이 전혀 없도록 미국 달러화에 연동되어 있었지만, 결국 갑자기 무지막지하게 평가절하되고 말았다).

우리는 미래 예측을 위해서 과거 정보를 받아들일 때 지나치게 느슨해지거나 엄격해질 수 있다. 나는 회의론자이므로 과거 단일 시계열 자료로 미래 실적을 예측하는 데는 반대한다. 훨씬 더 많은 데이터가 필요하다. 주요 이유는 희귀사건 때문이지만, 그 밖의 이유도 많다.

앞에서 나는 사람들이 역사로부터 제대로 배우지 못한다고 비판했으므로, 얼핏 보기에 지금 나의 주장이 모순된 것처럼 생각될 것이다. 문제는 역사 전반이 아니라 최근의 역사에만 지나치게 몰두하면서 "전에는 이런 일이 전혀 없었다"라고 주장하는 데 있다(한 분야에서 전혀 일어나지 않았던 일들이 결국에는 일어나는 법이다). 다시 말해서, 과거에 전혀 일어나지 않았던 일들도 반드시 일어난다는 사실을 역사는 우리에게 가르쳐준다. 시계열을 넓게 확장하면 우리는 훨씬 많은 것을 배울 수 있다. 시야를 넓힐수록 더 훌륭한 교훈을 얻는다. 우연한 역사적 사실에만 매달리는 순진한 실증주의에서 벗어나라고 역사는 가르쳐주고 있다.

희귀사건 오류

모든 기만의 어머니

희귀사건은 본래 눈에 띄지 않으므로, 갑자기 온갖 형태로 나타난다. 희귀사건이 처음 발견된 곳은 멕시코였는데, 학계에서는 이를 페소문제peso problem라고 불렀다. 계량경제학자들은 1980년대 멕시코 경제 변수들의 움직임을 보면서 곤혹스러워했다. 통화 공급, 금리, 기타 변수들이 변덕스러운 행태를 보이는 바람에 모델을 구축하려는 노력이 좌절되었기 때문이다. 이러한 지표들이 안정기와 혼란기 사이에 아무 사전 경고도 없이 변덕스럽게 오르내렸다.

나는 "고요한 바다를 조심하라"라는 격언이 희귀사건에 통한다고 생각한다. 공손하고 조용하며 훌륭한 모범시민으로 보였던 오랜 이웃의 사진이, 어느 날 주요 신문에 미친 살인마의 모습으로 등장한다. 사건이 보도되기 전까지만 해도 그는 전과조차 없었다. 그렇게 선량한 사람이 병적인 행동을 하리라고는 예측할 방법이 없다. 이처럼 희귀사건은 과거 시계열을 너무 좁게 해석하여 위험을 오해하는 데서 비롯된다.

희귀사건은 항상 예상 밖에서 일어난다. 예상할 수 있다면 일어나지도 않는다. 전형적인 사례는 다음과 같다. 당신이 투자한 헤지펀드가 변동성도 없이 안정적으로 수익을 올리던 중, 어느 날 갑자기 다음과 같이 시작되는 편지를 보내온다. "우연히 예상하지 못한 희귀사건이 벌어져서…." 그러나 희귀사건은 바로 예상을 할 수 없기 때문에 일어난다. 대개는 공포심 때문에 발생하며, 시장 청산에 의해 촉발된다(투자자들이 보유 자산을 헐값에라도 모조리 처분하려고 동시에 몰려든다). 펀드매니저나 트레이더들이 이와 같은 상황을 예상할 수 있었다면 이런 자산에 투자하지도 않았을 것이고, 희귀사건도 일어나지 않을 것이다.

　희귀사건은 한 가지 상품에만 한정되지 않는다. 즉시 포트폴리오 전체 실적에 영향을 미친다. 예를 들어, 트레이더들은 미국채보다 높은 수익을 얻으려고 모기지 증권을 매입한 뒤 위험과 변동성을 없애기 위해 헤지를 한다. 이때 고용된 박사들은 컴퓨터 프로그램을 이용해 위험을 분석해준다. 이들은 응용수학, 천체 물리학, 소립자 물리학, 전자공학, 유체역학, 드물게는 재무관리 박사들이다. 이러한 포트폴리오는 일정 기간 안정적인 수익을 유지한다. 그러다가 우연인 것처럼 갑자기(실제로는 우연이 아니다) 포트폴리오 가치가 폭락한다. 최악의 경우 4% 정도 하락하리라 예상하지만, 실제로는 40%나 하락하기도 한다. 투자자가 화가 나서 펀드매니저에게 전화를 걸면, 그는 자신의 잘못이 아니라 투자 변수들의 관계가 근본적으로 바뀐 탓이라고 둘러댄다. 그러면서 비슷한 다른 펀드들도 같은 문제를 겪고 있다고 덧붙인다.

　일부 경제학자들이 희귀사건을 '페소 문제'로 불렀다는 점을 기억하라. 멕시코 통화는 1980년대 초 이후 상황이 개선되지 않았다. 멕시코 통화는 오랜 기간 안정세를 유지했으므로, 은행 환 트레이더와 헤지펀드 투기꾼들이 페소라는 고요한 바다로 떼 지어 몰려들었다. 이들은 페소를 보유하면서 높은 이자 수익을 거두어들였다. 그러다가 '예상하지 못한' 강타를 맞고 투자자의 돈을 날렸으며, 직장에서 쫓겨나 다른 일자리를 찾았다. 이어 또다시 안정기가 찾아왔다. 트레이더들은 과거의 악몽 같은 사건을 잊은 채 다시 몰려들었다. 다시 한 번 멕시코 페소에 빠져들었으며, 같은 이야기가 반복되었다.

희한하게도 희귀사건은 대부분 채권상품에 발생한다. 1998년 봄, 나는 당시 거물급 헤지펀드 매니저에게 폐소 문제의 개념을 두 시간에 걸쳐 설명해주었다. 과거 시계열의 변동성을 순진하게 해석할 경우, 이런 개념이 모든 형태의 투자에도 적용될 수 있다고 아주 자세하게 설명해주었다. 그가 대답했다. "당신 말이 전적으로 옳습니다. 그래서 우리는 멕시코 폐소에는 손대지 않습니다. 오로지 러시아 루블에만 투자합니다." 몇 달 뒤 그는 파산했다. 당시에는 러시아 루블의 금리가 높기 때문에 온갖 탐욕스러운 투기꾼들이 몰려들었다. 루블 표시 증권에 투자했던 사람들은 1998년 여름에 투자자금의 약 97%를 날렸다.

3장에서 보았듯이, 변동성은 부정적 고통을 안겨주므로 치과의사는 변동성을 좋아하지 않는다. 그는 자신의 실적을 자주 들여다볼수록 변동성 때문에 고통을 더 많이 받게 된다. 따라서 투자자들은 이런 심리적인 이유로 드물게 일어나는 큰 변동을 무시하려고 한다. 이른바 운을 숨겨놓는 행태다. 심리학자들의 최근 발견에 따르면, 사람들은 자극의 규모보다는 존재 여부에 더 민감하게 반응한다. 즉, 손실을 처음에는 단순히 손실로 인식하지만, 나중에는 다르게 인식한다는 뜻이다. 이익에 대해서도 마찬가지다. 그래서 주식중개인은 전체 실적을 최적화하기보다는, 손실 횟수는 줄이고 이익 횟수를 늘리는 쪽을 선호한다.

문제를 다른 각도에서 볼 수도 있다. 어떤 과학자에 대해 생각해보자. 그는 세상과 격리된 채 매일 실험실에서 쥐를 해부한다. 오랜 세월 연구를 거듭하지만 내세울 만한 성과는 나오지 않는다. 그의 아내는 매일 밤 쥐 오줌 냄새를 풍기며 돌아오는 실패자 남편에게 울분을 참지 못한다. 그러던 어느 날 그가 마침내 성과를 올린다. 그의 작업을 시계열로 분석했더라도 전혀 개선되는 조짐이 나타나지 않았겠지만, 그의 작업은 점차 성과에 접근하고 있었던 것이다.

출판사에 대해서도 똑같은 논리가 적용된다. 비즈니스 모델에는 전혀 문제가 없음에도 어느 출판사의 책은 실패를 거듭한다. 그러나 확률은 낮지만 대박 잠재력이 있는 우수한 작품을 계속 출간하다 보면, 10년에 한 번 정도는 《해리 포터》와 같은 슈퍼 베스트셀러를 만들어낸다. 흥미로운 경제학자 아트 드 배니Art De Vany도 이런 아이디어를 영화 사업과 자신의 건강 생활 두 분야에 적용했다. 그는 영화 사업의 보상 속성이 편향되어 있음을 간파하고서, 이를 다른 수준에서 활용하였다. 흥미롭게도 그는 우리의 신체적 특성도 태생적으로 지극히 편향되어 있음을 발견했다. 그의 주장에 따르면 수렵채취인들은 한가로운 시간을 보낸 다음에는 집중적으로 에너지를 분출했다.

시장에는 역逆 희귀사건 트레이더라는 부류가 있는데, 이들에게 변동성은 반가운 소식이다. 이들은 소액으로 자주 잃지만, 드물긴 해도 벌 때는 거액으로 벌어들인다. 나는 이런 사람들을 위기 사냥꾼이라고 부른다. 다행히도 나 역시 그런 사람이다.

통계학자들은 왜 희귀사건을 감지하지 못할까?

통계학은 초보자에게는 복잡해 보일지 모르지만, 사실 오늘날 사용되는 개념은 아주 단순하다. 내 친구 프랑스 수학자들은 통계학을 '요리'라고 부른다. 개념이 단순해서, 정보를 더 많이 알수록 결과를 더 확신할 수 있다는 뜻이다. 그러나 문제는 얼마나 더 확신할 수 있느냐이다. 일반 통계 기법은 신뢰 수준을 꾸준히 증대시키고 있지만, 신뢰 수준이 관측치 증가에 비례해서 높아지는 것은 아니다. 즉, 표본 규모가 n배 증가하면 지식은 n의 제곱근만큼 증가한다. 빨간 공과 검은 공이 담긴 항아리에서 공을 꺼낸다고 가정하자. 공을 20회 꺼낸 뒤 빨간 공과 검은 공의 비율에 대한 신뢰 수준은, 공을 10회 꺼낸 뒤 신뢰 수준에 비해 두 배로 높아지지 않는다. 단지 2의 제곱근[1.41] 배수만큼 증가할 뿐이다.

특히 항아리 예처럼 분포가 대칭이 아닐 때 통계학은 복잡하고 이해하기 어려워진다. 항아리 속에 검은 공이 압도적으로 많아서 빨간 공을 찾을 확률이 매우 낮은 경우에는, 꺼내는 횟수가 증가해도 빨간 공이 드물다는 지식이 증가하는 속도는 매우 느려진다. 꺼내는 횟수 n의 제곱근보다도 더 느려진다. 반면, 일단 빨간 공 하나가 발견되면, 빨간 공이 존재한다는 지식이 극적으로 증가하게 된다. 이러한 지식의 비대칭은 결코 사소한 문제가 아니다. 바로 이것이 이 책의 중심 주제이다. 또한 흄이나 칼 포퍼와 같은 사람들의 핵심적인 철학 과제이기도 하다.

투자자의 실적을 평가하기 위해서는 직관에 의존하지 않는 기법을 사용하든지, 아니면 사건의 빈도에 관계없이 판단할 수 있는 상황에서만 평가해야 한다.

못된 꼬마가 공을 바꿔놓는다면

더 나쁜 소식도 있다. 빨간 공의 존재 자체가 임의로 결정된다면, 우리는 공의 구성 비율을 절대로 알 수 없다. 이것을 '정상성stationarity의 문제'라고 부른다. 밑 빠진 항아리를 생각해보자. 이 사실을 모른 채 표본을 추출하고 있는데, 어떤 못된 꼬마가 제멋대로 공을 밑에서 집어넣는다. 이렇게 되면 추론은 아무 소용이 없어진다. 나는 항아리의 공 가운데 50%가 빨간 공일 거라고 말하지만, 내 말을 들은 꼬마는 재빨리 빨간 공을 모두 검은 공으로 바꿔놓는다. 이렇게 되면 통계로부터 추론한 지식은 몹시 위태로워진다.

이와 똑같은 효과가 시장에서도 발생한다. 우리는 과거 역사를 동질적인 표본으로 간주한다. 그리고 과거 표본을 관찰함으로써 미래에 대한 지식이 크게 늘었다고 생각한다. 만일 못된 꼬마가 항아리의 구성을 바꿔놓는다면 어떻게 될까? 다시 말해서 상황이 바뀐다면 어떻게 할 것인가?

나는 19세 이후 인생의 절반 이상을 계량경제학을 연구하고 실행하면서 보냈다. 학교에서도 연구했고, 계량 파생상품 트레이더로 활동하면서 실행하기도 했다. 계량경제학이라는 '과학'에서는 다양한 시점에 수집된 표본에 대해 통계 기법을 적용한다(이른바 '시계열'이다). 경제적 변수, 데이터, 기타 문제에 대해 시계열 분석을 시행한다. 아는 것이 거의 없던 초년 시절, 나는 이미 죽거나 은퇴한 사람들의 활동을 시계열 분석에 포함하는 것이 어떤 의미가 있는지 의심스러웠다. 그러나 나보다 훨씬 많이 알고 있는 계량경제학자들도 이런 문제에 대해 아무런 질문을 던지지 않았다. 십중팔구 어리석은 질문이라고 생각했을 것이다. 저명한 계량경제학자 하셈 페사란Hashem Pesaran은 비슷한 질문에 대해 '더 훌륭한 계량경제학'을 구사하라고 대답했다. 그러나 지금 나는 계량경제학 대부분이 쓸모없는 일인지도 모른다고 생각하게 되었다. 0은 수십억 번 더해도 0이다. 마찬가지로, 튼튼한 토대가 받쳐주지 않는다면 복잡한 연구가 아무리 축적되더라도 아무 소용이 없다. 1990년대 유럽시장에 대한 연구는 역사가들에게는 확실히 큰 도움이 된다. 그러나 기관과 시장의 구성이 크게 바뀐 지금에 와서, 이 연구를 통해 도대체 무엇을 추론할 수 있겠는가?

경제학자 로버트 루카스Robert Lucas는 과거의 정보가 미래 예측에 전혀 쓸모없다는 주장으로 계량경제학에 일격을 가했다. 합리적인 사람들은 과거로부터 예측 가능한 패턴을 파악해서 그것을 변형하여 적용할 것이기 때문이다(그는 이 주장을 수학 형식으로 전개하여 1995년 노벨 경제학상을 받았다). 우리 인간은 지식에 따라 행동하는데, 지식은 과거 데이터를 통합한 것이다. 루카스의 관점은 이렇게 비유할 수 있다. 합리적인 트레이더들이 월요일마다 주가가 상승하는 패턴을 감지하면, 이들은 이런 효과를 기대하고 금요일에 주식을 매입할 것이다. 그러면 월요일 상승 패턴은 곧 사라지게 된다. 누구나 이용할 수 있는 패턴이라면, 그런 패턴을 찾아봐야 아무 소용이 없다. 그 패턴은 발견되는 순간 스스로 소멸되기 때문이다.

하지만 어쩐 일인지 '과학자'들은 루카스의 비판Lucas critique을 실행에 옮기지 않았다. 사람들은 산업혁명이라는 과학적 성공을 사회과학에도 적용할 수 있다고 확신했었다. 특히 마르크스주의 운동이 그러했다. 사이비 과학은 계획경제를 통해 맞춤형 사회를 만들어내려고 하는 이상주의자들을 양산했다. 경제학이야말로 과학을 이런 용도로 사용하기에 가장 적합한 후보였다. 따라서 과학 만능주의는 마르크스주의를 거쳐 금융 분야로 이어졌고, 몇몇 전문가들은 수학적 지식을 이용하면 시장을 이해할 수 있다고 생각하게 되었다. 금융 공학financial engineering이야말로 사이비 과학이 잔뜩 첨가된 분야다. 이런 기법에서는 과거 역사를 미래 예측의 수단으로 삼아 위험을 측정한다. 과거 분포가 그대로 유지된다는 법이 없으므로, 이런 개념 전체가 매우 값비싼 실수를 야기한다. 여기서 귀납법의 문제라는 더 근본적인 질문이 제기된다.

귀납법의
문제

백조의 색역학. 솔론의 경고를 철학 영역에 적용하다. 내게 경험주의를 가르쳐준 니더 호퍼. 연역법을 덧붙이다. 과학을 진지하게 받아들이지 않아야 과학적이다. 포퍼를 홍보한 소로스. 5번가 18번 거리의 서점. 파스칼의 내기.

베이컨에서 흄까지

이제 과학 철학이라는 더 폭넓은 관점에서 문제를 논의해보자. 귀납법 문제로 잘 알려진 추론의 문제가 있다. 오랜 기간 과학을 괴롭혀왔던 문제다. 이것은 자연과학보다는 경제학 같은 사회과학에 더 피해를 주었고, 금융경제학 분야에는 더욱 큰 피해를 줬다. 이유가 무엇일까? 운이라는 요소가 효과를 증폭시키기 때문이다. 트레이딩의 세계만큼 귀납법 문제가 중요하게 적용되는 분야도 없지만, 동시에 이렇게 무시되는 분야도 없다.

검은 백조

스코틀랜드의 철학자 데이비드 흄은 《인성론Treatise on Human Nature》에서 다음과 같이 주장했다. "백조를 아무리 많이 관찰했더라도 모든 백조가 희다고 추론할 수는 없다. 단 한 마리의 검은 백조가 발견되더라도 이 결론을 충분히 반증할 수 있다."

흄은 당시 전적으로 연역적 추론에 기반을 둔 스콜라 철학이 프랜시스 베이컨으로 인해 단순하고도 비체계적인 실증주의로 넘어가는 현실에 질색했다. 베이컨은 실제적 성과도 없는 '학습의 거미줄'을 쳐서는 안 된다고 주장했다(당시 과학은 신학과 비슷했다). 이로 인해 과학은 실증적 관찰을 강조하게 되었다. 문제는 적절한 기법이 없는 실증적 관찰은 길을 잃기 쉽다는 점이다. 흄은 이러한 지식에 대해 경고했고, 지식을 수집하고 해석할 때 엄격해야 한다고 강조했다. 이것이 이른바 인식론이다. 흄은 최초의 현대적 인식론자였다(응용과학 분야에서 활동하는 인식론자들을 과학 철학자라고 부르기도 한다). 내가 여기 쓰는 글도 엄격하게 말하면 옳지 않다. 흄은 현실이 훨씬 형편없다고 말했기 때문이다. 흄은 극단적인 회의론자이다. 따라서 두 사물 사이에 맺어진 관계를 절대 진정한 관계라고 믿지 않았다. 하지만 이 책에서는 그의 어조를 다소 누그러뜨리기로 한다.

니더호퍼

빅터 니더호퍼Victor Niederhoffer의 이야기는 한 사람이 극단적인 실증주의와 논리를 겸비하기가 얼마나 어려운지를 보여준다는 점에서 흥미로운 동시에 슬프다. 그를 통해 순수한 실증주의는 필연적으로 운에 속는다는 사실을 확인할 수 있기 때문이다. 니더호퍼의 예를 드는 이유는 그가 베이컨과 마찬가지 방식으로 시카고 대학의 학습 거미줄에 맞섰기 때문이다. 1960년대는 시카고 대학에서 효율적 시장에 대한 믿음이 절정에 달했던 시점이었다. 그러나 니더호퍼는 일반적인 금융 이론과는 대조적으로 이상異常 현상을 찾아내기 위해 데이터를 뒤졌고 일부 찾아내기도 했다. 이 과정에서 신문이 쓸모없다는 사실도 파악했는데, 신문은 예측에 도움이 되지 않는다는 점을 확인했다. 그는 편견, 논평, 이야기를 제거한 과거 데이터로부터 세상에 대한 지식을 얻었다. 이후 통계적 차익거래자statistical arbitrageur라는 사람들이 금융 산업에서 활약하기 시작했다. 초기에 성공한 사람들 일부는 니더호퍼의 제자였다. 그의 삶은 실증주의가 방법론과 분리될 수 있음을 보여준다.

니더호퍼 방식의 핵심적 신조는 '검증 가능한' 주장은 모두 검증하라는 것이다. 막연한 인상에만 의존하면 실증적으로 수많은 실수를 저지르기 때문이다(하지만 명백히 옳은 그의 주장을 실행에 옮기는 사람은 거의 없다). 검증 가능한 주장이란 계량 요소로 분해해서 통계적으로 조사할 수 있는 주장을 말한다. 예를 들어 다음 주장을 보자.

자동차 사고는 집 근처에서 발생한다.

이 주장은 사고 현장과 운전자 집 사이의 평균 거리 측정으로 검증할 수 있다(예컨대 사고의 약 20%가 집의 반경 20km 이내에서 발생했는지 확인한다). 하지만 해석에 주의해야 한다. 조사 결과를 순진하게 받아들이는 사람은 먼 곳에서 운전할 때보다 집 근처에서 운전할 때 실제로 사고 확률이 더 높다고 생각할 수도 있다. 이것은 순진한 실증주의의 전형적인 사례다. 왜 그럴까? 이는 대개 집 근처에서 운전하는 시간이 더 많기 때문이다.

이렇게 순진한 실증주의가 더 위험해지는 일도 있다. 데이터를 사용해서 어떤 주장을 반증할 수는 있어도, 절대 입증할 수는 없다. 역사 자료를 사용해서 억측을 반박할 수는 있어도, 절대 입증할 수는 없다. 다음과 같은 주장을 보자.

3개월 동안 시장이 20% 이상 하락하는 경우는 절대 없다.

나는 반례反例를 찾아내서 이 주장을 계량적으로 기각할 수는 있지만, 단지 과거에 3개월 동안 20% 이상 하락한 적이 없었다는 이유만으로 이 주장을 받아들일 수는 없다('내려간 적이 없다'로부터 '절대 내려가지 않는다'로 논리적 비약을 할 수 없기 때문이다). 표본이 크게 부족할 수도 있고, 시장이 바뀔 수도 있다.

데이터를 사용해서 가설을 입증하는 것보다는 기각하는 편이 더 안전하다. 왜 그럴까? 다음 주장을 보라.

주장 A 검은 백조는 없다. 내가 백조 4,000마리를 보았는데 검은 것이 하나도 없었기 때문이다.

주장 B 백조가 모두 흰 것은 아니다.

평생 아무리 많은 백조를 보았고 또 미래에도 볼 것이라고 해도, 나

는 A라고 주장할 수 없다. 물론 내가 확실히 세상의 모든 백조를 확인할 수 있다면 얘기는 달라진다. 하지만 반례를 하나만 발견해도 B라고 주장할 수는 있다(실제로 주장 A는 기각되었다. 호주에서 백조의 변종인 새까만 흑고니|Cygnus atratus가 발견되었기 때문이다). 비대칭을 이루고 있는 두 주장을 통해, 이후 설명할 칼 포퍼의 아이디어를 이해할 수 있을 것이다. 이러한 비대칭이 지식의 기반을 이루고 있다. 또한 내가 불확실성하에서 의사 결정을 내릴 때도 핵심적으로 고려할 사항이 된다.

사람들은 검증 가능한 주장도 좀처럼 검증하지 않는다. 검증한 결과를 감당할 수 없는 사람들에게는 이것이 좋은 방법일지도 모른다. 다음의 귀납적 주장은 방법론이나 논리 없이 과거 데이터를 곧이곧대로 해석할 때 발생하는 문제를 보여준다.

나는 부시 대통령의 인생에 대해 철저한 통계조사를 완료했다. 58년 동안 약 2만 1,000회 관찰했는데, 그는 한 번도 죽지 않았다. 따라서 높은 통계적 유의도로 그가 불사신이라고 판단할 수 있다.

니더호퍼는 옵션을 매도했다가 공개적으로 망신을 당했다. 그는 과거 데이터를 검증한 뒤, 바로 미래에 일어날 수 있는 일이라고 가정했던 것이다. 그는 "시장이 과거에 이러이러한 적이 전혀 없다"라는 주장에 의지했다. 그래서 풋옵션을 매도했는데, 그 주장이 옳다면 약간의 이익을 얻을 것이고, 틀리면 커다란 손실을 입을 터였다. 결국 그는 겨우 몇 분간 벌어진 단 한 번의 희귀사건으로 인해 수십 년 동안 모았던 이익을 모두 날리고 파산했다.

대형 사건이 벌어졌을 때 이런 사람들은 "사상 초유의 사건"이라고 말한다. 이런 반응은 과거에 없었던 일이 일어나면 망해도 어쩔 수 없다는 식이다. 어째서 과거에 발생한 최악의 사례를 앞으로 발생할 수 있는 최악의 가능성으로 보아야 하는가? 어떤 사건이 그 이전의 사건과 달라서 사람들을 놀라게 했는데, 미래 사건은 과거와 다르면 안 될 이유가 어디 있는가?

역사에서 배워야 할 가장 중요한 교훈이 하나 있다. 니더호퍼는 게임에서 상대에게 승리를 거두듯이, 적수를 누르면서 자존심과 지위를 획득하는 수단으로 시장을 이용한 것 같다. 그는 승부욕이 강한 스쿼시 챔피언이었다. 그러나 현실 세계에는 게임과는 달리 균형 잡힌 법칙이나 규정이 없다. 그는 '승리'하기 위해 사납게 싸웠다. 시장에서 손실의 대가는 승리에서 얻는 보상과는 전혀 다를 수도 있다. 단순히 승리와 패배의 문제가 아니다. 승리 확률을 극대화한다고 기댓값도 극대화되는 것이 아니다. 특히 작게 이길 확률이 높고 크게 잃을 확률이 낮을 때 더욱 그렇다. 만일 러시안룰렛처럼 낮지만 대형 손실 확률이 있는 전략을 사용한다면, 거의 모든 경우 승리를 거두다가도 어느 순간 결국 파산하고 말 것이다.

1960년대 실증주의자의 통찰과 공헌에 깊이 감사한다. 슬프게도 니더호퍼로부터 많은 교훈을 얻었고, 특히 마지막 사례에서 많이 배웠다. 그에게서 게임에 이기려는 듯한 태도로 시장에 접근해서는 안 된다는 사실을 깨우쳤다. 심지어 실제로 게임을 할 때에도 나는 숨 막히는 경쟁을 좋아하지 않으며, 숫자로 나타나는 실적에 그다지 자부심을 느끼지도 않는다. 나는 승부욕이 강한 사람들을 멀리한다. 이들은 한 해에 발표한 논문 건수를 따지거나 순위를 내세우는 등 세상만사를 계량화하기 때문이다. 자신의 집, 서재, 자동차가 동료의 것보다 크다는 이유로 자만심을 느낀다면, 이는 철학적 사고방식이 아니다. 시한폭탄을 깔고 앉아 자신이 그 분야의 1등이라고 주장하는 일은 어리석은 짓이다. 극단적 실증주의, 승부욕, 빈약한 논리를 바탕으로 추론한다면 장차 커다란 재난을 피할 수 없다.

■── 칼 포퍼를 알려준 트레이더

이번에는 내가 진정으로 존경하는 유일한 철학자 칼 포퍼를 다른 트레이더를 통해서 알게 된 과정을 설명하겠다. 나는 독서광인데도 책을 읽고 나서 행동이 바뀌는 일은 거의 없다. 어떤 책을 읽고 강한 인상을 받기도 하지만, 또 다른 책에서 새로운 인상을 받으면 이전의 인상은 곧 사라지고 만다. 나는 스스로 깨우쳐야 행동이 바뀌는 사람이기 때문이다. 스스로 배운 것이 오래간다.

그러나 칼 포퍼의 아이디어는 예외였다. 나는 트레이더 겸 자칭 철학자인 조지 소로스의 글에서 칼 포퍼를 발견했다. 그는 포퍼를 홍보하는 데 인생을 바치는 듯했다. 나는 소로스가 전하려고 의도했던 대로 포퍼를 받아들이진 않았다. 그의 경제학과 철학에 대한 견해에 동의하지 않기 때문이다.

첫째, 소로스를 매우 존경하지만, 다른 전문 사상가들과 마찬가지로 소로스의 특기는 철학이 아니라고 생각한다. 소로스는 스스로를 철학자라고 생각한다. 예를 들어, 그의 저서 《금융의 연금술The Alchemy of Finance》을 보자. 그는 자신의 사상을 거창하게도 '연역 법칙적deductive-nomological'이라는 제목을 달아 과학적으로 설명하려고 하지만, 단지 복잡한 예를 들어가며 철학자 겸 과학자 행세를 하려 했던 포스트모더니즘 작가들을 연상시킬 뿐이다. 사실 그는 개념도 제대로 잡지 못하고 있다. 이른바 '트레이딩 실험'의 성공을 근거로 자신의 이론이 타당하다고 주장한다. 한마디로 가소로운 이야기다. 이런 식이라면 나는 주사위를 던져 내 종교적 신념을 입증할 수 있고, 높은 숫자가 나왔으니 내 사상이 옳다고 주장할 수도 있다. 소로스가 투기적 포트폴리오에서 이익을 냈다는 사실로 입증할 수 있는 것은 거의 없다. 운이 좌우하는 이 세상에서 단 한 번의 실험으로는 추론할 수 있는 것이 많지 않다. 추론을 하려면 인과관계가 반복적으로 나타나야 한다.

둘째, 소로스는 경제학을 통째로 비난한다. 매우 정당한 주장일 수도 있지만, 제대로 연구를 하지 않았다. 예를 들어, 그는 '경제학자'들이 현상을 평형 상태로 수렴하는 것으로 믿는다고 썼다. 그러나 이는 일부 신고전주의 경제학에만 해당하는 이야기일 뿐이다. 가격이 일정 수준을 벗어나면 더 크게 벌어지면서 엄청난 피드백 고리를 형성한다고 믿는 경제학 이론도 많다. 이런 방향으로도 상당한 연구가 진행되었는데, 게임 이론(하사니Harsanyi, 내시Nash)이나 정보경제학(스티글리츠Stiglitz, 애커로프Akerlof, 스펜스Spence)이 그것이다. 모든 경제학을 한 바구니에 담으려는 소로스의 태도는 공정하지도 엄밀하지도 않다.

이처럼 터무니없는 조지 소로스의 글은 자신을 단지 일개 트레이더가 아닌 철학자로 여기게 하려는 의도로 보인다. 아니면 글이 그다지 학문적이지는 않지만, 나와 같은 트레이더라는 사실을 부끄럽게 생각해 트레이딩을 자신의 지성적 생활의 사소한 연장으로 삼고 싶어 하는지도 모르겠다. 어쨌든 나는 이 헝가리 사내한테 매력을 느꼈다. 평생 부자들을 수없이 만났지만 그들에게 감동해본 적도, 부자들을 역할 모델로 생각해본 적도 없다. 오히려 그 반대에 가깝다. 갑자기 부자가 된 사람들은 대개 영웅적 태도를 보이는데, 그런 부자들을 혐오한다. 그러나 소로스는 나와 같은 가치관을 지닌 유일한 부자로 생각된다. 소로스는 자신이 타당한 아이디어를 낸 덕에 우연히 부자가 된 중부 유럽의 교수로 존중받고 싶어 했다(그는 단지 다른 지성인들로부터 인정받지 못했기 때문에 돈을 벌어 우월한 지위를 얻으려 했던 것이다. 여자를 유혹하려고 아무리 노력해도 안 통하자, 마침내 빨간색 페라리를 장만한 사내와 같다). 덧붙이자면, 소로스는 글을 통해서 심오한 사상을 전달하지는 못했지만, 운을 다루는 방법은 알고 있었다. 그는 항상 지극히 개방적인 마음 자세를 유지했으며, 자신의 견해를 바꾸는 데 조금도 거리낌이 없었다. 자신이 늘 오류에 쉽게 빠진다는 걸 인정했는데, 바로 그런 이유로 대단히 강력한 존재였다. 그는 포퍼를 이해했다. 우리는 단지 글만으로 소로스를 판단해서는 안 된다. 내가 보기에 그는 포퍼다운 인생을 살았다.

사실 내가 포퍼를 전혀 몰랐던 것은 아니다. 10대와 20대 초반에 미국과 유럽에서 교육을 받을 때, 포퍼에 대해 간략하게 들어본 적이 있다. 하지만 그 당시에는 그를 이해하지도 못했고, 내 인생에 중요한 인물이 되리라고 생각지도 못했다. 당시는 무슨 책이든 닥치는 대로 읽는 나이였으므로, 한 사람에 대해 깊이 파고들 수가 없었다. 그렇게 서둘러 읽다 보니 포퍼가 중요한 인물임을 깨닫지 못했다. 당시의 지성적 유행에 길들었거나(당시에는 플라톤주의자, 마르크스주의자, 헤겔주의자 등의 사이비 지성인들이 판쳤다), 교육 시스템 탓이었거나, 아니면 내가 너무 어린데다가 출세하려고 독서를 지나치게 많이 했기 때문이다.

포퍼는 내 머릿속에서 한 조각 자취도 없이 사라졌다. 그의 사상을 기억할 만한 그럴듯한 경험이 전혀 없었기 때문이다. 게다가 트레이딩을 시작한 이후, 나는 지성인들을 비판하게 되었다. 레바논 내전으로 재산과 미래가 모두 사라져버린 후, 운에 좌우되지 않는 확실한 방법으로 돈을 벌어야 했기 때문이기도 했다(당시만 해도 지난 200년 동안 우리 가문의 모두가 누려온 안락하고 한가로운 생활을 꿈꾸며 살고 있었다). 갑자기 재정적 불안을 느꼈고, 취업 후 '근로 윤리'에 얽매여 회사의 노예로 전락하게 될까 봐 걱정했다. 나는 생각할 시간을 얻고 인생을 즐기기 위해 은행 계좌를 두둑이 채워두어야 했으며, 철학자가 되거나 동네 맥도널드에서 일하는 것만큼은 어떻게든 피하고 싶었다. 철학이란 시간이 남아도는 사람들이 즐기는 말장난이라고 생각했다. 그래서 계량적 기법이나 생산적 활동에 서툰 사람들에게나 적합한 활동이라고 여겼다. 시간 여유가 있을 때 밤늦게 캠퍼스 근처 술집에서 술을 마시면서 즐기는 심심풀이라고 생각했다. 철학에 너무 심취하면 마르크스주의 이론가가 되는 등 곤경에 처할 수도 있다고 생각했던 것이다. 그로부터 오랜 시간이 흐른 뒤, 다시 포퍼를 만나게 되었다.

장소까지 생생하게 기억한다

어떤 아이디어에 압도될 때, 사람들은 그 시간과 장소를 기억한다. 경건한 시인이자 외교관이었던 폴 클로델Paul Claudel은 천주교에 대해 대화를 나누었던 파리 노트르담 성당의 기둥까지도 정확하게 기억했다. 나도 1987년 소로스에게 영감을 얻어 포퍼의 책을 읽었던 5번가 18번 거리 반즈앤드노블 서점의 위치를 정확하게 기억한다. 그곳에서 나는 《열린 사회와 그 적들The Open Society and Its Enemies》을 50쪽 읽은 뒤, 재고가 바닥날까 두려워 그의 저서를 닥치는 대로 샀다. 서점 진열대 옆 공간에는 불이 듬성듬성 켜져 있었고, 독특한 곰팡내가 났다. 당시 계시가 내리듯 내 머릿속을 관통한 생각들을 생생하게 기억한다.

포퍼는 내가 처음 '철학자'에 대해 생각했던 것과는 정반대의 인물이었다. 그는 진지한 철학자의 전형이었다. 당시 나는 몇 년째 옵션 트레이더로 활동하고 있었는데, 학계에서 트레이딩을 철저하게 매도하는 사실에 분개하고 있었다. 내가 학계에서 제시하는 모델의 허점을 이용해 돈을 벌고 있었기 때문이다. 나는 이미 파생상품 분야에서 학계 연구에 참여해 학자들과 이야기를 시작했지만, 그들에게 금융시장의 기본 개념을 이해시키는 데 애를 먹고 있었다(학자들은 '효율적 시장 가설'을 지나치게 신봉했다). 학자들이 뭔가 중요한 요소를 빠트리고 있다는 생각이 마음속에 자리 잡았다. 그러나 그게 무엇인지 도무지 알 수 없었다. 나를 곤혹스럽게 한 것은 그들의 지식 자체가 아니라 그 지식을 알게 된 과정이었다.

포퍼의 대답

포퍼는 귀납법의 문제에 굵직한 대답을 제공했다(내가 보기에는 정답이다). 동료 철학자들은 그가 너무 고지식하다고 생각했지만(내 경우, 이 말은 칭찬에 해당한다), 과학자들에게 포퍼만큼 과학적 방법에 영향을 미친 사람은 없다. 포퍼는 과학을 문자 그대로 너무 진지하게 받아들여서는 안 된다고 생각했다. 포퍼에 따르면 이론에는 두 가지 유형만 존재한다.

(a) 검증 과정에서 오류가 드러나 기각된 이론.
(b) 아직 오류가 발견되지 않았지만, 언제든지 오류가 발견되어 기각될 가능성이 있는 이론.

왜 이론은 절대 옳지 않은가? 백조는 모두 희다는 사실을 우리는 절대 알 수 없다(포퍼는 칸트로부터 우리 인식 체계에 결함이 있다는 사상을 빌려왔다). 검증 체계가 불완전하기 때문이다. 하지만 검은 백조가 존재한다고 주장할 수는 있다. 가설을 주장하는 것은 가능하지만 이론을 입증하는 것은 불가능한 일이다. 다시 야구 코치 요기 베라식으로 표현하자면, 과거 데이터에는 좋은 정보도 많이 있지만, 나쁜 정보도 있기 때문에 문제가 되는 것이다. 그래서 이론은 잠정적으로만 수용할 수 있다. 위 두 가지 유형에 포함되지 않는 이론은 이론이 아니다. 어떤 경우에도 틀렸음이 입증되지 않아서 기각할 수 없는 이론은 사기詐欺라고 불러야 한다. 이유가 무엇일까? 점성술사들은 화성이 일직선을 이루기는 했지만 약간 부족했다고 말하며 항상 사후적으로 변명거리를 찾아내기 때문이다(내가 보기에는 트레이더들도 누구나 자신이 생각을 바꾼 이유를 갖다 붙일 수 있다). 뉴턴의 물리학과 점성술의 차이는 다음과 같은 역설이다. 뉴턴의 물리학은 거짓임이 입증될 수 있으므로 과학이지만, 점성술은 어떤 경우에도 기각될 수 없으므로 과학이 아니다. 점성술에는 항상 부가적인 가정이 따라다니므로, 거짓임을 입증할 수가 없다. 바로 이런 차이가 과학과 허튼소리를 구분하는 경계선이 된다.

더 실제적으로 말하면, 포퍼는 통계학에 문제가 많다고 생각했다. 그는 정보가 증가하면 이에 따라 지식도 항상 증가한다는 개념(통계적 추론의 기초)을 무조건 받아들이지 않았다. 그런 경우가 있을 수도 있겠지만, 언제가 그런 경우인지 알 수 없다고 생각했다(존 메이너드 케인스 같은 통찰력 있는 인물들도 같은 결론에 도달했다). 포퍼를 비난하는 사람들은 같은 실험을 되풀이하다 보면 '이론대로 잘 맞아 떨어진다'는 생각이 생겨 마음이 편해진다고 한다. 나는 첫 번째 희귀사건이 트레이딩룸을 짓밟는 모습을 본 뒤, 포퍼의 관점을 더 잘 이해하게 되었다. 포퍼는 정보가 증가해도 어떤 지식은 증가하지 않는데, 그런 지식이 무엇인지 확신할 수 없다고 걱정했다. 포퍼의 사상이 트레이더들에게 중요한 이유는, 아는 것이 아니라 모르는 것을 다룰 때 지식과 발견이 이루어지기 때문이다. 그는 다음과 같은 유명한 말을 남겼다.

이들은 대담한 아이디어가 있지만, 자신의 아이디어에 대해 매우 비판적이다. 이들은 우선 자신의 아이디어가 틀리지 않았는지 확인하려고 노력한다. 자신의 추측을 반박하려고 대담한 추측과 엄격한 검증을 시도한다.

여기서 '이들'은 과학자들이다. 그러나 누구라도 상관없다.

전체 맥락에서 보면, 포퍼는 과학의 성장에 대해 반기를 든 셈이다. 포퍼는 지성적인 면에서 철학에 극적인 변화를 불러왔다. 4장 빈학파에서 보았듯이, 철학을 말과 수사학의 분야로부터 엄격한 과학으로 바꾸려고 노력했다. 19세기 프랑스에서 오귀스트 콩트Auguste Comte가 이른바 실증주의positivism를 개척한 뒤, 이런 사람들을 논리 실증주의자라고 부르기도 했다(여기서 실증주의는 세상 만물을 과학적으로 설명해야 한다는 주장이다). 이는 사회과학에 산업혁명을 일으킨 것과 같았다. 실증주의에 대해 숙고하지 않을 경우, 포퍼는 실증주의를 무력화하는 인물이 된다. 그는 입증이 불가능하다고 주장하기 때문이다. 그에게는 입증이 다른 어느 것보다도 위험했다. 극단적 관점에서 보면, 포퍼의 사상은 고지식하고도 원초적이다. 그러나 효과가 있다. 비판자들이 그를 고지식한 거짓 입증주의자라고 불렀던 사실을 기억하라.

나 역시 지극히 고지식한 거짓 입증주의자다. 왜 그런가? 이 방법으로 생존할 수 있었기 때문이다. 나는 극단적인 포퍼주의를 다음과 같이 실행에 옮겼다. 세상을 보는 이론들을 바탕으로, 어떤 희귀사건이 일어나도 손해를 입지 않도록 투기 활동을 벌였다. 실제로는 희귀사건으로부터 이득을 얻기도 했다. 내가 생각하는 과학은 자칭 과학자라고 생각하며 돌아다니는 사람들이 생각하는 과학과 다르다. 과학은 단지 성찰이며 추측에 불과하다.

열린 사회

포퍼의 거짓 입증은 열린 사회라는 개념과 밀접하게 연결되어 있다. 열린 사회는 영원한 진실이 존재하지 않는 사회다. 그래서 대항 아이디어의 등장이 허용된다. 포퍼는 그의 친구이자 자제력 강한 경제학자 폰 하이에크von Hayek와 아이디어를 공유했는데, 하이에크는 자본주의에서는 가격이 정보를 퍼뜨려 관료적 사회주의를 질식 상태로 몰아갈 수 있다고 주장했다. 거짓 입증과 열린 사회의 개념 둘 다 내가 트레이딩하면서 운을 다루는 엄격한 기법과 반反 직관적으로 연결되어 있다. 운을 다룰 때에는 분명 열린 마음이 필수적이다. 포퍼는 모든 유토피아 사상이 자신에 대한 반박을 억압하므로 필연적으로 닫혀 있다고 믿었다. 이처럼 거짓 입증의 길을 열어두지 않은 사회 모델은 전체주의다. 열린 사회와 닫힌 사회의 차이 외에, 나는 포퍼로부터 열린 마음과 닫힌 마음의 차이도 배웠다.

완벽한 사람은 없다

나는 포퍼라는 인간의 과장 없는 모습을 일부 알고 있다. 그의 사생활을 본 사람들은 그가 포퍼답지 않다고 말한다. 포퍼와 30년 가까이 친구로 지낸 철학자 겸 옥스퍼드 대학 학장 브라이언 매기Bryan Magee는 그가 세속적인 생활에서 벗어나 자신의 연구에만 집중했다고 전한다. 그는 92년의 인생에서 후반 50년 동안 세상과 격리된 채 외부로부터 자극과 영향을 받지 않았다. 또한 포퍼는 경력과 사생활의 의미를 이해하지 못하면서도 사람들에게 확신을 담아 경력과 사생활에 대해 조언을 제공했다. 물론 이것은 포퍼 자신의 신념과 철학에 정면으로 어긋나는 행위였다.

젊은 시절에도 그의 생활은 나을 바가 없었다. 빈학파 사람들은 그를 회피했는데, 사상이 달라서가 아니라 그의 사생활에 문제가 있었기 때문이다. "그는 명석했지만 자기중심적이었으며, 정서가 불안하고 오만한데다가 화를 잘 내고 독선적이었다. 남의 말에 귀를 기울이지 않았으며, 어떻게든 논쟁에서 이기려고만 들었다. 그는 집단 역학을 이해하지 못했고, 타협할 줄도 몰랐다."

사상을 제시하는 사람과 그 사상을 실행에 옮기는 사람이 다르다는 이야기는 하지 않겠다. 다만 흥미로운 행태만 지적하고자 한다. 우리는 논리적이고 합리적인 사상을 좋아하지만, 이를 실행하는 일은 즐기지 않는다. 이상하게 들릴지 모르지만, 아주 최근에야 이런 사실이 밝혀졌다(인간은 유전적으로 합리적인 사고나 행동이 어려운 존재다. 인간은 다만 단순한 환경에서 유전자 전달 확률을 극대화하도록 만들어졌을 뿐이다). 역시 이상하게 들리겠지만, 극단적으로 자기 비판적인 조지 소로스가 오히려 포퍼보다도 더 포퍼답게 살고 있다.

귀납법과 기억

인간의 기억은 귀납적 추론을 수행하는 커다란 기계와 같다. 기억에 대해 생각해보라. 임의적 사건들을 기억하는 편이 더 쉬운가, 아니면 논리적으로 연결되는 이야기를 기억하는 편이 더 쉬운가? 인과관계가 있으면 기억하기가 더 쉽다. 우리 두뇌가 정보를 보관하려고 큰 수고를 하지 않아도 된다. 정보의 크기도 더 작다. 귀납법이 정확히 무엇인가? 귀납법은 수많은 개별 사항들로부터 일반론을 도출한다. 일반론은 개별 사항들의 집합보다 기억 공간을 훨씬 적게 차지하므로, 다루기도 매우 간편하다. 그러나 이런 압축의 결과 우연을 감지하는 능력도 감소한다.

파스칼의 내기

귀납법의 문제를 다루는 방법을 마지막으로 제시하겠다. 철학자 파스칼은 신의 존재를 믿는 것이 인간에게는 최선의 전략이라고 주장했다. 실제로 신이 존재한다면 신을 믿는 사람은 보상받을 것이다. 설사 신이 존재하지 않더라도, 신을 믿는다고 해서 손해 볼 것은 없다. 따라서 우리는 지식의 비대칭을 받아들여야 한다. 통계학과 계량경제학이 유용한 상황도 있다. 그러나 인생을 그런 것에 의지하고 싶지 않다.

파스칼과 마찬가지로, 나도 다음과 같이 주장한다. 통계라는 과학이 나에게 이득이 된다면, 주저 없이 사용할 것이다. 반면 내게 위협이 된다면 사용하지 않을 것이다. 나는 아무 위험 없이 과거를 최대한 이용하고 싶다. 따라서 통계학과 귀납적 기법들을 적극적으로 활용하겠지만, 위험을 관리하는 용도로는 사용하지 않을 생각이다.

놀랍게도 내가 아는 장기간 생존한 트레이더들은 모두 같은 방법을 사용했다. 이들은 (과거 역사를 포함해서) 어떤 관찰에서 얻은 아이디어를 바탕으로 트레이딩을 하지만, 포퍼주의 과학자들과 마찬가지로 자신의 추측이 틀렸을 때 치러야 하는 대가도 확실하게 한정한다(이들은 확률을 과거 데이터로부터 도출하지 않는다). 카를로스나 존과는 달리, 이들은 트레이딩 전략을 수행하기에 앞서 어떤 사건을 기준으로 추측의 정확성을 판단해야 하는지 알고 있으며, 이에 대비한다(카를로스와 존은 과거 역사를 사용해서 추측도 하고 위험도 측정했다). 이들은 기준이 되는 사건이 발생하면 거래를 중단한다. 이것이 이른바 손절매損切賣, stop loss로서, 희귀사건으로부터 자신을 방어하기 위해서 미리 탈출 기준을 정해놓는 행위다. 나는 손절매를 실행하는 경우가 드물다.

솔론에게 감사를

솔론의 천재적인 통찰에 관해 글을 쓴 덕에 나의 생각과 사생활 모두 엄청난 영향을 받았음을 밝힌다. 1부를 쓰고 나서 언론 및 업계 사람들과 거리를 두고 지내온 나의 생활이 옳았다고 더욱 확신하게 되었다 (사실 나는 대부분 투자자와 트레이더들을 갈수록 더 경멸하고 있다). 그들과 어울렸다면, 나 역시 사람과 문화 속에 휩쓸리려는 뿌리 깊은 욕망으로 인해 결국 다른 사람들을 닮게 되었을 것이다. 그러나 사람들에게서 멀찍이 떨어져 있었기 때문에 운명을 더 잘 통제할 수 있었다.

현재 나는 고전을 읽으면서, 어린 시절 이후 느껴보지 못한 전율을 즐기며 다음 단계를 생각하고 있다. 예컨대 19세기처럼 정보가 적고 더 결정론적인 시대를 재창조하되, 몬테카를로 엔진과 같은 기술적 혜택, 의료 기술의 혜택, 우리 시대의 사회정의의 혜택을 모두 누리는 것이다. 그러면 모든 일에서 최고만을 누리는 셈이다. 이런 것이야말로 진화라고 불러야 한다.

Part 2

타자기 치는 원숭이

생존편향, 우연의 일치, 비선형

셀 수 없이 많은 원숭이를 튼튼한 타자기 앞에 앉혀놓고 멋대로 타자기를 두들기게 한다면, 그중 하나는 분명 《일리아드》와 같은 작품을 똑같이 찍어낼 것이다. 그러나 이것은 그다지 흥미로운 개념이 아니다. 그런 작품이 나올 확률이 터무니없이 낮기 때문이다. 하지만 한 단계 더 추론해보자. 《일리아드》를 찍어낸 영웅적인 원숭이를 발견했다면, 그 원숭이가 다음번에는 《오디세이》를 찍어낼 것이라는 내기에 평생 모은 재산을 걸 사람이 있을까?

이런 가상 실험에서 흥미로운 것은 두 번째 단계다. (《일리아드》를 찍어낸) 과거 실적을 바탕으로 미래 실적을 예측하는 작업이 얼마나 타당한가? 과거 실적의 시계열에 의존해서 내리는 의사 결정 역시 마찬가지다. 인상적인 과거 실적을 보유한 원숭이가 문을 열고 등장한다고 생각해보라. 그 원숭이는 《일리아드》를 저술했다.

추론의 과정에서 일반적으로 발생하는 문제는, 데이터로부터 결론을 도출하는 전문가들이 더 빠르고 확실하게 함정에 빠진다는 사실이다. 데이터의 양이 많아질수록 정보에 빠져 허우적거리기 쉽다. 사람들은 흔히 다음과 같은 원칙을 바탕으로 결정을 내린다. "누군가 지속적으로 좋은 실적을 올린다면, 순전히 우연은 아닐 거야. 실력이 있으니까 과거 실적이 뛰어나겠지." 그는 성공 가능성에 대해 나름대로 원칙을 세운 다음, 누군가 과거에 뛰어난 실적을 올렸다면 그가 미래에도 뛰어난 실적을 올릴 가능성이 크다고 생각한다. 그러나 기대와 달리 평범한 실적이 나오기 쉽다. 확률에 대해 어설프게 알면 전혀 모를 때보다 더 안 좋을 수 있다.

■······ 원숭이 숫자에 달렸다

누군가 과거에 뛰어난 실적을 올렸다면, 나는 그가 미래에도 뛰어난 실적을 올릴 가능성이 있음을 부인하지 않는다. 그러나 가능성은 너무도 미미해서 의사 결정에 아무 소용이 없을 정도다. 왜 그럴까? 두 가지 요소에 좌우되기 때문이다. 두 요소는 그 활동에서 우연이 차지하는 비중과 원숭이의 숫자다.

우선, 표본 숫자가 매우 중요하다. 타자기를 친 원숭이가 다섯 마리라면, 나는 《일리아드》를 친 원숭이에게 깊이 감명받을 것이고, 심지어고대 시인이 환생한 것이 아닌지 의심할 것이다. 만일 원숭이 숫자가 10억의 10억 거듭제곱이었다면 나는 그다지 감동하지 않을 것이다. 오히려 그중 한 마리가 우연히 유명 작품을 찍어내지 않는 것에 더 놀랄 것이다(카사노바의 《나의 편력Memoirs of My Life》이 나올지도 모른다). 심지어한 마리는 전직 부통령 앨 고어의 《위기의 지구Earth in the Balance》를 상투적 표현을 뺀 채 찍어낼지도 모른다.

비즈니스 세계는 운에 크게 좌우되므로 이런 문제가 더 심각하게 발생한다. 사업가의 숫자가 많아질수록 그중 한 사람이 우연히 탁월한 실적을 올릴 가능성도 커진다. 그러나 나는 원숭이 숫자를 세는 사람을본 적이 없다. 마찬가지로, 증권시장에서 투자 성공 확률을 계산하기위해서 투자자 수를 세는 사람도 본 적이 없다.

▪━━ 더 고약한 현실

원숭이 문제에는 다른 측면도 있다. 현실 세계에서는 원숭이에 해당하는 인간의 숫자를 셀 수 없을뿐더러 아예 볼 수도 없다. 이들은 숨겨져 있기 때문에 오로지 승자만 볼 수 있다. 실패한 사람들이 조용히 사라지는 것은 당연하다. 따라서 사람들은 생존자만 보게 되며, 그래서 확률을 잘못 인식하게 된다. 사람들은 확률이 아니라 승자에 대한 사회적 평가에 반응하게 된다. 네로 튤립이 그러했듯이, 확률을 공부한 사람조차 사회적 압력에 대해서 어리석은 반응을 보인다.

1부에서는 사람들이 희귀사건을 이해하지 못해서 발생 가능성이나 그로 말미암은 무시무시한 결과를 받아들이지 못한다는 점을 설명했다. 하지만 희귀사건에 의한 변형은 논외로 하더라도, 희귀사건에 관련된 사람들의 편향적 관점을 설명하지 않는다면 이 책이 완벽하다고 보기 어렵다. 2부의 내용은 더 단조롭다. 지금은 운에 대한 편향이 관련 문헌에서 풍부하게 논의되고 있으므로, 종합적으로 간략하게만 설명하려고 한다. 이러한 편향은 다음과 같이 요약할 수 있다.

(a) 우리는 승자만 보기 때문에 확률을 보는 관점이 왜곡된다.
(b) 엄청난 성공의 원인은 대부분 운이다.
(c) 인간은 생물학적 장애 탓에 확률을 이해하기 어렵다.

CHAPTER 08
넘쳐나는 이웃집 백만장자들

생존편향에 대한 설명. 파크 애버뉴에서 살면 안 되는 이유. 누추한 옷차림의 이웃집 백만장자들. 넘쳐나는 전문가들.

■── 패배의 쓴맛을 피하는 법

소박한 행복

마크는 아내, 세 자녀와 함께 뉴욕 시 파크 애버뉴에 살고 있다. 불황이든 호황이든 매년 50만 달러를 번다. 그는 호황이 지속되리라 기대하지 않으며, 최근 갑자기 늘어난 소득에 대해서도 아직 심리적으로 적응되지 않은 상태다. 40대 후반이지만, 살찌고 펑퍼짐한 외모여서 실제 나이보다 10년은 더 늙어 보인다. 그는 뉴욕 시 변호사로서 맨해튼의 조용한 주거지역에 살며 겉보기에 안락한 생활을 누리고 있다. 마크는 분명 밤늦게 술집을 전전하거나 고급 살롱에서 파티를 즐길 사람은 아니다. 그는 장미 정원이 딸린 별장을 가졌고, 같은 나이 또래 사람들과 마찬가지로 물질적 안락, 건강, 지위에 대해서 관심이 많다. 주 중에는 밤 9시 반은 되어야 퇴근하며, 때로는 거의 자정까지 근무하기도 한다. 주말이 되면 마크는 너무 고단해서 '별장'까지 차로 이동하는 세 시간 내내 곯아떨어진다. 그래서 토요일에는 대부분 침대에 누운 채 시간을 보낸다.

마크는 중서부 소도시에서 자랐는데, 그의 아버지는 세무사로서 늘 뾰족하게 깎은 노란 연필을 사용했다. 아버지처럼 그도 뾰족한 연필에 무척이나 집착했기 때문에 항상 주머니에 연필깎이를 갖고 다녔다. 마크는 아주 어렸을 때부터 학업에 두각을 나타냈다. 고등학교 시절의 성적은 매우 탁월했다. 그는 하버드를 거쳐 예일대 법학대학원을 나왔다. 누가 보더라도 꽤 훌륭한 학력이다. 이후 회사법을 전공했고, 뉴욕의 유명 법률회사에서 대형 소송 사건을 담당했는데, 이 닦을 시간도 부족할 정도로 바빴다. 이렇게 말해도 과장이 아닌 것이, 거의 매일 저녁을 회사에서 먹었다. 몸이 불었고, 이와 비례해서 상사로부터 받는 점수도 불어났다. 그는 관례대로 7년 이내에 파트너 자리에 올랐지만, 개인적으로 지불한 대가는 관례를 넘어서는 수준이었다. 대학에서 만난 첫 번째 아내는 늘 집을 비우더니 대화가 통하지 않는 변호사 남편에게 진저리를 내며 떠났다. 그러나 아이러니하게도 그녀는 나중에 다른 뉴욕 변호사와 동거하다가 결혼했는데, 아마 대화는 마찬가지로 무미건조했어도 그녀를 더 행복하게 해주었던 듯하다.

과로

마크는 몸이 갈수록 불어나서 때때로 속성 다이어트를 했음에도 주기적으로 새 옷을 맞춰야 했다. 이혼당한 충격을 극복하고 나서, 변호사 보조원 재닛과 데이트를 시작했고 곧 결혼했다. 이들은 잇달아 세 자녀를 낳았고, 파크 애버뉴 아파트와 별장을 구입했다.

재닛이 가깝게 알고 지내는 사람들은 자녀가 다니는 맨해튼 사립학교의 학부모와, 같은 아파트에 사는 이웃들이었다. 물질적 관점에서 보면, 마크 부부는 지역 공동체에서 하류에 속했는데, 아마도 이웃들 가운데 가장 돈이 없을 터였다. 같은 아파트에는 엄청나게 성공한 기업 임원, 월스트리트 트레이더, 전성기를 구가하는 기업가들이 거주하고 있었기 때문이다. 자녀가 다니는 사립학교에는 기업 사냥꾼들의 젊고 아름다운 아내가 낳은 아이들이 많았다. 반면 마크의 아내는 남편과 마찬가지로, 장미 정원이 딸린 별장에 어울릴 만한 수수한 외모였다.

당신은 실패자

잦은 야근 때문에 출퇴근이 불가능할 지경이었으므로, 마크가 맨해튼에 집을 마련한 것은 합리적인 선택으로 보였다. 그러나 아내 재닛은 엄청난 대가를 치러야 했다. 왜 그랬을까? 상대적인 빈곤감 때문이었다. 파크 애버뉴 이웃들은 너무도 화려했다. 거의 매달 한 번씩 재닛은 위기를 맞았다. 학교에서 만나는 다른 학부모나, 같은 아파트 엘리베이터에서 만나는 여자의 큼직한 다이아몬드 반지에 기가 죽어 굴욕감과 스트레스를 받았다. 게다가 아파트 평수도 가장 작지 않은가? 왜 남편은 남들만큼 성공하지 못할까? 똑똑하고 항상 열심히 일하지 않는가?

SAT에서 1,600점 가까이 받지 않았던가? 재닛을 아는 척하지도 않는 여자의 남편은 수억 달러를 벌었는데, 하버드와 예일을 나오고 IQ도 높은 자기 남편은 왜 돈을 벌지 못했을까?

마크와 재닛이 사생활에서 겪는 딜레마를 너무 깊이 다루지는 않겠지만, 이들의 사례는 생존편향에서 아주 흔히 나타나는 심리적 효과를 보여준다. 재닛은 남편이 상대적으로 실패자라고 느낀다. 그러나 이는 전반적으로 확률을 잘못 계산한 결과다. 잘못된 표본을 사용해서 순위를 도출했기 때문이다. 미국 인구와 비교하면 마크는 매우 탁월한 실력을 발휘하여 전체의 상위 0.5%에 속했다. 고등학교 동창과 비교해봐도 지극히 뛰어난 실적이다. 정기적으로 동창회가 열려서 실적을 비교해볼 수 있다면, 그가 단연 최고일 것이다. 하버드 동창과 비교하더라도, 그는 금전적으로 동창의 상위 10%에 속해 있다. 예일 법학대학원 동창과 비교해도 60%를 앞지른 실적이었다. 하지만 같은 아파트 이웃들과 비교하면 그는 바닥이었다. 왜 그럴까? 가장 성공한 사람들이 모여 사는 아파트에서 살고 있기 때문이다. 다시 말해서, 실패한 사람들은 이 아파트에 살 수 없기에 그가 도무지 신통치 않은 것처럼 보인다는 뜻이다. 파크 애버뉴에 살면 실패한 사람들은 보이지 않고, 성공한 사람들만 보게 된다. 사람들은 아주 작은 공동체에 속해서 산다. 그래서 자신이 살고 있는 좁은 거주지를 벗어나 넓은 관점에서 자신을 평가하기가 어렵다. 상당한 심리적 고통을 겪는 이유가 여기에 있다. 재닛은 매우 성공한 남자와 결혼했지만, 남편을 공정하게 평가해주는 표본과 비교할 수 없기 때문에 상대적인 패배감을 느끼게 되었다.

사람들은 자신의 실적을 제대로 인식하지 못할 뿐 아니라 사회적 쳇

바퀴 효과에서도 벗어나기 어렵다. 즉, 부자가 되어 부자 동네로 이사하고 나면, 또다시 상대적 빈곤감에 시달리게 된다. 여기에 심리적 쳇바퀴 효과가 가세한다. 풍요로운 생활에 익숙해지면 만족의 기준이 높아진다. 사람들이 재산으로는 절대 만족감을 느끼지 못하는 문제가 행복에 관한 연구의 주요 과제가 되고 있다.

누군가 재닛에게 합리적으로 제안할 수도 있다. "계량 트레이더가 인생의 운에 대해서 쓴 《행운에 속지 마라》를 읽어봐. 그 책에서 통계적 관점을 배우면 기분이 나아질 거야." 나는 이 만병통치약을 책 한 권 가격에 판매하지만, 약효는 기껏해야 한 시간가량 지속될 것이다. 재닛에게는 더 과감한 방법이 필요하다.

거듭 말하지만, 인간은 본래 합리적인 생각을 하기도 어렵고, 사회적 모욕감을 참기도 어렵다. 합리적 인간이 된다고 위안을 얻는 것이 아니다. 트레이더 생활을 하면서 나는 기질을 거슬러가며 합리적으로 생각하고 행동하려 해도 아무 소용없다는 사실을 깨달았다. 나라면 재닛에게 블루칼라 이웃이 섞여 사는 곳으로 이사하라고 충고하겠다. 그러면 이웃으로부터 상대적 빈곤감을 느끼는 일도 줄어들 것이고, 성공의 측면에서도 서열이 높아질 것이다. 희귀사건에 의한 변형을 유리한 쪽으로 이용할 수 있다. 그래도 계속 재닛이 사회적 지위에 연연해 한다면, 나는 대단위 주거지로 이사하라고 권하겠다.

이중 생존편향

넘치는 전문가들

베스트셀러《이웃집 백만장자》를 읽은 적이 있다. 공동 저자인 두 '전문가'는 부자들의 공통 속성을 추론했는데, 재미있기는 했지만 독자들을 엄청나게 오도하는 책이었다. 저자들은 현재 부유한 사람들을 조사했고, 이들이 사치스럽게 살지 않는다는 사실을 발견했다. 재산을 모으려고 소비를 기꺼이 미루는 사람들이었으므로, 저자들은 이들을 '축적하는 사람들'이라고 불렀다. 이 책에서 가장 호소력 있는 내용은 단순하지만 우리의 직관을 거스르는 사실인데, 부자들은 대체로 부자처럼 보이지 않는다는 것이다. 부자처럼 보이고 부자처럼 행세하려면 돈이 들기 때문이다. 부유한 생활을 누리려면 시간도 필요하다. 최근 유행하는 옷도 사야 하고, 보르도 와인에도 정통해야 하며, 고급 레스토랑도 알아야 한다. 이런 활동에는 시간이 많이 들기 때문에, 무엇보다도 중요한 재산을 축적하는 일에 소홀해질 수밖에 없다. 이 책이 주는 교훈은 가장 부유한 사람들은 부자처럼 보이지 않는 사람들 가운데 있다는 말이다. 반면, 부자처럼 보이고 부자처럼 행세하는 사람들은 이 과정에서 재산이 축나기 때문에, 계좌에 회복할 수 없는 커다란 타격을 입는다.

나는 재산으로 인한 가시적인 혜택을 누리려 하지 않고 오로지 돈을 모으기만 하는 것이 뭐 대수냐고 깎아내릴 생각은 없다. 하지만 워런 버핏 같은 억만장자가 되기 위해 개인적 습관, 지적 즐거움, 생활 수준을 희생할 생각은 별로 없다. 작은 집에 살면서 검소한 생활을 받아들여야 한다면, 부자가 될 이유도 없다. 사람들은 버핏이 억만장자이면서도 검소한 생활을 한다고 입을 모아 칭송하지만, 이해할 수가 없다. 검소한 생활이 목적이라면, 버핏은 수도사가 되거나 사회사업가가 되어야 한다. 부자가 된다는 것은 순전히 이기적인 행위이지 공익적 행위가 아님을 기억해야 한다. 자본주의 사회의 장점은 박애가 아니라 탐욕을 이용할 수 있다는 점이다. 다만, 탐욕을 찬양할 필요까지는 없다(조지 소로스 같은 극소수 인물을 제외하면, 나는 부자들에게 감동하지 않는다). 부자가 되는 행위는 도덕적 성취가 아니며, 이런 내용 때문에 이 책이 잘못됐다고 하는 것이 아니다.

앞에서 보았듯이, 《이웃집 백만장자》에 등장하는 영웅들은 투자를 위해 소비를 미루면서 재산을 축적하는 사람들이다. 이런 전략이 효과적이라는 점은 부인할 수 없다. 돈을 낭비하면 결실이 없기 때문이다. 하지만 이 책에서 약속하는 혜택은 지나치게 과장되었다. 이 책의 가정을 자세히 살펴보면 표본에 생존편향이 이중으로 들어가 있다. 다시 말해, 두 가지 중대한 결함이 있다.

승자만 눈에 띈다

첫 번째 편향은 표본에 포함된 부자들이 운 좋은 원숭이들로만 구성되었다는 사실이다. 저자들은 자신이 오로지 승자들만 보았다는 통계적 오류를 수정하지 않았다. 엉뚱한 자산을 축적한 사람들에 대해서는 전혀 언급하지 않았다(내 가족은 엉뚱한 자산을 모으는 데 선수들이다. 외국 통화를 사면 곧 평가절하되었고, 주식을 사면 금방 부도가 났다). 투자에 운이 좋았던 일부가 부자가 되었다는 사실이 어디에도 언급되지 않았다.

이런 사람들은 틀림없이 투자에 관한 책을 쓸 것이다. 편향을 수정하는 방법이 있다. 부자들의 평균 재산을, 예컨대 50% 정도 줄이자. (실패자들이 누락되는 바람에) 조사 대상 백만장자들의 순자산이 그 정도 부풀려졌을 것이기 때문이다. 이 방식이라면 결론도 바뀔 것이다.

강세장 덕분

두 번째 결함은 더 심각한데(앞에서 귀납법의 문제를 이미 설명했다), 이 책은 역사 속의 이례적인 일화에 초점을 맞추고 있다. 그 가정을 받아들인다면, 자산의 현재 수익률이 영원히 지속된다고 인정하는 셈이다(1929년 대공황이 시작되기 전에도 사람들은 그렇게 믿었다). 2000년대 세계 경제는 사상 최대의 강세장이 이어지고 있으며 20년 동안 자산 가격이 천문학적으로 상승했다는 사실을 기억하라. 주가지수도 1982년 이후 거의 20배로 상승했다. 이와 같은 이유로 표본에 포함된 거의 대부분의 사람들은 자산 가격 상승으로 부자가 되었다. 다시 말해서, 1982년 이후 시작된 자산 인플레이션 때문에 부자가 되었다는 뜻이다. 이런 강세장을 벗어나서 다른 기간에 똑같은 투자전략을 구사했다면, 결과는 전혀 달라졌을 것이다. 주가가 계속해서 하락했던 1982년이나, 주식시장에 대한 대중의 관심이 사라진 1935년에 이 책이 쓰였다고 상상해보라.

아니면 외국 주식시장에 투자했다고 가정해보자. 값비싼 장난감을 사거나 스키 여행을 즐기는 대신, 나의 할아버지처럼 레바논 국채나 마이클 밀큰Michael Milken의 정크본드에 투자했다면 어떤 운명을 맞이했을까? 역사를 거슬러 올라가서 니콜라스 2세 황제의 서명이 담긴 러시아제국 채권을 매입했거나, 나의 증조부처럼 1930년대에 아르헨티나 부동산을 매입했다고 상상해보라.

생존편향을 무시하는 것은 전문가들도 상습적으로 저지르는 실수다. 왜 그럴까? 우리가 보이지 않는 정보는 무시하고 눈앞에 보이는 정보만 이용하도록 길들었기 때문이다. 지금도 미국과 유럽의 연기금 및 보험사들은 각종 통계자료를 내세우면서, "장기적으로는 주식의 수익률이 항상 9%였다"고 주장한다. 통계가 옳기는 하지만, 지나간 역사일 뿐이다. 나는 4만 종목의 증권 중에서 매년 빠짐없이 수익률이 두 배가 되었던 증권도 찾아서 보여줄 수 있다. 이런 증권에 사회복지연금을 투자해야 할까? 간단하게 요약하겠다. 우리는 수많은 대체역사 가운데 실현된 사건 하나를 보고 이를 가장 대표적인 사건으로 착각하는 경향이 있다. 생존편향은 실적이 가장 좋은 사건이 가장 눈에 잘 띈다는 뜻이다. 왜 그럴까? 패배자는 모습을 감추기 때문이다.

■── 전문가의 의견

자산운용 산업에는 전문가들이 넘쳐난다. 분명 펀드 산업은 운이 지배한다. 그래서 적절한 추론 훈련을 받지 않은 전문가들은 함정에 빠지게 된다. 지금도 그런 전문가들이 투자 책을 쓰고 있다. 동료 한 사람과 함께 그는 가장 실적이 나쁜 펀드매니저에게 투자하는 '로빈후드' 전략의 성공률을 계산하였다. 이것은 실적이 좋은 펀드를 해지하여 실적이 나쁜 펀드에 투자하는 방법이다. 이는 실적이 나쁜 펀드를 해지하여 실적이 좋은 펀드에 투자하는 전통적 방식과는 반대다.

이런 전략을 가상으로 실행했을 때, 실적 좋은 펀드에 계속 투자하는 경우보다 실적이 나쁜 펀드로 갈아타는 경우의 수익률이 더 좋은 것으로 나왔다. 이들은 이런 가상 사례를 통해서, 일반 투자자들처럼 실적 좋은 펀드에 계속 투자하는 대신, 실적이 나쁜 펀드로 옮겨 타야 한다고 주장하는 듯하다.

그러나 이들의 분석에는 대학원생 정도면 누구나 짚어낼 수 있는 심각한 결함이 있다. 이들의 표본이 생존한 펀드로만 구성되어 있다는 점이다. 도중에 청산된 펀드들을 고려하지 않았던 것이다. 시뮬레이션 기간에도 운용되었고 오늘날에도 여전히 운용되고 있는 펀드들만 표본에 포함되었다는 말이다. 물론 실적이 나쁜 펀드도 있었지만, 청산되지 않고 회복된 펀드들만 표본에 포함되었다. 따라서 한 시점에는 실적이 나쁘지만 나중에 실적이 회복된 펀드에 투자한다면 수익률이 높은 것은 당연하다. 후견지명을 이용하는 셈이기 때문이다.

제대로 시뮬레이션을 하려면 어떻게 해야 하는가? 예컨대 5년 전에 존재했던 펀드 전체를 모집단으로 선정해서 현재까지 시뮬레이션을 시행해야 한다. 모집단에서 제외된 펀드들은 분명 실적이 나쁜 펀드로 보아야 한다. 수익성 좋은 사업에서 실적이 좋은데도 청산되는 펀드는 없기 때문이다. 이런 주제에 대해 더 기술적으로 분석하기 전에, 낙관주의라는 유행어에 대해 한마디 언급하겠다. 사람들은 낙관주의가 성공의 전조라고 말한다. 성공의 전조라니? 실패의 전조가 될 수도 있다. 낙관적인 사람들은 승산을 과신하기 때문에 분명 위험을 더 많이 떠안는다. 성공한 사람들은 부자가 되고 유명해져서 전면에 등장하지만, 실패한 사람들은 분석에서도 사라진다. 슬픈 일이다.

CHAPTER 09 증권 거래가 계란 프라이보다 쉽다

생존편향에 대한 추가 분석. 인생에 나타나는 '우연의 일치'의 분포. 실력보다 운이 낫다. 생일의 역설. 사기꾼들. 부지런한 분석가는 데이터에서 원하는 것을 무엇이든 찾아낼 수 있다. 짖지 않은 개.

오늘 오후에 치과의사와 만나기로 했다. 그는 브라질 채권에 대해서 내게 조언을 얻으려 한다. 나는 그가 치아에 대해서 잘 안다고 주저 없이 말할 수 있다. 말썽이었던 치통을 말끔히 치료해주었기 때문이다. 치아에 대해서 전혀 모른다면 제대로 된 진료가 어려울 것이다. 아니면 단지 운이 좋아서 치과의사가 되지는 않았을 거다. 진료실 벽에 걸려 있는 졸업장을 보면서, 그가 단지 운이 좋아서 수많은 시험을 통과하고 충치 수천 개를 제대로 치료했을 확률은 지극히 낮다고 생각했다.

저녁에는 카네기홀에 간다. 나는 피아니스트에 대해 아는 바가 거의 없다. 생소한 외국식 이름조차 잊어버렸다. 내가 아는 것이라곤 그가 모스크바 음악 학교에서 공부했다는 정도다. 하지만 나는 피아노 연주를 감상할 수 있다. 피아노 연주를 못 하는 사람이 단지 운이 좋아 카네기홀에서 연주할 확률은 지극히 낮을 것이다. 따라서 피아노를 모르는 사기꾼이 불협화음을 만들어낼 가능성은 완전히 배제해도 좋을 만큼 낮다.

지난 토요일에는 런던에 갔었다. 런던의 토요일은 매혹적이다. 붐비지만 주 중과 같은 부산함도 없고, 일요일에 느끼는 아쉬운 체념도 없다. 일정도 시계도 없이 나는 빅토리아 & 앨버트 박물관에서 내가 좋아하는 카노바Canova의 조각 앞에 서 있었다. 나의 직업적 사고방식이 발동해서, 이 대리석상 조각에 운이 얼마나 작용했을까 하는 의문이 떠올랐다. 조각의 몸매는 인간 모습을 사실적으로 재현했다. 내가 실제로 본 그 어떤 인간보다도 오히려 더 조화롭고 정교하게 균형을 이루고 있었다. 이렇게 탁월한 솜씨가 과연 운의 산물일까?

사실 물질세계에서 활동하는 누구에 대해서도 같은 말을 할 수 있다. 그러나 금융업계와 관련해서는 그렇게 말하기 곤란하다. 불행하게도 내일 투자 전문가를 찾는 내 친구를 위해 펀드매니저를 만나 도움을 주기로 했다. 그 펀드매니저는 이른바 좋은 실적을 보유하고 있다. 하지만 내가 추정할 수 있는 것은 그가 증권 거래를 할 줄 안다는 정도다. 그리고 증권 거래는 계란 프라이보다도 쉽다. 물론 그가 과거에 돈을 벌었다는 사실이 실력의 근거가 될 수도 있지만 그러기엔 너무도 미약하다. 그렇다고 과거 실적이 순전히 운이라는 말은 아니다. 과거 실적을 믿을 수 있는 경우도 있다. 하지만 그런 경우는 많지 않다. 짐작하겠지만, 내일 만날 펀드매니저는 나에게 질문 공세를 당할 것이다. 특히 겸손한 태도를 보이지 않거나, 운에 좌우되는 직업인으로서 자신에 대한 회의감을 드러내지 않는다면 더욱 그를 몰아세우려 한다. 자신의 과거 실적에 심취해 있는 그에게 전혀 생각지도 못했던 질문을 사정없이 퍼부을 것이다. 현대 시장이 만들어지기 이전에 마키아벨리가 인생의 50% 이상을 운이 좌우한다고 말했음을 가르치면서 말이다.

9장에서는 실적과 역사적 시계열의 반직관성counterintuitive에 대해 논의한다. 여기서 소개할 개념들은 다양한 이름으로 불리는데, 생존편향survivorship bias, 데이터 마이닝data mining, 데이터 스누핑data snooping, 과최적화over-fitting, 평균회귀regression to the mean 등이다. 이 개념들은 관찰자가 운의 중요성을 잘못 인식하기 때문에 실적을 과대평가한다는 뜻이다. 분명 사람들을 동요시키는 속성이 있다. 이런 현상은 치료법의 선택이나 우연한 사건에 대한 해석처럼 운이 일정 부분 작용하는 일반 상황에 포괄적으로 적용된다.

나는 금융 분석 기법이 장차 과학 전반에 이바지할 수 있다고 주장할 때, 데이터 마이닝 분석과 생존편향에 대한 연구를 예로 제시한다. 이러한 기법들은 금융 분야에서 발전했지만 과학 연구의 모든 분야에 적용될 수 있다. 왜 금융 분야에 이런 분석이 활발할까? 금융 분야는 주가와 같은 정보는 넘치지만 물리학처럼 실험할 수 없는 몇 안 되는 분야이기 때문이다. 이렇듯 과거 데이터에 의존하기 때문에 현저한 결함이 드러난다.

숫자에 속지 마라

가공의 펀드매니저

나는 가끔 이런 질문을 받는다. "실력 없이 단지 운만 좋았다면 어떤 사람이 되었을 것 같습니까?" 자신이 운이 좋았다고 정말로 믿는 사람은 아무도 없다. 그래서 내가 쓰는 방법은 몬테카를로 엔진으로 순전히 임의적인 상황을 만들어내는 것이다. 기존 기법과는 정반대의 방법이다. 실재 인물을 찾아내서 속성을 분석하는 대신, 우리가 속성을 정확하게 아는 가공인물을 만들어내는 것이다. 이렇게 해서 우리는 실력이나 필연에 전혀 영향받지 않고 순전히 운에만 좌우되는 상황을 만들어낼 수 있다. 다시 말해서 마음껏 비웃어줄 수 있는 가공인물을 만들어내는 것이다. 이들은 엉터리 약과 마찬가지로 애초에 아무 능력이 없는 사람으로 설계된다.

5장에서는 주어진 운에 개인의 속성이 일시적으로 적합해도 생존할 수 있음을 보았다. 여기에서는 우리가 운의 속성을 안다고 가정하여 상황을 훨씬 단순하게 설정할 것이다. 예를 들어, 고장 난 시계도 하루에 두 번은 맞는다고 보는 식이다. 여기서 한 걸음 더 나아가 통계학이 '양날의 검'임을 보여줄 것이다. 앞에서 소개했던 몬테카를로 엔진을 사용해서 가공의 펀드매니저 1만 명으로 모집단을 구성하자(동전 던지기나 산수로도 가능하므로 몬테카를로 엔진이 꼭 필요한 것은 아니지만, 그래도 이편이 더 이해하기 쉽고 재미있다). 그리고 펀드매니저 모두 완벽하게 공정한 게임을 한다고 가정한다. 각자 연말에 1만 달러를 벌 확률이나 1만 달러를 잃을 확률이 각각 50%이다. 제한 사항이 추가된다. 한 해라도 손실을 보면, 그 펀드매니저는 표본에서 완전히 제외된다. 전설적인 투기꾼 조지 소로스처럼 운영하는 것이다. 그는 펀드매니저들을 방에 모아놓고 이렇게 말했다고 한다. "내년이면 당신들 가운데 절반은 쫓겨날 거요." 소로스처럼 우리의 기준도 지극히 엄격하다. 실적이 저조한 펀드매니저에게는 관용을 베풀지 않을 것이다.

몬테카를로 엔진은 동전 던지기를 실행한다. 앞면이 나오면 펀드매니저가 1만 달러를 벌고, 뒷면이 나오면 1만 달러를 잃는다. 첫해에 동전 던지기로 실적을 결정하면, 펀드매니저 5,000명은 1만 달러를 벌고, 5,000명은 1만 달러를 잃는다. 둘째 해에도 같은 방법으로 게임을 진행한다. 두 해 연속 돈을 버는 펀드매니저는 2,500명이 될 것이다. 이어 셋째 해에는 1,250명, 넷째 해에는 625명, 다섯째 해에는 313명이 될 것이다. 이제 공정한 게임을 거쳐서 다섯 해 연속 돈을 번 펀드매니저가 313명 탄생했다. 순전히 운이 좋았던 사람들이다.

이렇게 해서 좋은 실적을 올린 펀드매니저 한 사람을 현실 세계에 내보내면, 그는 매우 흥미로운 평가를 받게 된다. 스타일이 독특하다느니, 두뇌가 명석하다느니, 기타 성공에 도움이 되었던 요소들을 열거하면서 우호적인 평가가 쏟아진다. 그의 어린 시절 경험 덕분에 성공했다고 분석하는 사람도 있다. 전기 작가는 부모가 훌륭한 역할 모델이었다고 자세히 기술할 것이다. 제작 중인 위인전에는 그의 흑백 사진도 실린다. 그러나 이듬해 우수한 실적이 행진을 중단하면(그의 승률은 항상 50%에 불과했다), 사람들은 근무 자세가 흐트러졌다거나 생활이 방탕해졌다고 비난을 시작한다. 그리고 성공할 때 했던 몇몇 행동을 중단했기 때문에 실패했다고 말할 것이다. 하지만 그는 단지 운이 다했을 뿐이다.

유능한 사람은 필요 없다

한 단계 더 나아가서 이야기를 더 재미있게 만들어보자. 우리는 무능한 펀드매니저들로만 구성된 집단을 만들어낸다. 무능한 펀드매니저를 기대수익률이 마이너스인 사람으로 정의하자. 이제 몬테카를로 엔진으로 항아리에서 공을 꺼내는 작업을 수행한다. 항아리에는 검은 공 45개와 빨간 공 55개로 모두 100개가 들어 있다. 꺼냈던 공을 다시 집어넣으므로, 빨간 공과 검은 공의 비율은 항상 일정하게 유지된다. 검은 공이 나오면 펀드매니저가 1만 달러를 벌고, 빨간 공이 나오면 1만 달러를 잃는다. 따라서 펀드매니저가 1만 달러를 벌 확률은 45%이고, 1만 달러를 잃을 확률은 55%이다. 이 경우, 펀드매니저는 평균적으로 매년 1,000달러를 잃게 된다. 그러나 이것은 어디까지나 평균이 그렇다는 말이다.

첫해 이익을 내는 펀드매니저가 4,500명 나올 것이고, 둘째 해에는 그 숫자의 45%인 2,025명이 나올 것이다. 이어 셋째 해에는 911명, 넷째 해에는 410명, 다섯째 해에는 184명이 나올 것이다. 생존한 펀드매니저들에게 이름을 지어주고 정장을 입혀보자. 물론 생존자는 원래 모집단의 2%에도 미치지 못한다. 그런데도 이들은 사람들의 관심을 끌 것이다. 사라진 98%에 대해서 언급하는 사람이 아무도 없기 때문이다. 우리는 어떤 결론을 내릴 수 있는가?

첫 번째 반직관적인 결론은 무능한 펀드매니저로만 모집단을 구성해도 소수는 뛰어난 실적을 올린다는 점이다. 실제로 펀드매니저가 당신 앞에 등장하면, 그가 유능한지 무능한지를 파악하기란 사실상 불가능하다. 장기적으로는 돈을 잃게 되는 무능한 펀드매니저로만 모집단을 구성해도 결과는 크게 다르지 않다. 왜 그럴까? 변동성 덕분에 일부는 돈을 벌기 때문이다. 여기서 변동성이 실제로 무능한 투자 결정에 도움을 준다는 사실을 알 수 있다.

두 번째 반직관적인 결론은 실적의 최대 기댓값이, 개별 펀드매니저의 승률보다, 초기 표본 규모에 더 좌우된다는 점이다. 다시 말해서 실적이 우수한 펀드매니저의 숫자는, 개별 펀드매니저가 이익을 내는 실력보다, 업계에서 활동하는 펀드매니저 숫자에 훨씬 크게 좌우된다는 뜻이다. 여기서 왜 최대 기댓값이라는 개념을 사용했을까? 나는 평균 실적에 대해서는 전혀 관심이 없고, 모든 펀드매니저가 아니라 최고의 펀드매니저만 지켜볼 것이기 때문이다. 이는 활동하던 펀드매니저 숫자가 1993년보다 2001년에 많았다면, '탁월한 펀드매니저' 숫자도 1998년보다 2006년에 더 많다는 뜻이다. 실제로 그랬을 것이라고 나는 자신 있게 말할 수 있다.

평균회귀

'농구의 연속 슛'도 사람들이 운에 대해 잘못 인식하는 사례다. 선수 숫자가 매우 많다면 그중 한 사람이 행운의 연속 슛을 길게 이어가는 것도 충분히 가능하다. 사실 누군가 연속해서 행운의 슛을 길게 이어가지 않으면 오히려 이상할 것이다. 이것이 이른바 평균회귀의 메커니즘을 보여주는 사례다. 다음과 같이 설명할 수 있다.

앞면이 나올 확률과 뒷면이 나올 확률이 각각 50%인 동전을 연속해서 던지고 그 결과를 종이에 기록한다. 동전 던지기를 계속한다면 앞면이나 뒷면이 연속해서 8회 나올 수도 있고, 심지어 10회가 나올 수도 있다. 그렇더라도 이어서 던졌을 때 앞면이나 뒷면이 나올 확률은 여전히 50%이다. 이 동전 던지기를 돈을 걸고 하는 내기라고 상상해보자. 여기서 앞면이나 뒷면이 연속해서 나오는 이상 현상은 전적으로 운 때문이다. 다시 말해서, 가공인물의 실력이 아니라 편차 때문이다(앞면과 뒷면은 확률이 같다).

실생활에서도 평균으로부터 편차가 커지면 커질수록 그것은 실력이 아니라 운 때문일 확률이 높다. 예컨대 앞면이 나올 확률이 55%라고 하더라도, 10회 연속 앞면이 나올 확률은 매우 낮다. 탁월한 실적을 올렸던 유명한 트레이더들이 얼마 안 가서 평범한 실적 속에 묻혀버리는 것만 봐도 이런 현상을 쉽게 확인할 수 있다(나는 트레이딩룸에서 이런 현상을 자주 보았다). 개인의 키나 개의 몸집에도 이런 원리가 적용된다. 몸집이 평균인 개가 한배에 새끼를 여러 마리 낳았다고 가정하자. 가장 몸집이 큰 새끼는 평균에서 크게 벗어났을 경우 자라서 자신보다 작은 새끼를 낳을 것이고, 가장 몸집이 작은 새끼는 자라서 자신보다 큰 새끼를 낳게 될 것이다. 극단치의 이러한 '회귀' 현상은 역사에서 관찰된 사실인데, 이를 평균회귀Regression to the Mean라고 부른다. 편차가 클수록 그 효과가 중요하다는 점에 유의하라.

이번에도 한마디 경고하겠다. 모든 편차에 평균회귀가 발생하는 것은 아니지만, 대부분의 경우에 발생한다.

에르고딕성

더 구체적으로 들어가보자. 사람들은 표본을 보면 분포의 속성을 파악할 수 있다고 생각한다. 그러나 가장 실적 좋은 사람들의 최대치가 중요한 경우에는 분포의 속성이 전혀 달라진다. 그래서 평균적인 분포와 생존편향이 개재된 무조건적 분포(앞의 사례에서 5년 연속 돈을 번 펀드매니저는 초기 모집단의 3%에 불과했다)는 다르다고 말한다. 게다가 이런 사례에서는 시간이 지나면 운의 효과가 사라지는, 이른바 에르고딕성이 나타난다. 이 운 좋은 펀드매니저들은 5년 연속 이익을 냈지만, 미래 어느 시점에는 본전으로 돌아갈 것이다. 이들도 일찌감치 탈락한 모집단보다 좋은 실적을 내지 못할 것이다. 장기적으로 그렇다는 말이다. 몇 년 전 나는 당시 '천하무적'으로 인정받던 A에게 과거 실적이 생각만큼 타당한 척도가 아니었다고 말한 적이 있다. 내 말에 격분한 나머지 그는 내게 라이터를 거칠게 내던졌다. 이 일화에서 많은 것을 배웠다. 실패는 운이라고 생각하지만, 성공을 운으로 받아들이는 사람은 아무도 없음을 깨달았다. '위대한 트레이더' 반열에 오르는 사람들은 자만심이 잔뜩 부풀어 올라, 자신이 성공을 거둔 이유를 사업 아이디어, 통찰력, 뛰어난 지성 덕택이라고 생각한다. 이들은 가혹했던 1994년 겨울에 모두 파산했다(앨런 그린스펀이 금리를 기습적으로 인상하자 채권시장이 붕괴됐기 때문이다). 파산하지 않았더라도 이들 중 트레이딩을 계속하는 사람을 찾아볼 수 없었다.

생존편향은 초기 모집단 규모에 좌우된다는 점을 기억하라. 과거에 이익을 냈다는 사실은 아무 의미도 없다. 우리는 먼저 모집단의 규모를 알아야 한다. 운용업계에서 활동한 펀드매니저의 숫자를 알지 못하면 실적의 타당성을 평가할 수 없다. 만일 초기 모집단이 펀드매니저 10명이라면, 나는 눈 하나 깜짝하지 않고 내 저축액의 절반을 맡길 것이다. 그러나 초기 모집단이 1만 명이라면, 나는 실적을 무시할 것이다. 후자의 경우가 일반적이다. 요즘에는 금융시장에 진출하는 사람들이 아주 많기 때문이다. 대학 졸업 후 첫 직업으로 트레이딩을 하다가 실패해서 치과대학으로 가는 사람들도 많다.

동화 속의 이야기처럼 가상의 펀드매니저들이 실제 인간이 된다면, 이들 가운데 한 명이 내가 내일 11시 45분에 만나기로 약속한 사람일지도 모른다. 하필이면 11시 45분으로 약속 시간을 정했냐고? 나는 그에게 트레이딩 스타일에 대해 물어볼 것이다. 그가 자신의 실적을 지나치게 강조한다면, 점심 약속이 있다고 말하면서 자리를 뜰 생각이다.

■── 넘치는 우연의 일치

이제 우연의 분포에 대한 착각을 실생활에 적용해보자.

신비로운 편지

1월 2일에 당신은 익명의 편지를 받는다. 편지에는 1월에 주가가 오른다고 쓰여 있다. 편지 내용대로 1월에 주가가 오르지만, 당신은 잘 알려진 1월 효과(역사적으로 1월에는 주가가 상승한다)로 치부하고 편지를 무시한다. 이어 2월 1일에도 편지를 받는다. 편지에는 2월에 주가가 내린다고 쓰여 있다. 이번에도 편지가 옳은 것으로 밝혀진다. 3월 1일에도 편지를 받게 되고, 이번에도 편지의 예측이 들어맞는다. 7월이 되자 이 통찰력 넘치는 익명의 존재가 특별한 해외 펀드에 투자하라고 권유한다. 당신은 저축을 몽땅 털어 펀드에 투자한다. 두 달 뒤 투자 금액이 사라진다. 울면서 이웃에게 사정을 털어놓자, 이웃은 자신도 익명의 편지를 두 차례 받았다고 말한다. 이웃이 받은 편지는 두 번으로 끝났다. 첫 번째 편지는 예측이 정확했지만, 두 번째 편지는 예측이 틀렸었다.

도대체 무슨 일이 벌어진 것인가? 속임수는 다음과 같다. 사기꾼은 전화번호부에서 1만 명의 이름을 고른다. 표본의 절반에게는 시장을 낙관하는 편지를 보내고, 나머지 절반에게는 비관하는 편지를 보낸다. 다음 달에 사기꾼은 편지 예측이 맞았던 5,000명에게만 마찬가지 방식으로 편지를 보낸다. 그다음 달에도 사기꾼은 나머지 2,500명에게 같은 방식으로 편지를 보낸다. 마침내 명단은 500명으로 줄어든다. 이들 가운데 200명이 사기에 희생된다. 사기꾼은 우표 값 수천 달러를 투자해서 수백만 달러를 벌어들인 것이다.

테니스 경기 광고

TV에서 테니스 경기를 시청하다 보면, 일정 기간 탁월한 실적을 올렸다는 펀드 광고가 줄줄이 쏟아지는 경우가 흔하다. 하지만 진짜 실력으로 올린 실적이라면 왜 군이 광고를 할까? 실적 좋은 펀드가 당신을 찾아간다면, 실적은 순전히 우연의 산물일 가능성이 매우 크다. 경제학자나 보험 전문가들은 이런 현상을 역逆선택이라고 부른다. 그래서 나를 찾아오는 투자 기회를 평가할 때에는, 내가 주도적으로 찾는 투자 기회를 평가할 때보다 더 엄격한 기준을 적용해야 한다. 예를 들어, 펀드 매니저 1만 명 가운데 한 사람을 고른다면, 단지 운이 좋아 생존한 펀드 매니저를 고를 확률은 100분의 2에 불과하다. 하지만 나를 찾아와서 투자하라고 권유하는 펀드라면 엉터리 펀드일 가능성이 거의 100%이다.

역 생존자

지금까지는 운이 좋은 생존자에 대해서 논의했다. 그러나 실력이 좋아서 승산이 매우 높은데도 결국 탈락해버린 사람들에게도 똑같은 논리가 적용된다. 이것은 생존편향과 정반대로 영향을 미친다. 운용업계에서는 단 두 해만 실적이 나빠도 쫓겨나므로, 실력이 우수한 사람에게도 이런 불행이 얼마든지 일어날 수 있다. 그렇다면 사람들은 생존하기 위해 어떻게 대처하는가? 이들은 생존 확률을 극대화하기 위해서 존이나 카를로스처럼 위험을 떠안는다. 그러면 대개는 좋은 실적을 올리게되지만, 동시에 파산할 위험도 떠안게 된다.

생일의 역설

통계학을 모르는 사람에게 데이터 마이닝의 문제점을 인식시키는 가장 직관적인 방법은 이른바 생일의 역설을 설명하는 것이다. 그러나 실제로 이것은 역설이 아니라, 인식상의 착각이다. 당신이 누군가를 우연히 만났을 때, 생일이 일치할 확률은 365.25분의 1이다. 그리고 생년까지 일치할 확률은 이보다 훨씬 낮다. 따라서 이렇게 생일이 일치한다면 이는 저녁 식사 시간에 화제가 될 만큼 보기 드문 우연의 일치라 하겠다. 이번에는 한 방에 23명이 모여 있는 상황을 생각해보자. 그중 아무나 두 사람의 생일이 일치할 확률이 얼마라고 생각하는가? 약 50%나 된다. 특정인과 생일이 일치해야 한다고 제한하지 않았으므로 확률이 높아진 것이다.

세상 참 좁다

전혀 뜻밖의 장소에서 우연히 친척이나 친구를 만났을 때에도, 확률에 대해 이와 비슷한 착각을 일으키게 된다. 사람들은 깜짝 놀라 "세상참 좁다"고 외친다. 하지만 이런 일은 그다지 드물지 않다. 세상이 생각보다 훨씬 넓은데도 말이다. 이는 우리가 특정 시간과 장소에서 특정인과 만날 확률을 계산한 것이 아니기 때문이다. 아무 시점, 아무 장소에서나 과거에 만났던 사람 누구를 만나더라도 모두 해당 사건으로 인식했다. 후자는 전자보다 아마도 수천 배나 확률이 높아진다.

정치적 발언과 주식시장 변동성의 관계처럼 특정 사건의 상관관계를 파악하려고 데이터를 분석한다면 그 결과는 의미가 있을 것이다. 그러나 단지 아무 관계나 찾아보려고 컴퓨터에 데이터를 퍼붓는다면, 주식시장과 치마 길이의 관계처럼 단지 우연한 관계가 틀림없이 나타날것이다. 그러면 생일이 일치할 때와 마찬가지로 사람들은 깜짝 놀랄 것이다.

데이터 마이닝, 통계 그리고 사기

뉴저지 복권에 두 번 당첨될 확률은 얼마나 될까? 17조 분의 1이다. 그런데도 이런 일이 에벌린 애덤스에게 일어났다. 사람들은 보통 그녀가 운명적으로 특별히 선택되었다고 생각한다. 앞에서 설명한 기법으로 퍼시 디아코니스Percy Diaconis와 프레더릭 모스텔러Frederick Mosteller가 계산한 바로는, 사람과 장소와 방법에 관계없이 누군가에게 그런 행운이 발생할 확률은 30분의 1이었다.

심지어 신학에 데이터 마이닝을 적용하는 사람도 있다. 고대 지중해 사람들은 새의 창자에서 강력한 메시지를 읽곤 했다. 마이클 드로스닌 Michael Drosnin은 저서 《바이블 코드The Bible Code》에서 성경 주석에 데이터 마이닝을 적용하기도 했다. 통계에 문외한으로 보이는 전직 언론인 드로스닌은 수학자의 도움을 받아 성경의 비밀을 해독함으로써 전직 이스라엘 수상 이츠하크 라빈Yitzhak Rabin의 암살을 '예측'했다. 그는 라빈에게 알려주었으나 진지하게 받아들여지지 않았던 모양이다. 《바이블 코드》는 성경에서 통계적 불규칙성을 찾아낸다. 그러면 이런 사건을 예측할 수 있다. 두말할 필요 없이 이 책은 많이 팔렸고, 속편을 통해서 이런 사건들을 더 많이 밝혀냈다.

음모론이 구성되는 메커니즘도 마찬가지다. 《바이블 코드》처럼 이들의 논리가 완벽해 보이므로, 똑똑한 사람들도 빠져들기 쉽다. 나도 그림 파일 수백 점을 내려받아 이들의 공통점을 찾아내어 음모론을 만들어낼 수 있다. 이런 그림에 숨어 있는 공통 메시지를 중심으로 음모를 엮어내면 된다. 베스트셀러 《다빈치 코드》의 댄 브라운도 아마 이렇게 했을 것이다.

내가 읽은 최고의 책

나는 서점에서 보내는 시간을 가장 좋아한다. 내키는 대로 돌아다니면서 읽을 만한 책을 찾아본다. 주로 피상적이지만 뭔가 암시하는 문구를 보고 충동적으로 구매하는 경우가 많다. 책 표지만 보고 구매를 결정하는 경우도 흔하다. 표지에는 대개 누군가의 찬사나 서평 요약을 싣는데 유명하고 존경받는 인물이나 저명한 잡지의 찬사를 보면 책을 사고 싶은 충동이 커진다.

무엇이 문제인가? 책의 품질을 평가하는 서평과 생존편향이 작용한 최고의 서평을 혼동한 것이다. 나는 변수 자체의 분포를 변수 최댓값의 분포로 착각한 셈이다. 당연히 출판사는 책 표지에 최고의 찬사만을 실을 것이다. 한 걸음 더 나아가, 미적지근하거나 비우호적인 서평에서 찬사처럼 보이는 단어들을 골라내기도 한다. 첫 번째 그런 사례가 보기 드물게 탁월하지만 무례한 영국 금융 수학자 폴 윌모트Paul Wilmott의 경우였다. 그는 내 책에 대해 '첫 번째 나쁜 서평'을 해주었지만, 출판사는 이를 요약해서 표지에 칭찬으로 실어놓았다(나중에 우리는 친구가 되었고, 나는 그에게서 이 책에 대한 추천사를 얻어냈다).

내가 이런 편향에 속아서 열여섯 살에 처음 산 책은 미국 작가 존 도스 파소스John Dos Passos의 《맨해튼 트랜스퍼Manhattan Transfer》였다. 프랑스 작가 겸 '철학자' 장 폴 사르트르Jean-Paul Sartre가 우리 시대의 가장 위대한 작가라며 그를 칭찬한 글이 표지에 실려 있었기 때문이다. 아마도 흥분한 상태에서 불쑥 내뱉은 말 한마디로 인해 파소스의 작품은 유럽 지성인들의 필독서가 되었는데, 이는 사르트르의 평가를 작품에 대한 평가로 일치시켜 착각했기 때문이었다(사르트르는 그의 작품에 깊은 관심을 보였지만, 파소스는 무명작가로 묻혀버렸다).

사후 검증

나는 한 프로그래머의 도움을 받아 사후 검증 프로그램을 구축했다. 이는 과거 주가 데이터베이스에 연결된 소프트웨어 프로그램인데, 보통 수준으로 복잡한 트레이딩 규칙을 적용했을 경우 과거에 어떤 실적이 나왔는지 확인할 수 있다. 이 프로그램에서는 수학적인 트레이딩 규칙을 적용할 수 있는데, 예컨대 지난주 평균가보다 종가가 1.83% 이상 높은 경우에 나스닥 주식을 매입했다면 실적이 어떠했을지 즉시 파악할 수 있다. 이 트레이딩 규칙을 적용했을 경우의 가상 실적이 화면에 번쩍거리며 나타난다. 그 실적이 마음에 들지 않으면, 트레이딩 규칙을 1.2%로 바꿀 수 있고 더 복잡한 규칙으로 바꿀 수도 있다. 좋은 실적이 나오는 규칙을 발견할 때까지 계속해서 작업을 진행할 수 있는 것이다.

내가 도대체 무슨 일을 하고 있는가? 효과가 나타날 만한 규칙들 가운데 생존할 수 있는 규칙을 찾고 있다. 이는 규칙을 데이터에 맞추는 작업이다. 이것을 데이터 스누핑이라고 부른다. 더 많이 시도하면 할수록 과거 데이터에 효과가 있는 규칙을 운 좋게 찾아낼 수 있다. 무작위 데이터에는 항상 어떤 패턴이 존재한다. 나는 서구 세계에서 거래되는 증권 가운데 몽골 울란바토르의 기온 변화와 100% 상관관계를 유지하는 증권도 존재한다고 확신한다.

사실은 더 심하게 적용 대상을 확장하는 경우도 있다. 설리번Sullivan, 티머만Timmerman, 화이트White가 최근 발표한 탁월한 논문을 보면, 오늘날 성공적으로 사용되고 있는 규칙들도 생존편향의 결과일지 모른다는 생각이 든다.

투자자들이 수천 개의 변수를 동원하여 매우 광범위한 방식으로 기술적 트레이딩 규칙을 도출한 뒤 장기간 실험한다고 가정하자. 시간이 흐르면서 실적이 좋은 규칙들은 투자업계의 관심을 끌어 '유력한 후보'로 간주될 것이고, 실적이 나쁜 규칙들은 잊힐 것이다. (…) 실험 대상 트레이딩 규칙의 수가 아주 많다면, 실제로 자산 수익에 대한 예측력이 없어도 순전히 운이 좋아 탁월한 실적을 내는 규칙도 나올 것이다. 물론 이런 식으로 생존하는 규칙만으로 추론한다면 이는 사람들을 오도하는 것이다. 실적이 나쁜 트레이딩 규칙은 대부분 제외되었으므로 초기 모집단이 전체 규칙을 대표하지 않기 때문이다.

나는 직장 생활을 통해서 자세히 목격했던 일부 과도한 사후 검증에 대해 비판하지 않을 수 없다. 위와 같은 용도로 개발된 프로그램으로 오메가 트레이드 스테이션Omega TradeStation이라는 대단한 제품이 있는데, 현재도 시장에서 수만 명의 트레이더들이 사용하고 있다. 이 제품은 사용자에게 컴퓨터 언어까지도 제공한다. 불면증에 시달리는 트레이더들은 이 제품으로 밤새 데이터를 분석한다. 이들은 영문도 모른 채 타자기를 두들기는 원숭이처럼 어딘가에서 금맥을 찾아내려고 한없이 데이터를 뒤진다. 그렇게 금맥을 찾을 수 있다고 맹목적으로 믿고 있는 사람들이 많다.

명문 대학을 졸업한 내 동창 하나도 가상세계에 너무 심취한 나머지 현실감각을 모두 상실해 가고 있었다. 그에게 얼마간 남아 있던 상식이 산더미 같은 시뮬레이션을 진행하면서 빠르게 사라진 것인지, 아니면 애초부터 상식조차 전혀 없었던 것인지 나로서는 알 수 없었다. 나는 그를 자세히 관찰하면서, 그에게 타고난 회의적 사고가 남아 있었지만 데이터의 무게에 짓눌려 사라졌을 거라고 생각했다. 그는 다른 분야에 대해서는 지극히 회의적이었기 때문이다. 갑자기 흄이 생각난다.

더 심란한 현실

역사적으로 의학은 시행착오를 거치면서 발전했다. 다시 말해서 통계를 활용했다. 우리는 이제 증상과 치료 사이에는 순전히 우연한 관계만 존재해서, 일부 치료는 단지 우연히 나타난 효과라는 사실을 안다. 나는 의학 분야 전문가는 아니지만, 지난 5년 동안 일부 의학 논문을 꾸준히 읽으면서 기준에 대해 걱정할 정도가 되었다. 의학 연구자들 가운데는 통계 전문가가 드물고, 통계 전문가 중에는 의학을 연구하는 사람이 드물다. 의학 연구자들 거의가 데이터 마이닝 편향에 대해 전혀 들어본 적이 없다. 물론 그 역할이 크지 않지만, 그래도 분명히 존재하는 현상이다. 최근 의학 연구에서는 흡연이 유방암을 줄여준다고 언급하면서, 이전의 모든 연구와 갈등을 빚고 있다. 논리적으로 생각해보면 의심스러운 주장이다. 단순한 우연의 일치로 보인다.

실적 발표에 속지 마라

월스트리트 분석가 대다수는 기업들의 회계 조작을 능숙하게 찾아낸다. 회계 숫자에 대해서는 기업보다 정통한 경우가 많다. 그러나 운을 다루는 일에는 이들도 미숙함을 드러낸다(자신의 성찰 기법에 한계가 있다는 점을 이해하지 못한다. 증권분석가들은 일기예보자보다 실적이 나쁜데도 자신의 실적을 높이 평가한다). 이익이 한 번 증가할 경우, 그 회사가 즉시 관심을 끄는 것은 아니다. 그러나 두 번 증가하면 회사 이름이 컴퓨터 화면에 나타나기 시작한다. 세 번 증가하면 회사 주식에 대한 매수 추천이 등장한다.

실적 문제를 분석했을 때와 마찬가지 방식으로, 평균적으로 무위험 수익률만 간신히 내는 기업이 1만 개 있다고 가정하자. 이들은 변동성 높은 온갖 사업을 벌이고 있다. 첫해가 끝날 때쯤 5,000개는 이익이 증가하여 '스타'가 되고, 5,000개는 '개'로 전락할 것이다. 3년 뒤에는 '스타'가 1,250개가 된다. 증권회사의 리서치 센터에서는 중개인에게 이 회사들을 '강력 매수'하라고 추천한다. 중개인은 당신에게 전화를 걸어 즉시 주식을 매수하라고 추천한다. 회사 이름이 잔뜩 담긴 이메일도 보낸다. 당신은 그중 한두 종목을 매수한다. 반면 퇴직연금을 운용하는 펀드매니저는 목록에 들어 있는 종목을 모두 매수한다.

우리는 펀드매니저의 입장이 되어서 투자자산의 종류를 선정할 때에도 이러한 추론 방법을 적용할 수 있다. 1900년으로 돌아가서 수백 가지 투자 대안을 놓고 고심한다고 가정하자. 아르헨티나, 제정 러시아, 영국, 독일, 기타 많은 주식시장이 있다. 합리적인 사람이라면 당시 신흥국이었던 미국뿐만 아니라 러시아와 아르헨티나 주식도 매수했을 것이다. 이후 이야기는 알려진 대로다. 영국이나 미국의 주식시장 등은 실적이 매우 뛰어났지만, 제정 러시아에서 매입한 증권은 벽지보다 나을 바가 없었다. 실적이 좋았던 나라들은 초기 모집단의 일부에 불과했다. 운이 작용하여 몇몇 나라만 탁월한 실적을 올렸던 것이다. "어느 시점에서든 20년 동안 투자하면 시장이 반드시 상승한다"라고 멍청한 말을 하는 '전문가'들이 이런 문제를 알고 있는지 의심스럽다.

▪━━ 상대적 행운

두 사람 이상의 실적을 서로 비교하는 경우에는 훨씬 민감한 문제가 발생한다. 우리는 단일 시계열을 분석할 때에도 분명 운에 속지만, 두 사람을 비교하거나 한 사람과 벤치마크를 비교할 때에는 더 큰 착각에 빠지기 일쑤다. 왜 그럴까? 둘 다 임의로 움직이기 때문이다. 다음과 같이 간단한 가상 실험을 해보자. 예컨대 어떤 사람과 그의 처남이 인생을 시작했고, 각자 행운과 불운을 맞이할 확률은 똑같다고 보자. 두 사람이 맞이할 결과의 조합은 다음과 같다. 행운-행운(둘 사이에 차이 없음), 불운-불운(차이 없음), 행운-불운(엄청난 차이), 불운-행운(엄청난 차이).

최근에 나는 처음으로 펀드매니저 회의에 참석해서, 발표자가 매우 따분하게 펀드를 비교하는 설명을 들었다. 그의 직업은 펀드를 골라 포장하여 투자자에게 제공하는, 이른바 '펀드 오브 펀드funds of funds' 업무였다. 나는 그가 스크린에 숫자를 쏟아내는 모습을 지켜보았다.

그런데 첫 번째로 발견한 사실은 그 발표자가 내가 아는 사람이라는 점이었다. 내 직장 동료였던 사람인데, 세월이 흐르면서 모습이 달라져 있었다. 이전에는 시원시원하고 활기 넘치며 친절한 사람이었다. 그러나 지금은 뚱뚱하고 따분하며 성공에 안주하는 사람이 되어 있었다(내가 알고 지내던 시절에 그는 부자가 아니었다. 돈을 벌어서 사람이 달라진 것일까? 진지해지는 사람도 있고 그렇지 않은 사람도 있는 것일까).

두 번째 발견한 사실은 그가 운에 대해 착각하고 있다는 점이었다. 특히 생존편향에 대해서는 상상 이상으로 엄청난 착각을 하고 있었다. 아주 간단한 계산으로도 그가 하는 설명의 97% 이상이 소음이었다. 그가 펀드 실적을 비교하면서 오히려 실적이 더 악화되었다는 뜻이다.

아시아나 유럽 여행을 마치고 돌아오면, 시차 때문에 새벽까지 깨어 있는 경우가 많다. 이때 드문 일이지만 TV를 켜고 시장 정보를 시청하기도 한다. 새벽 시간에 채널을 돌리다 보면 다양한 제약회사들이 약효를 선전하는 광고 홍수에 놀라게 된다. 제약회사들은 저마다 자기 회사의 약으로 완치된 사람들의 설득력 있는 증언을 제시한다. 한번은 후두암에 걸렸던 사람이 등장해서, 겨우 14.95달러밖에 안 하는 비타민을 먹고 완치되었다고 말했다. 그런데 거짓말처럼 보이지 않았다(물론 사례금도 받고, 아마 평생 먹을 비타민도 받았겠지만 말이다). 문명이 발전해도 사람들은 여전히 이런 식으로 질병이 치료되었다는 정보를 믿으며, 과학적 증거보다는 진지하고 정서적인 간증에 더 귀 기울인다. 평범한 사람들만 그런 증언을 하는 것이 아니다. 노벨상 수상자도 등장해서 (전혀 다른 분야에 대해) 증언을 한다. 노벨 화학상을 받은 라이너스 폴링 Linus Pauling이 자신은 비타민 C의 효능을 믿기 때문에 매일 다량으로 복용한다고 말했다고 한다. 그의 권위 있는 선전 덕분에 사람들은 비타민 C의 치료 효과를 믿게 되었다. 의학계 연구자들은 폴링의 주장을 인정할 수 없었지만, '노벨상 수상자'에게 증언을 취소시키는 일이 어려웠기 때문에 못 들은 척했다. 사실 폴링은 의학 분야에 대해서는 언급할 자격이 없는 문외한이었다.

이런 증언들은 사기꾼이 돈을 번다는 점을 제외하면 대개 큰 피해를 주지는 않는다. 그러나 과학적으로 연구한 정통 치료법을 무시하고 이런 치료법을 선택한 탓에 죽은 암 환자도 많다(입증되지 않은 비과학적인 기법들이 이른바 '대체의학'이라는 이름으로 등장하고 있지만, 의료업계 입장에서는 대체의학은 의학이 아니라는 점에 대해 언론을 설득하기가 어렵다). 독자들은 증언 광고에 등장한 사람들이 과연 정말로 치료가 되었는지 의구심을 품을 것이다. '자연 치유spontaneous remission'라는 것이 있다. 아직 이유가 밝혀지지는 않았지만, 암 환자 가운데 극소수는 암세포가 깨끗이 사라져서 '기적적으로' 회복되기도 한다. 환자의 면역 체계에 어떤 변화가 발생하면서 암세포를 모두 없애버린다고 한다. 이런 사람들은 예쁘게 포장된 알약 대신 생수를 마시거나 육포를 먹었어도 똑같이 치료되었을 것이다. 덧붙이자면, 이런 자연 치유는 실제로는 '자연'이 아닐지도 모른다. 치유가 되는 원인이 존재하지만, 아직 인류의 의료 기술이 부족한 탓에 파악하지 못하는 것인지도 모른다.

작고한 천문학자 칼 세이건Carl Sagan은 비과학적 사고를 배척하고 과학적 사고를 촉진하는 일에 헌신했던 인물이다. 그는 프랑스 루르드 지방에 찾아가서 성수에 손을 대면 암이 치료된다는 이야기를 조사했다. 그가 발견한 흥미로운 사실에 따르면, 루르드 지방을 방문했던 전체 암 환자의 치료율은 일반 환자의 자연 치유 확률보다도 낮았다. 루르드 지방을 방문하지 않은 환자들의 평균 치료율보다도 낮았다는 말이다. 그렇다면 통계 전문가들은 암 환자가 루르드 지방을 방문하면 생존 확률이 떨어진다고 추론해야 할까?

피어슨 교수의 몬테카를로 연구

임의 결과라는 개념을 다루는 기법이 개발되기 시작하던 20세기 초에 이상 현상을 감지하는 여러 기법이 개발되었다. 칼 피어슨Karl Pearson 교수는 비임의성非任意性 검증 기법을 처음으로 개발하였다(실제로는 정상으로부터의 편차를 조사하는 방법이었다). 그는 1902년 7월에 이른바 몬테카를로(룰렛 바퀴의 옛 이름이다)를 수백만 번 돌려가며 조사했다. 그가 매우 높은 통계적 유의성으로(오차율이 10억분의 1 미만이었다) 발견한 바로는, 룰렛 바퀴를 돌린 결과는 순수하게 비임의적인 것이 아니었다. 이게 무슨 말인가. 룰렛 바퀴가 우연이 아니라니! 피어슨 교수는 자신이 발견한 사실에 매우 놀랐다.

그러나 이 결과 자체로는 아무 의미가 없다. 순수한 임의 추출 따위는 존재하지 않기 때문이다. 추출 결과는 장비의 품질에 좌우된다. 아주 자세히 조사하면 어딘가에서 비임의성을 찾아낼 수 있다(예컨대 바퀴 자체가 완벽한 균형을 이루지 않거나, 공이 완벽한 구가 아닐 수도 있다). 통계철학자들은 이를 준거 사례 문제reference case problem라고 부르는데, 진정한 임의성은 이론으로만 존재할 뿐 실제로는 얻을 수 없다는 뜻이다. 게다가 담당자는 완벽한 임의성을 찾아내면 돈벌이가 되는지에 대해서도 의문을 품을 것이다. 룰렛 바퀴에 1달러를 걸었는데 1달러밖에 기대할 수 없다면, 차라리 경비원이 되는 편이 훨씬 나을 것이다.

이 결과에는 의심스러운 요소가 또 있다. 비임의성에 관해서 다음과 같은 심각한 문제가 있기 때문이다. 그는 통계학의 아버지였지만, 임의 실행을 해도 꼭 임의적 패턴이 나오지 않는다는 사실을 망각했던 것이다. 실제로 어떤 데이터에 비임의성이 전혀 없다면, 이는 인위적으로 만들어졌을 가능성이 매우 크다. 단일 임의 실행에도 자세히 보면 반드시 패턴이 나타난다. 피어슨 교수가 무작위 데이터 생성기에 가장 먼저 관심을 보였던 학자였음에 유의하라. 그가 만든 난수표는 과학 실험이나 공학 시뮬레이션에 입력 값으로 사용할 수도 있다. 문제는 이런 난

수표에 어떤 규칙성이 나타나는 것을 원치 않았다는 점이다. 하지만 진정한 임의성은 임의적으로 보이지 않는 법이다.

이에 대해서는 암 클러스터로 잘 알려진 현상을 예로 들어 설명하겠다. 정사각형 표적에 임의로 다트 16개를 던진다면, 어느 위치나 다트에 맞을 확률이 같을 것이다. 이 표적을 16개의 작은 정사각형으로 나눈다면, 작은 정사각형마다 평균적으로 다트 하나씩이 들어갈 것이다. 그러나 어디까지나 평균적으로 그렇다는 말이다. 다트 16개가 정사각형 16개에 저마다 하나씩 들어갈 확률은 지극히 낮다. 대개는 몇몇 정사각형에 다트가 2개 이상 들어가고, 대부분은 다트가 하나도 안 들어갈 것이다. 다트가 2개 이상 들어가는 정사각형이 하나도 없다면 이는 이례적으로 희귀한 사건이 될 것이다. 이제 표적 대신 지도를 펼쳐놓고 생각해보자. 어느 신문이 한 지역에서 암을 유발하는 방사능 수치가 높게 나왔다고 보도하면, 변호사들이 몰려들어 환자들을 부추기기 시작할 것이다.

짖지 않은 개, 편향된 과학 지식

과학도 치명적인 생존편향 문제를 안고 있다. 언론과 마찬가지로, 과학 연구도 특별한 결과가 도출되지 않으면 발표되지 않는다. 신문에서 "새로운 일이 발생하지 않았다!"며 대문짝만 한 머리기사를 뽑을 리는 없지 않은가(그래서 "하늘 아래 새로운 것은 없다"고 선언한 성경은 참으로 지혜로운 책이다). 문제는 아무 것도 없다는 발견과, 발견 사항이 없다는 사실을 혼동한다는 점이다. 하지만 아무 일도 일어나지 않았다는 사실도 중요한 정보가 될 수 있다. 명탐정 셜록 홈스는 실버 블레이즈^{Silver}

Blaze 사건에서 개가 짖지 않은 사실이 이상하다고 지적했다. 정보를 제공하는데도 통계적 유의성이 낮다는 이유로 발표되지 않는 과학 연구가 많다는 점이야말로 더 큰 문제다.

▪── 결론이 없다

"정말로 운이 아닌 경우는 언제입니까?"라는 질문을 자주 받는다. 운을 다루는 직업 중에도 실적이 운에 크게 좌우되지 않는 경우가 있다. 예컨대 카지노는 운을 관리한다. 금융 산업은 어떤가? 아마도 일부가 해당될 것이다. 트레이더들이 모두 투기를 하는 것은 아니다. 이른바 시장 조성자market maker라는 집단도 있는데, 이들은 소매상처럼 거래할 때마다 이익을 남기는 사람들이다. 이들이 투기를 하는 때도 있지만, 전체 거래량에 비하면 그 위험이 매우 적다. 이들은 대중으로부터 약간 낮은 가격에 사서 약간 높은 가격에 팔면서, 가급적 거래 횟수를 늘린다. 이런 소득은 운에 크게 좌우되지 않는다. 이런 부류에 속하는 직업으로는 거래소 장내 거래인floor trader, 고객의 주문을 처리하는 은행 트레이더, 환전상 등이 있다. 여기에 필요한 재능은 대개 겉으로 드러나지 않는다. 하지만 예컨대 10년 이상 장기간 업무에 종사한 사람들은 빠른 두뇌 회전, 기민함, 높은 활력, 고객의 목소리에서 심리 상태를 파악하는 능력 등이 있다. 이들의 소득은 상대하는 고객 수가 증가해야 커지므로 절대로 거액을 벌 수는 없지만, 통계적으로는 안정된 소득을 올린다. 어떤 면에서 이들의 직업은 치과의사와 비슷하다.

이렇게 전문화된 소매상 같은 직업을 제외하면, 누가 운이 좋고 누가 운이 나쁘냐는 질문에 솔직히 대답할 수가 없다. A보다 B가 운이 더 좋은 것 같다고 말할 수는 있겠지만, 확신도가 너무 낮아서 아무 의미가 없을 정도다. 그래서 회의적인 태도를 유지한다. 사람들은 내 의견을 오해하는 경우가 많다. 나는 부자들이 모두 멍청이라고 말한 적도 없고, 실패한 사람들이 모두 불운 때문이라고 말한 적도 없다. 추가 정보가 많지 않다면 판단을 유보하는 편이 낫다. 훨씬 안전하기 때문이다.

CHAPTER 10 쥐구멍에도 볕 들 날이 있다 인생은 비선형

인생은 직선이 아니다. 베벌리 힐스로 이사해서 부자들의 악습을 배우다. 빌 게이츠는 업계 최고가 아닐지도 모른다. 당나귀의 먹이를 빼앗다.

이제 나는 '인생은 불공평하다'는 상투적인 말을 다른 각도에서 살 펴보겠다. 인생은 비선형적으로 불공평하다고 약간 비틀어보겠다. 이 장에서 다룰 내용은, 인생에서 약간의 강점으로도 엄청난 보상을 받을 수 있고, 전혀 강점이 없는 사람도 아주 조금만 운의 도움을 받으면 노 다지를 캘 수 있다는 것이다.

■— 모래 더미 효과

먼저 비선형을 정의하겠다. 비선형을 설명하는 방법은 많지만, 과학에서 사용하는 가장 인기 있는 방법은 이른바 모래 더미 효과다. 나는 지금 리우데자네이루의 코파카바나 해변에 한가롭게 앉아 있다. 그러다가 어떤 꼬마에게서 플라스틱 장난감을 빌려 모래 더미로 건물을 쌓아올린다. 바벨탑을 흉내 내려고 애쓰면서, 높은 탑이 하늘에 닿을 수 있다고 생각한 바빌로니아 사람들을 떠올렸다. 하지만 내 생각은 더 소박하다. 얼마나 높이 쌓으면 무너지는지 시험하려고 한다. 나는 계속 모래를 쌓아 올리면서 언제 무너질지 지켜본다. 어른이 모래성 쌓는 모습을 본 적이 없는지, 한 아이가 신기한 듯 나를 바라보고 있다.

머지않아 모래성은 무너져 내리고, 지켜보던 아이는 환호했다. 마지막 모래 한 줌이 모래성을 모두 무너뜨렸다고 말할 수 있다. 모래성에 가해진 힘은 선형적이었지만, 모래성을 무너뜨린 것은 비선형적 효과였다. 여기서 모래 한 톨에 해당하는 아주 작은 추가 입력이 이른바 바벨탑 붕괴라는 엄청난 결과를 일으켰다. 사람들은 다양한 현상에서 이러한 지혜를 얻었는데, "낙타의 등을 부러뜨린 지푸라기"라든가, "물을 넘치게 만든 한 방울"이라는 표현에 이런 깨달음이 드러난다.

이런 비선형 역학은 《카오스 이론》이라는 책 제목으로도 등장한다. 그러나 책 내용은 혼돈과 아무 관계가 없으므로 제목은 오기誤記에 해당한다. 카오스 이론은 주로 자그마한 입력이 엄청난 반응을 일으킨다는 내용이다. 시작 시점의 아주 작은 차이에 따라 인구 모델이 폭발적인 인구 증가를 나타낼 수도 있고 인류의 멸종을 나타낼 수도 있다. 날씨도 자주 예로 등장하는데, 인도에서 시작된 나비의 날갯짓이 뉴욕에 태풍을 일으키기도 한다. 이런 내용은 고전에도 담겨 있다. 파스칼은 클레오파트라의 코가 조금만 짧았어도 세계의 운명이 달라졌을 것이라고 말했다. 코가 가늘고 길어서 미인이었던 클레오파트라는 카이사르와 그의 후계자 안토니우스를 매료시켰었다(하지만 아무리 생각해도 일반 통념에 동의할 수가 없다. 플루타르크가 말한 바로는, 클레오파트라는 당대의 실력자들을 미모가 아닌 화술로 사로잡았다. 이 말이 옳다고 믿는다).

역시 운이다

게임에 운이 더해지면 이야기는 더 재미있어진다. 대기실에 오디션을 기다리는 배우 지망생들이 가득 차 있다고 상상해보자. 선발되는 사람은 분명 소수에 불과하지만, 생존편향에 의해서 대중은 이들이 배우를 대표한다고 생각한다. 선발된 사람들은 베벌리 힐스로 거처를 옮기게 되고, 약물을 남용하는 등 방탕하고 불규칙한 생활을 하면서 사치에 빠져들 것이다. 탈락한 나머지 사람들의 운명도 상상할 수 있다. 틈틈이 오디션에 참가하면서 생계유지를 위해 평생 인근 음식점에서 일을 해야 할 것이다.

명성을 얻어 수영장 딸린 호화 저택을 장만한 배우들에게는 남다른 능력과 매력, 신체적 특성이 있다고 주장하는 사람도 있다. 그러나 나는 생각이 다르다. 물론 성공한 배우들은 능력이 있겠지만, 떨어진 배우들도 능력이 있을 것이다. 아니라면 오디션 대기실에 들어가지도 못했을 테니까.

명성에는 흥미로운 특유의 역학이 작용한다. 배우는 일부 대중에게 알려짐으로써 다른 대중에게도 알려지게 된다. 이렇게 나선형으로 회전하면서 진행되는 명성의 역학은 오디션 대기실에서부터 시작될 수도 있다. 선발 과정의 터무니없이 사소한 사건이 심사위원의 기분을 좌우할 수도 있기 때문이다. 심사위원이 오디션 전날 비슷한 이름의 사람과 사랑에 빠지지 않았더라면, 어떤 배우는 지금도 인근 음식점에서 일을 하고 있을지도 모른다.

타자기 자판

분석가들은 잘못된 역학이 승패를 결정하게 되어 당찮은 상품이 최종 승자가 되는 경우가 많다고 말하는데, 이때 자주 인용되는 사례가 쿼티QWERTY 자판이다. 전혀 타당하지 않은 타자기의 자판 배열이 성공한 사례다. 쿼티 자판은 사실 타자를 불편하게 만들어서 타자 속도를 늦추는 방식에 불과했다. 당시에는 제조 기술이 부족했으므로, 리본이 엉키지 않도록 하는 일이 급선무였기 때문이다. 이후 더 성능 좋은 타자기와 컴퓨터 방식 워드프로세서가 개발되면서 자판 배열을 합리적으로 바꾸려는 시도가 여러 차례 있었지만, 모두 소용없었다. 사람들이 쿼티 자판에 너무 익숙해져서 습관을 바꾸기가 어려웠기 때문이다. 배우가 스타의 위치에 오르는 과정이 나선형으로 진행되듯이, 사람들은 다른 사람들이 좋아하는 방식을 따른다. 이런 과정을 억지로 합리화하는 것은 사실상 불가능하다. 이것을 경로 의존적 결과path dependent outcome라고 부르는데, 이 때문에 행동을 계량 모델화하려는 시도가 번번이 좌절되었다.

정보 시대에는 사람들의 취향이 동질화되기에 이런 불공평한 결과가 더 첨예하게 드러난다. 사람들의 취향을 사로잡는 자가 거의 모든 고객을 독차지하기 때문이다. 마이크로소프트의 빌 게이츠가 엄청난 행운으로 성공을 거둔 대표적인 사례다. 게이츠가 탁월한 능력, 근로 윤리, 지성을 갖췄다는 점은 부인하기 어렵다. 하지만 그가 과연 최고인가? 그런 대성공을 거둘 자격이 있는가? 분명히 아니다. 사람들은 다른 사람들이 윈도를 사용하기 때문에 어쩔 수 없이 사용하는 것이다. 이는 순전히 순환 효과이며, 경제학자들은 '네트워크 외부 효과network externalities'라고 부른다. 그의 소프트웨어가 최고라고 말하는 사람은 아무도 없다. 경쟁자들은 게이츠의 성공을 지극히 부러워한다. 자신은 단지 생존을 위해 몸부림치는 반면, 게이츠는 엄청난 성공을 거두었다는 사실에 분노한다.

이런 현실은 분명한 이유에 따라 결과가 나온다거나 (불확실성을 인정하지 않는다), 선한 자(기술적 우위나 역량이 있는 자)가 승리한다고 주장하는 고전 경제학 모델과도 배치된다. 경제학자들은 뒤늦게야 경로의존 효과를 발견했고, 이 주제에 관해서 결론이 뻔한 논문들을 대량으로 발표했다. 예를 들어, 산타페 인스티튜트Santa Fe Institute에서 비선형성을 연구하는 경제학자 브라이언 아서Brian Arthur는 기술적 우위가 아니라 우연한 사건과 긍정적 피드백이 결합하여 경제적 성공을 결정한다고 저술했다. 초기 경제 모델에서는 우연성을 배제했지만, 아서는 "뜻밖의 주문, 변호사들과의 우연한 회의, 경영진의 변덕 등이 기업의 초기 매출을 좌우하고, 나중에는 기업의 지배력을 결정한다"라고 설명했다.

현실 세계와 수학

이번에는 문제를 수학적으로 접근하는 방법에 대해 생각해보자. 아서는 폴랴Polya 프로세스 같은 모델을 제시하면서, (재무관리에서 사용하는 브라운 랜덤워크 같은) 전통적 모델에서는 성공 확률이 점진적으로 변하는 것이 아니라고 주장했다. 폴랴 프로세스는 수학적으로 다루기는 매우 어렵지만, 몬테카를로 시뮬레이션을 이용하면 쉽게 이해할 수 있다. 폴랴 프로세스는 이렇게 설명할 수 있다. 처음에 같은 수의 검은 공과 흰 공이 담긴 항아리가 있다고 가정하자. 당신은 공을 꺼내기 전에 매번 어떤 공을 꺼낼 것인지 추측해야 한다(공을 다시 넣지 않는다). 여기에 함정이 숨어 있다. 일반적인 통계 추론과는 달리, 추론이 맞을 확률이 과거 추론의 성공 여부에 좌우된다. 따라서 과거 추론이 맞은 뒤에는 추론이 맞을 확률이 높아지지만, 과거 추론이 틀린 다음에는 추론이 맞을 확률이 낮아진다. 이런 프로세스로 시뮬레이션을 시행하면 그 결과에 커다란 차이가 발생하여, 놀라운 성공과 참담한 실패가 모두 나타날 수 있다.

추측 후 공을 다시 항아리에 넣는 일반적인 통계 모델과 비교해보라. 룰렛을 해서 돈을 벌었다고 가정하자. 이 승리 덕분에 다음 룰렛 게임에서 승리 확률이 높아지는가? 아니다. 하지만 폴랴 프로세스의 경우에는 승리 확률이 높아진다. 이런 개념을 수학적으로 다루기 어려운 이유가 무엇인가? (다음 추출이 과거 추출의 결과와 상관없다는) 독립성이라는 개념이 훼손되기 때문이다. 확률 수학을 다루려면 독립성이 필수적이다.

경제학을 과학으로 발전시키는 과정에 어떤 문제가 있었는가? 단지 자신의 사고 과정이 엄격했음을 입증하기 위해 억지로 수학을 이용한 학자들이 많았다는 점이 문제다. (레옹 발라Leon Walras, 제라르 드브뢰Gerard Debreu, 폴 새뮤얼슨Paul Samuelson 등) 일부 학자들은 너무 급히 수학적 모델링 기법을 도입했는데, 자신이 사용하는 수학의 종류가 너무 제한적이어서 문제를 다루기에 부적합하다는 사실을 고려하지 못했거나, 정밀한 수학을 사용하면서 마치 해결책이 있는 것처럼 사람들을 오도한다는 사실을 알았어야 했다(포퍼는 과학을 너무 진지하게 받아들이면 비싼 대가를 치른다고 말했다). 실제로 이들이 다루는 수학은 현실 세계에서는 효과가 없었는데, 아마도 그 사용 과정이 불충분했던 탓이다. 이들은 어떤 수학을 사용해도 나을 바가 없다는 사실을 인정하려 들지 않았다.

이때 이른바 복잡계 이론가complexity theorists들이 이들을 구해주었다. 사람들은 비선형 계량 기법을 전공한 과학자들의 연구에 크게 환호했다. 뉴멕시코 주 산타페 인근의 산타페 인스티튜트가 그 발상지였다. 분명 이들은 열심히 노력하여 물리학에 훌륭한 해결책을 제공하고 있었고, 아직 만족할 만한 수준은 아니지만 사회과학에서도 더 좋은 모델을 제공하고 있다. 이들이 결국 성공하지 못한다고 해도, 이는 수학이 현실 세계를 다루는 데 있어 보조적인 수단에 불과하기 때문이다. 앞에서도 언급했지만, 몬테카를로 시뮬레이션의 또 다른 장점은 수학으로 구할 수 없는 결과를 제공한다는 사실이다. 복잡한 방정식을 다룰 필요가 없으므로, 수학 수준이 높지 않아도 상관없다. 3장에서 말했듯이, 운이 지배하는 이 세상에서 수학은 단지 생각하고 명상하는 도구에 불과하다.

네트워크의 과학

네트워크 역학에 대한 연구가 최근 발전하고 있다. 말콤 글래드웰 Malcolm Gladwell이 저서 《티핑 포인트The Tipping Point》에서 소개한 다음 인기를 얻게 되었는데, 그는 유행과 같은 변수들은 어떤 임계 수준을 넘어서면 지극히 빠른 속도로 퍼진다고 설명한다(예를 들면 도심 아이들 사이에서 운동화가 유행한 현상, 종교의 확산 등이 있다. 책 판매에도 비슷한 현상이 나타나서, 입소문이 일정 수준을 넘어서면 폭발적으로 팔려나간다). 왜 일부 이념이나 종교는 들불처럼 퍼져 나가고, 다른 것들은 금방 사라져 버리는가? 유행은 어떻게 불붙는가? 아이디어는 어떤 과정으로 바이러스처럼 퍼져 나가는가? (종형 정규 분포처럼) 운을 다루는 전통 모델을 일단 벗어나기만 하면, 어떤 격렬한 현상이 일어난다. 인터넷 허브인 구글이 퇴직화공인전국연합 사이트보다 방문 횟수가 많은 이유가 무엇인가? 용량에 제한이 없는 경우, 네트워크는 더 많이 연결되어 있을수록 누군가 방문할 확률이 높아지고, 그래서 더 많이 연결되기 때문이다. 정확하게 '임계점'을 찾으려 한다면 어리석은 짓임을 유념하라. 임계점은 불안정해서, 사전에 아는 것이 불가능하다. '임계점'은 점이 아니라 수열(이른바 파레토 지수 법칙)인가? 세상에는 분명 군집이 생성되지만, 슬프게도 (물리학 외에는) 군집을 예측하기가 너무 어려워서 모델로 인정하기가 곤란한 것이 있다. 따라서 이런 비선형성을 모델화하기보다는, 비선형성이 존재한다는 사실을 인식하는 것이 중요하다. 브누아 망델브로Benoit Mandelbrot가 이룬 위대한 업적은 (속성이 불안정해서) 우리가 절대로 알 수 없는 '거친' 운이 존재한다는 사실을 알려주었다는 것이다.

인간의 두뇌

인간의 두뇌는 비선형성을 이해하기에 부적합하다. 두 변수 사이에 인과관계가 있을 때, 사람들은 한 변수에 꾸준히 입력하면 다른 변수에 반드시 결과가 나오리라고 생각한다. 이는 우리의 심리가 인과관계를 선형적으로 인식하기 때문이다. 예를 들어, 매일 공부하면 이에 비례해서 무엇인가를 배운다고 생각한다. 매일 공부해도 아무 소용이 없다는 느낌이 들면, 심리적으로 사기가 저하된다. 하지만 현실 세계에서 인과관계가 선형적으로 진행되는 경우는 거의 없다. 1년 동안 공부해도 전혀 배우지 못할 수 있지만, 허망한 실적에 상심해서 포기하지 않는다면 어느 순간 갑자기 깨달음을 얻기도 한다.

당신이 매일 장시간 피아노 연습을 했음에도 간신히 〈젓가락 행진곡〉만 연주할 수 있었는데, 갑자기 라흐마니노프를 연주하게 된다고 상상해보라. 바로 이런 비선형성 때문에 사람들은 희귀사건의 속성을 이해하지 못한다. 그래서 운에 좌우되지 않고 성공하는 길이 많음에도 끝까지 끈기를 발휘하는 사람은 아주 드물다. 남들보다 더 노력하는 사람은 보답을 받는다. 투자의 세계에서는 시장이 하락했을 때 증권을 매수하면 이득을 얻지만, 사람들은 임계점에 도달할 때까지 전혀 매수하려고 하지 않는다. 사람들은 대부분 보상을 받기 직전에 포기해버린다.

뷔리당의 당나귀

비선형적인 운이 교착 상태를 깨뜨려주기도 한다. 갈증과 허기를 느끼는 당나귀의 좌우에 물과 먹이를 똑같은 거리를 두고 놓아둔다고 가정하자. 이런 상황이라면 당나귀는 무엇을 먼저 먹을지 선택하지 못한 채 갈증과 허기를 동시에 느끼며 죽을 것이다. 이번에는 이 상황에 운을 개입시켜서, 물과 먹이 가운데 어느 하나가 당나귀에게 더 가까이 있다고 가정하자. 그러면 즉시 교착 상태가 해소되어, 당나귀는 먹이를 먹은 다음 물을 마시든지, 물을 마신 뒤에 먹이를 먹든지 둘 중 하나를 하게 될 것이다.

당신도 인생을 살면서 뷔리당의 당나귀와 같은 교착 상태에 빠졌을 때 '동전 던지기'로 결정을 내린 적이 분명히 있을 것이다. 행운의 여신이 내려준 결정에 기꺼이 따르는 셈이다. 나도 컴퓨터가 두 가지 대안 사이에서 버벅거리면 이 방법을 사용할 때가 많다.

'뷔리당의 당나귀'는 14세기 철학자 장 뷔리당Jean Buridan의 이름에서 따온 것이다. 뷔리당이 죽은 방식도 흥미롭다(그는 자루에 담긴 채 센 강에 던져져 익사했다). 우연의 중요성을 간과했던 당시 사람들은 그의 이야기를 궤변으로 간주했다. 뷔리당은 분명 시대를 앞서간 사람이었다.

▪ ─── 비가 왔다 하면 억수로 퍼붓는다

이 글을 쓰는 시점에, 나는 세계의 양극화가 심화되고 있음을 갑자기 실감하게 되었다. 한쪽에서는 성공을 거두어 돈을 모조리 긁어모으지만, 한쪽에서는 실패를 거듭하면서 한 푼도 건지지 못한다. 책도 마찬가지다. 출판사마다 출간하겠다며 달려들거나, 아무도 관심이 없어서 답신 전화도 주지 않는다(후자의 경우, 나는 출판사 이름을 주소록에서 삭제한다). 어느 분야에나 성공 뒤에는 비선형 효과가 있다는 사실도 실감하고 있다. 수많은 사람이 나의 작품을 높이 평가해주는 것보다 몇몇 사람이 열성적으로 옹호해주는 편이 더 낫다. 수백 명으로부터 호감을 사는 것보다 10여 명으로부터 사랑받는 편이 낫다. 전통적 논리와는 어긋나지만, 이 논리는 책 판매와 아이디어 전파, 성공 일반에 대해서도 적용된다. 정보화 시대가 되면서 이런 현상이 심화되고 있다. 낡은 지중해식 가치관에 젖어 있는 나에게, 이런 현상은 지극히 불편해서 역겨울 정도다. 지나친 성공은 적을 만들고, 지나친 실패는 사기를 꺾어놓는다. 나는 어느 쪽도 선택하기 싫다.

CHAPTER 11

인간은 확률적으로 사고하지 못한다

파리 휴가와 카리브 해에서의 휴가를 선형적으로 조합해서 생각하기 어려운 이유. 네로 튤립이 다시는 알프스에서 스키를 못 탈 수도 있다. 관료에게 질문을 너무 많이 하지 마라. 브루클린에서 만들어진 두뇌. 우리에게는 나폴레옹이 필요하다. 스웨덴 국왕에게 절하는 과학자들. 언론의 오염에 대해 한마디 더. 당신은 지금쯤 죽었어야 한다.

▪── 파리에서의 휴가, 카리브 해에서의 휴가

3월의 짧은 휴가에 당신은 둘 중 하나를 선택할 수 있다. 첫째는 파리이고, 둘째는 카리브 해이다. 결국 당신 부인이 선택할 것이므로, 상관할 바는 아니겠지만 상상해보면 두 지역은 전혀 다른 모습으로 떠오른다. 파리의 경우, 오르세 미술관에서 하늘을 황량한 회색으로 묘사한 피카소 작품을 감상하는 당신의 모습이 떠오른다. 손에는 우산이 들려 있다. 카리브 해의 경우, 당신이 좋아하는 소설가의 책을 곁에 두고 타월 위에 누워 있으면 웨이터가 바나나 칵테일을 가져다준다. 두 대안은 상호 배타적(한 번에 한 곳만 선택)인 동시에 전체를 구성한다(둘 중 하나에 있을 확률이 100%). 둘의 확률이 같으므로 각각의 확률은 50%이다.

휴가를 생각하면 무척이나 즐겁다. 동기부여가 되므로 출퇴근길도 힘들지 않다. 그러나 불확실성 속에서 합리적으로 행동하려면 두 곳에 대해서 각각 50%씩 상상해야 한다. 이를 수학적으로는 두 지역에 대한 선형적 조합-linear combination이라고 부른다. 당신의 두뇌가 감당할 수 있겠는가? 다리는 카리브 해에 담그고 머리는 파리에서 비를 맞는다면 얼마나 멋지겠는가? 그러나 심각한 인격 장애를 앓는 사람이 아니라면, 우리 두뇌는 한 번에 한 장소만을 생각할 수 있다. 이제 두 장소를 85%와 15% 조합해서 상상해보라. 잘 되는가?

아주 공정한 조건으로 직장 동료와 1,000달러 내기를 한다고 가정하자. 내일 밤 당신 주머니는 텅 비거나 2,000달러가 채워지는데, 각각의 확률은 50%이다. 수학적으로 표현하면 내기의 공정한 가치는 두 상태에 대한 선형적 조합이며, 여기서는 수학적 기댓값이라고 부른다. 즉, 각 상태의 확률에 각 상태의 달러 가치를 곱해서 구한다(50%×0＋50%×2,000달러＝1,000달러). 당신은 1,000달러의 가치를 수학적 계산이 아니라 마음속으로 그릴 수 있는가? 0달러든 2,000달러든 우리는 한 번에 단 하나만을 생각할 수 있다. 자신의 생각에 의지할 경우, 우리에게는 한 가지 모습(무일푼이 되는 두려움이나 1,000달러를 버는 흥분)이 압도적으로 떠오르므로 비합리적인 방식으로 돈을 걸기 쉽다.

건설적 사고

이제 네로의 비밀을 밝힐 때가 왔다. 검은 백조 사건이다. 당시 네로는 35세였다. 제2차 세계대전 이전에 지어진 뉴욕의 건물들은 앞면은 보기 좋지만 뒷면은 전혀 개성이 없어서 황량한 모습이다. 병원 진찰실 창문은 어퍼이스트사이드Upper East Side 스트리트 같은 뒷면을 내려다보고 있었으므로, 네로는 앞으로 50년을 더 산다고 해도 앞면보다는 무척이나 황량했던 뒷면을 기억하게 될 것이다. 그는 짙은 창유리를 통해서 보았던 잿빛 건물의 추한 뒷면과, 의사를 기다리며 수십 번 읽었던 벽에 걸린 의대 졸업장도 기억할 것이다. 이제 의사가 소식을 전해준다. "검사 결과를… 설명해드리겠습니다…. 생각만큼 나쁜 소식은 아닙니다…. 암입니다." 의사의 선언을 듣자 그의 몸은 등에서 무릎까지 전기가 흐르는 듯한 느낌이었다. 네로는 "뭐라고요?"라고 물으려 했지만, 입에서는 아무 소리도 나오지 않았다. 의사의 말보다도 모습에 더 겁을 먹었다. 어쨌든 그는 머리보다도 몸으로 먼저 소식을 감지했다. 의사의 눈에 너무도 큰 공포감이 서려 있었으므로, 네로는 실제로 의사에게서 들은 이야기보다 더 나쁜 상태일 것이라고 즉시 의심했다. 진단을 받은 날 밤, 의대 도서관에 앉아 있었는데 여러 시간을 아무 생각 없이 빗속을 걸어서 흠뻑 젖었던 터라 그의 주위는 물웅덩이가 되다시피 했다(도서관 직원이 그에게 뭐라고 소리쳤지만 그가 알아듣지 못하자, 직원은 어깨를 으쓱하더니 돌아갔다). 그는 선고받은 암에 대해서 읽었다. "보험 통계적으로 조정한 5년 생존율 72%" 100명 가운데 72명이 생존한다는 뜻이었다. 3~5년 동안 환자에게 임상 징후가 나타나지 않으면 완치된 것으로 판단하게 된다. 그는 이제 자신이 완치될 수 있다고 직감적으로 확신하게 되었다.

이제 당신은 5년간 사망 확률 28%와 생존 확률 72% 사이에 어떤 차이가 있는지 의아하게 생각할 것이다. 분명 둘 사이에는 아무 차이가 없다. 그러나 인간은 수학적으로 생각하지 않는다. 사망 확률 28%의 경우, 네로는 자신이 죽은 모습과 성가신 장례 절차를 떠올린다. 반면 생존 확률 72%의 경우에는 쾌활한 기분이 된다. 완치된 뒤 알프스에서 스키를 즐기는 모습이 떠오른다. 암 선고를 받고서 네로는 자신이 72%는 살고 28%는 죽는다고 생각한 적이 한 번도 없었다.

네로가 이런 식으로 복잡하게 생각하지 못하는 것처럼, 소비자들도 햄버거의 25%가 지방인 경우와 햄버거의 75%가 지방이 아닌 경우는 다르다고 생각한다. 통계적 유의성에 대해서도 마찬가지다. 전문가들조차 너무 성급하게 가설을 받아들이거나 기각한다. 최근 투자실적에 따라 희비가 교차하던 치과의사의 사례를 기억하라. 왜 그럴까? 규칙에 따라 행동할 경우에는 뉘앙스를 느끼지 못하기 때문이다. 이웃을 죽이든지 죽이지 않든지 둘 중 하나를 선택하게 된다. (예컨대 반만 죽이는 것처럼) 중간적인 감정은 쓸모없거나 매우 위험하다. 우리를 행동으로 몰아가는 감정 기관은 이러한 뉘앙스를 이해하지 못한다(이해하는 것은 비효율적이다). 11장의 나머지 부분에서는 이 분야의 연구를 곁들여 이런 맹점에 대해 간략하게 설명하겠다.

철학적 관료를 조심하라

오랜 기간 우리는 자신의 능력을 잘못 알고 있었다. 인간은 사물에 대해 사고하고 이해하는 훌륭한 능력을 타고났다고 믿었다. 하지만 근본적으로 잘못된 이해다. 사고는 착각을 일으킨다. 그리고 사고는 엄청난 에너지 낭비일 수도 있다.

관료가 존경받는 철저한 사회주의 국가에서 당신이 정부 관료 앞에 서 있다고 가정하자. 당신은 잘 팔릴 것으로 예상되는 뉴저지 지역에 초콜릿을 수출하기 위해서 서류에 도장을 받으려고 한다. 정부 관료의 기능이 무엇이라고 생각하는가? 이 거래와 관련된 일반 경제 이론에 관료가 관심이 있으리라고 생각하는가? 그가 맡은 업무는 담당 부서로부터 10여 개의 서명을 받았는지 확인한 뒤 서류에 도장을 찍어주는 일이다. 경제성장이나 무역수지는 그의 관심사가 전혀 아니다. 사실은 관료가 이런 분야에 대해 생각하지 않아서 천만다행이다. 그가 무역수지에 관한 방정식을 푸는 데 시간이 얼마나 걸릴지 생각해보라. 40~45년에 걸친 관료 생활 동안 그는 규정집에 따라 다소 건방진 태도로 서류에 도장을 찍을 것이며, 퇴근해서는 맥주를 마시면서 축구 중계를 즐길 것이다. 관료에게 폴 크루그먼이 국제경제학에 관해 쓴 책을 주면, 그는 암시장에 내다 팔거나 조카에게 건네줄 것이다.

그래서 규정도 나름대로 가치가 있다. 우리가 규정을 따르는 것은 최선이어서가 아니라, 유용하고 시간과 노력을 절감해주기 때문이다. 길을 가다가 호랑이를 만났다고 치자. 호랑이의 종류를 따지고 위험도에 대해 이론을 세우다가는 그 자리에서 잡아먹히고 말 것이다. 반면 호랑이를 보자마자 아무 생각 없이 전력을 다해 달아난다면 나보다 발이 느린 다른 사람이 대신 잡아먹히는 덕분에 살아남을 수도 있다.

제한적으로 합리적

우리 두뇌는 작용할 때 항상 지름길을 찾아낸다. 이 사실을 처음 발견한 사람은 허버트 사이먼Herbert Simon으로 다양한 경력을 갖춘 흥미로운 인물이다. 그는 정치학자로 출발했다. 외교잡지 〈포린 어페어즈Foreign Affairs〉에 아프가니스탄에 관한 글을 쓰는 부류의 정치학자가 아니라 정식 사상가였다. 사이먼은 인공지능 분야의 개척자였고, 컴퓨터과학과 심리학을 가르쳤으며, 인지과학·철학·응용수학을 연구했고, 노벨 경제학상을 받았다. 그는 우리가 인생의 모든 단계에서 최적화를 시도한다면, 무한한 시간과 에너지가 들어갈 것으로 생각했다. 따라서 최적화 작업은 어디에선가 중단되어야만 한다. 사이먼은 컴퓨터과학으로부터 이 직관을 얻었다. 그는 컴퓨터과학센터로 유명한 피츠버그 소재 카네기멜론 대학에서 평생을 보냈다. 그의 아이디어는 '충족Satisficing'이었다(satisfy와 suffice를 결합한 단어). 충족에 가까운 답을 얻으면 사람은 최적화를 중단한다는 뜻이다. 그렇지 않으면 아주 사소한 결론이나 행동에 이르기까지 무한한 시간이 걸릴 것이다. 따라서 인간은 합리적이지만 그 방식은 제한적이다. 즉, 인간은 '제한적으로 합리적'이다. 그는 우리 두뇌가 어느 지점에서 중단되도록 설계된 최적화 기계라고 믿었다.

하지만 그렇게 대충 최적화하는 것 같지는 않다. 이스라엘 출신 두 학자의 연구에 의하면, 인간의 행동은 사이먼이 말한 최적화 프로세스와 전혀 다른 것으로 보인다. 두 학자는 예루살렘에서 자신의 사고를 다각적으로 성찰하여 합리적 모델과 비교했고, 질적인 차이를 발견했다. 두 사람은 추론 과정에서 동일한 실수를 저지를 때마다 학생들을 대상으로 실증 분석을 시행하였고, 사고와 합리성의 관계에 대해 매우 놀라운 사실을 발견했다. 이제 이들이 발견한 사실들을 살펴보자.

■── 불완전한 정도가 아니라 결함투성이

카너먼과 트버스키

지난 200년 동안 경제학적 사고에 가장 큰 영향을 미친 사람은 누구인가? 존 메이너드 케인스도, 앨프리드 마셜Alfred Marshall도, 폴 새뮤얼슨도 아니고, 밀턴 프리드먼도 분명 아니다. 답은 두 신경제학자 대니얼 카너먼과 아모스 트버스키다. 이들은 불확실한 상황 속에서 인간은 확률적 사고와 최적화된 행동을 하지 못한다는 사실을 집중적으로 밝혀 냈다. 이상하게도 불확실성을 장기간 연구한 경제학자들이 발견한 사실은 많지 않다. 이들이 일부 안다고 생각했던 것조차 착각이었다. 케인스, 나이트Knight, 셰클Shackle 같은 예리한 거장들을 제외하면 경제학자들은 자신이 불확실성을 전혀 모른다는 사실조차 파악하지 못했다. 거장들은 위험에 대해 논하면서, 자신이 위험에 대해 얼마나 모르는지도 모른다고 밝혔기 때문이다. 반면에, 심리학자들은 문제를 살펴보고 나서 구체적인 결과를 제시했다. 경제학자들과는 달리 이들은 실험을 수행했다. 내일 몽골의 울란바토르에서도 똑같이 반복할 수 있는 통제 실험을 수행했다. 기성 경제학자들은 이런 호사를 누리지 못했다. 이들은 과거 사실을 관찰하여 장황하게 수학적으로 설명을 붙인 뒤 서로 말다툼을 벌였기 때문이다.

카너먼과 트버스키는 사이먼과 전혀 다른 방향으로 연구를 진행하여 인간이 합리적이지 않다는 사실을 발견하기 시작했다. 이들은 인간의 비합리성을 밝힌 원리들을 어림법heuristics이라고 불렀는데, 이는 합리성 모델을 단순화한 것이 아니라, 그것과는 방법론 자체가 전혀 달랐다. 이들은 이 방법을 '빠르고 더러운' 어림법이라고 불렀다. 더럽다고 표현한 것은 이런 지름길에 부작용이 있기 때문이다. 이 책 앞에서도 설명했지만, 편향이 발생한다(인간은 추상적인 위험을 위험으로 인식하지 못한다). 이로부터 '어림법과 편향'이라는 실증 연구의 전통이 시작되었다. 이 기법은 실증주의와 실험을 사용한다는 점에서 인상적이다.

카너먼과 트버스키의 연구 이후 행동재무학과 행동경제학이라는 학문 분야가 크게 발전했다. 이들은 경영대학원과 경제학과에서 효율적 시장, 합리적 기대 등의 개념을 가르치는 이른바 정통 신고전주의 경제학을 공개적으로 부인했다.

이제 실증과학과 규범과학의 차이를 알아보자. 규범과학은 (분명 자기모순적인 개념이지만) 규범을 가르친다. 사물이 마땅히 어떠해야 하는지를 연구한다. 예컨대 시장이 효율적이라고 믿는 일부 경제학자들은 인간이 합리적으로 생각하고 행동해야 자신에게 최선이 되므로, 이 가정 아래 연구를 진행해야 한다고 믿는다. 그 반대 관점이 실증과학인데, 사람들의 실제 행동을 관찰하여 연구를 진행한다. 경제학자들이 부러워하는 물리학이 본래부터 실증과학인 데 반해, 특히 거시경제학과 금융경제학을 포함한 경제학은 규범과학이 주도하고 있다. 규범경제학은 아름다움이 빠진 종교와 같다.

대니얼 카너먼과 실험주의 경제학자 버넌 스미스Vernon Smith는 실험 중심 연구를 통해서 노벨 경제학상을 받은 첫 번째 진정한 과학자다. 이 연구가 과학적으로 확고한 이유가 또 있는데, 심리학에 문외한인 사람도 아주 쉽게 읽을 수 있다는 점이다. 전통 경제학과 재무학 논문은 이 분야 전문가조차 읽기 어렵다는 사실과 대조적이다. 관심 있는 독자라면 어림법과 편향에 관한 그들의 논문집을 네 권 정도 찾을 수 있다.

당시 경제학자들은 인간의 비합리성에 관한 이야기에 그다지 관심이 없었다. 호모 에코노미쿠스Homo economicus가 규범적 개념이었던 시대다. 경제학자들은 인간이 완벽하게 합리적이지는 않지만 최적에 가깝다는 사이먼의 주장은 쉽게 받아들였지만, 인간이 불완전한 정도가 아니라 결함투성이라는 주장은 받아들이려 하지 않았다. 카너먼과 트버스키는 동기부여를 해도 사람들의 편향성이 사라지지 않는다는 사실을 밝혔다. 이들은 다른 방식으로 추론했으나 확률 개념은 약했다.

▪ ━ 나폴레옹은 어디 있는가

어떤 다국적 기업이 일관성 없는 다양한 규정에 따라 운영된다면, 지역마다 업무 방식이 제각각일 것이다. 모든 규정이 규정집에 들어 있다고 가정하자. 직원의 반응은 특정 시점에 규정집의 몇 쪽을 보느냐에 따라 좌우될 것이다. 사회주의 국가의 예를 들어 설명하겠다.

소련 붕괴 후 러시아에서 활동하던 서구 사업가들은 법률 시스템에서 짜증스런 사실을 발견했다. 각종 법률이 상충하면서 모순이 발생했던 것이다. 어느 조항을 참조하느냐에 따라 상황이 달라졌다. 러시아인들이 장난삼아 법을 그렇게 만들어놓았는지는 알 수 없지만, 한 가지 법을 지키려면 다른 법을 위반해야 할 지경이었다. 변호사들은 대화 상대로는 무척 따분한 사람들이다. 보드카 냄새를 풍기면서 강한 억양으로 엉터리 영어를 쓰는 따분한 변호사와 대화를 나누기란 정말 어렵다. 그래서 사람들은 대화를 포기한다. 법률 체계가 누더기처럼 된 것은 각종 법률을 제각각 산발적으로 만들었기 때문이다. 항상 기준이 되어 전체적으로 일관성을 유지해주는 중심 체계 없이, 새 법을 여기저기 덧붙여서 너무 복잡해졌기 때문이다.

나폴레옹도 프랑스에서 비슷한 상황을 맞이했다. 그러나 그는 하향식 법전을 만들어서 완벽하게 논리적 일관성을 유지했다. 인간의 사고에도 같은 문제가 있지만, 아직은 낡은 체계를 무너뜨리고 중심 체계를 만들어낼 나폴레옹이 등장하지 않았다. 게다가 인간의 사고는 법률 체계보다 훨씬 복잡해서, 효율성을 높일 필요가 아주 많다.

같은 상황에서도 어떤 조항을 참조하느냐에 따라 당신 두뇌의 반응이 달라진다고 가정하자. 중앙처리시스템이 없으면 우리의 결정은 서로 충돌을 일으킨다. 우리는 오렌지보다 사과를 좋아할 수도 있고, 배보다 오렌지를 좋아할 수도 있고, 사과보다 배를 좋아할 수도 있다. 어떤 대안을 맞이하느냐에 따라 선택이 달라진다. 우리가 알고 있는 모든 정보를 동시에 사용할 수 없기 때문에 이런 편향이 발생하는 것이다. 어림법의 중요한 속성 중 하나는 추론을 하지 못한다는 점이다.

나는 마지막 거래만 기억한다

문헌에는 이런 다양한 어림법이 매우 많다(중복도 많다). 여기서는 어림법의 목록을 열거하는 대신, 그 어림법 형성에 바탕이 된 직관을 살펴보기로 한다. 트레이더들은 오랜 기간 행동재무학을 전혀 알지 못했으므로, 이상한 규칙성이 나타나면 단순한 확률 추론과 사람들의 인식을 이용했다. 그래서 트레이더들은 나름대로 각종 이름을 붙였는데, 예를 들면 '나는 마지막 거래만 기억한다' 효과, '핵심 내용' 효과, '월요일 아침 쿼터백' 어림법, '돌아보면 명확하다' 효과 등이 있다. 나중에 어림법 문헌에서 '기준점anchoring', '감정 어림법affect heuristic', '후견지명 편향hindsight bias' 등을 발견했을 때 트레이더들은 자신의 생각이 옳았음을 확인하기도 했지만 동시에 실망하기도 했다(트레이딩이 정말로 실험과학이라고 생각하게 되었다). 두 세계의 관계를 표6에 정리했다.

먼저 '나는 마지막 거래만 기억한다'에서 시작하자. 이는 기준을 0으로 재설정해서 하루나 한 달을 새로 시작하는 행태를 말한다. 이것은 현실을 가장 심하게 왜곡하면서 가장 심각한 결과를 부르는 행태다. 전체 맥락을 파악하기 위해 알고 있는 지식을 모두 불러올 필요는 없다. 어떤 시점에 필요한 지식을 단편적으로 불러내어 사용했다가 일부 장소에 보관해두면 된다. 이는 임의로 준거점을 정해서 그 기준점에서 벗어나는 부분에 대해서만 반응한다는 뜻인데, 이 과정에서 우리는 절대적 차이가 아니라 특정 기준점으로부터의 차이만 바라보고 있다는 사실을 망각한다.

트레이더들 사이에 잘 알려진 격언 가운데 "인생은 점진적이다"라는 말이 있다. 당신이 트레이더가 되어 3장에 나오는 치과의사처럼 일

트레이딩과 과학 연구		표6
트레이딩 표현	**문헌 표현**	**설명**
"나는 마지막 거래만 기억한다."	전망 이론	절댓값 대신 차이에 주목하여 특정 준거점으로 기준을 재설정
"핵심 내용 효과" "두려움은 사라진다."	감정 어림법, 위험 감지 이론	사람들은 추상적 위험이 아니라 구체적이고 가시적인 위험에 반응한다.
"너무도 분명했다." "월요일 아침 쿼터백"	후견지명 편향	사후에 보면 더 예측 가능했던 것처럼 생각된다.
"네가 틀렸다."	소수의 법칙	귀납법 오류. 일반 이론으로 성급하게 비약
브루클린 지능과 MIT 지능	추론의 두 시스템	작업하는 두뇌와 추론하는 두뇌는 다르다.
"그런 일은 절대 없어."	과신	확률을 과소평가해서 위험을 감수

정 간격을 두고 실적을 확인한다고 가정하자. 당신은 어떤 주기로 실적을 확인하겠는가? 매달, 매일, 매시간? 아니면 오늘까지의 평생 실적? 월간 실적은 나빠도 일간 실적은 좋을 수 있다. 어떤 기간을 주로 사용하겠는가?

도박을 할 때 당신은 어떤 식으로 계산하는가? '도박이 끝나면 내 순자산이 9만 9,000달러가 되거나 10만 1,500달러가 될 것이다'라고 생각하는가? 아니면 '나는 1,000달러를 잃거나 1,500달러를 딸 것이다'라고 생각하는가? 도박에 따르는 위험과 보상에 대한 태도는 순자산 총액 기준으로 보느냐, 자산의 증감 기준으로 보느냐에 따라 달라진다. 하지만 현실에서 우리는 자산의 증감만을 보게 된다. 그런데 손실이 이익보다 더 고통을 주며 그 방식도 다르므로, 마지막 증감이 누적 실적에 해당하는 순자산 총액보다 더 의미가 있다.

이렇게 인식은 전체보다 부분에 좌우되며, 행복감도 이런 방식으로 영향을 받는다. 100만 달러를 거저 얻었다고 가정하자. 다음 달에 30만 달러를 잃는다. 이제 재산이 감소하였으므로 심리적으로 고통을 받게 되는데, 아예 처음부터 70만 달러를 받았거나, 더 좋게는 35만 달러씩 두 번 받았다면 이런 고통도 없을 것이다. 게다가 우리 두뇌는 총액보다 증감을 더 쉽게 인식하므로, 부유한지 가난한지 판단할 때도 다른 기준을 동원한다. 만약 어떤 것을 다른 것과 비교하게 되면, 다른 것을 조작할 수 있다. 심리학자들은 이렇게 사물을 어떤 기준과 비교하는 효과를 '기준점 효과'라고 부른다. 이 논리를 극단적으로 확대하면, 사람들은 항상 기준을 재설정하기 때문에 재산 자체로는 행복을 느끼지 못한다는 사실을 알 수 있다. 하지만 재산이 꾸준히 증가하는 것처럼 긍정적인 변화를 일으킬 때는 행복을 느낄 수 있다. 뒤에 더 설명하기로 한다.

기준점 효과에는 다른 측면도 있다. 같은 방향으로 두 가지 기준을 사용할 수 있는 경우, 행동은 크게 좌우되지 않는다. 어떤 숫자를 예측해달라고 부탁하면, 사람들은 자신이 생각하거나 방금 들은 숫자와 비교해서 예측한 숫자를 제시한다. 카너먼과 트버스키는 실험 대상자에게 0~100 사이의 숫자를 마음대로 선택하게 한 다음, 유엔에 가입된 아프리카 국가의 비중을 예측해보라고 요청했다. 사람들은 자신이 뽑은 숫자를 기준으로 비중을 예측했다. 임의로 뽑은 숫자가 큰 사람은 비중이 높다고 예측했고, 숫자가 작은 사람은 비중이 낮다고 예측했다. 오늘 아침 나도 실증 분석을 시행했다. 호텔 접수계 직원에게 공항까지 시간이 얼마나 걸리느냐고 물었다. 내가 "40분 걸리나요?"라고 묻자, 직원은 "35분 정도 걸립니다"라고 대답했다. 이어서 프런트 여직원에게 공항까지 20분이면 갈 수 있는지 물었다. 여직원은 "아니요, 약 25분 걸립니다"라고 대답했다. 내가 소요 시간을 재보니 31분이었다.

바로 이런 기준점 효과 때문에 사람들은 순자산 총액 대신 어떤 기준 금액으로부터의 증감에 반응한다. 경제학자들은 어떤 사람이 50만 달러를 보유했을 때보다 100만 달러를 보유했을 때 더 만족한다고 주장하므로, 이런 기준점 효과는 경제학 이론과 중대한 갈등을 일으킨다. 앞에서 우리는 존의 재산이 1,000만 달러에서 100만 달러로 줄어드는 모습을 보았다. 그는 재산이 줄어 100만 달러가 남았을 때보다 무일푼에서 시작하여 50만 달러를 모았을 때 더 행복했다. 또한 포트폴리오의 실적을 더 자주 확인할수록 더 불행을 느꼈던 치과의사의 사례도 떠올리기 바란다.

고스톱으로 딴 박사학위

나는 한낮에 피트니스클럽에 들러서 동유럽 출신 사람과 흥미로운 대화를 나누곤 했다. 그는 물리학 박사 겸 재무관리 박사였다. 증권회사에서 근무하는 그는 시장 이야기에 심취해 있었다. 한번은 그날 주식시장이 어떨 것 같으냐고 내게 끈질기게 물어왔다. 나는 "잘 모르겠지만, 내리지 않을까요?"라며 의례적인 대답을 했다. 한 시간 전에 물어보았다면 아마 오른다고 대답했을지도 모르겠다. 다음 날 그는 나를 보자 따져 물었다. 시장이 올랐으니 나의 '예측'이 틀렸으며, 나의 신뢰도에 문제가 있다고 말했다. 단 한 번의 관찰로 나의 예측 능력과 '신뢰도'에 대해 그가 결론을 내린 것이다. 만일 내가 전화로 목소리를 바꿔 통계학 박사라고 소개하면서, 통계학에 관한 설문조사를 하는 것처럼 가장해서 위와 같은 상황을 설명했다면, 그는 분명 비웃으면서 이렇게 말했을 것이다. "통계학 박사님, 당신은 박사학위를 고스톱 쳐서 따셨습니까?"

위 결론에는 두 가지 문제가 있다. 첫째, 그 계량분석가는 통계적 두뇌가 아니라 다른 두뇌로 추론했다. 둘째, 소규모 표본의 중요성을 과대평가했다. 이 경우, 단 한 번의 관찰로 결론을 내렸으니, 최악의 추론을 한 셈이다. 수학자들도 수학 분야를 벗어나면 엄청난 수학적 실수를 저지른다. 카너먼과 트버스키는 수학 심리학자들을 실험 대상으로 삼은 적이 있었다. 이들 중에는 통계학 교과서를 지은 사람도 있었지만 그들 역시 실수를 저질렀다. "응답자들은 소규모 표본에서 나온 결과를 지나치게 신뢰했으며, 이들의 통계적 판단은 표본 규모와 거의 상관이 없었다." 곤혹스러운 점은 이들이 통계 분야 전문가들이었다는 사실이다. 어림법을 몇 가지 더 열거하겠다.

(a) 가용성availability 어림법: 사람들은 전국에서 발생하는 지진보다 캘리포니아에서 발생하는 지진이 잦을 것으로 생각했다. 또한 어떤 방식으로 사망할 확률보다 테러로 사망할 확률이 더 높다고 생각했다. 이는 그 사건을 떠올리기 쉬우면 그 사건의 발생 빈도가 높다고

예측하기 때문이다.

(b) 대표성representativeness 어림법: 어떤 사람의 특성이 '전형적인' 집단 구성원과 비슷하면, 그 사람도 그 집단 구성원일 확률이 높다고 평가한다. 또한 페미니스트 스타일 철학과 학생은 은행 텔러보다 페미니스트 은행 텔러가 될 확률이 높다고 생각한다. 이것은 '린다 문제Linda Problem'로 알려졌으며, 이에 관해서 수많은 논문이 발표되었다('합리성 토론'에 참여한 사람 중의 일부는 카너먼과 트버스키가 인간에 대해 매우 규범적인 요구를 한다고 생각했다).

(c) 시뮬레이션 어림법: 실제 사실을 무시하고 대체 시나리오를 생각하는 경향으로, 사람들은 기차를 놓치지 않았다면 어떤 일이 일어났을까 상상한다. 나스닥 기술주 거품이 절정에 이르렀을 때 주식을 모두 처분했다면, 현재 얼마나 부자일까 상상할 수도 있다.

(d) 감정affect 어림법: 현재의 감정이 판단에 영향을 미친다.

추론 시스템은 두 가지다

이후 연구에서는 이 문제를 세련되게 정리했다. 인간이 추론하는 방법은 두 가지인데, 하나는 어림법이고, 다른 하나는 합리성이다. 2장에 등장한 인물은 교실에서 사용하는 두뇌와 실생활에서 사용하는 두뇌가 달랐다. 물리학에 통달한 사람이 왜 운전할 때는 물리학의 기본 원리를 적용하지 못하는지 이상하지 않은가? 연구자들은 인간의 두뇌 활동을 이른바 시스템 1과 시스템 2, 두 가지로 구분한다.

시스템 1이 관장하는 활동은 힘들지 않고, 자동적이고, 연상적이고, 신속하고, 평행 프로세스이고, 불투명하고(무의식적), 감정적이고, 확고

하고, 구체적이고, 사교적이고, 개인적이다.

시스템 2가 관장하는 활동은 힘들고, 통제적이고, 연역적이고, 느리고, 연속적이고, 자각적이고, 중립적이고, 추상적이고, 집합적이고, 비사교적이고, 객관적이다.

나는 전문 옵션 트레이더와 시장 조성자들은 늘 확률 게임을 실행하므로 다른 사람들보다 확률적 사고가 훨씬 발달했으리라고 생각했다. 역시 내 생각이 맞는 것으로 확인되었다. 어림법 및 편향 연구자들은 시스템 1이 경험을 통해서 시스템 2의 요소들과 통합될 수 있다고 믿는다. 예를 들어, 우리가 체스를 배울 때는 시스템 2를 사용하지만, 체스를 직관적으로 이해하는 수준이 되면 체스판을 흘끔 보기만 해도 상대가 얼마나 고수인지 즉시 파악할 수 있게 된다.

다음에는 진화심리학의 관점을 소개한다.

▪── 첫 데이트 상대와 결혼하지 않는 이유

진화심리학이라는 또 다른 학문 분야에서는 같은 문제를 전혀 다른 방식으로 접근한다. 이와 관련해 평행선을 긋는 토론이 학계에서 진행되고 있는데, 격렬하긴 해도 크게 우려할 수준은 아니다. 진화심리학자들은 인간이 확률적 추론에 취약하다는 카너먼-트버스키 학파의 주장에 동의한다. 다만 그 이유가 사물을 현재 상황에서 표현하는 방식에 문제가 있기 때문이라고 생각한다. 진화심리학에 따르면, 인간은 과거에는 확률적 추론에 최적화되어 있었지만, 현재는 환경이 과거와 달라졌다. 진화심리학계를 대표하는 과학 지성 스티븐 핑커Steven Pinker는 "인간의 두뇌가 진실을 찾기보다는 적응을 잘하도록 만들어졌다"라고 말했는데, 이 말에 진화심리학의 관점이 요약되어 있다. 이들은 우리 두뇌가 사물을 이해하기에 적합하지 않다는 점에는 동의하지만 편향되지 않았다고 믿으며, 원래의 환경에서 사용하지 않는 경우에만 편향된다고 생각한다.

　이상하게도, 당시 경제학자들은 카너먼-트버스키 학파에 대해 크게 비판하지 않았다(기성 경제학자들의 신뢰도는 항상 매우 낮았으므로, 과학계나 실물 세계나 경제학자들의 반응에 관심을 두는 사람이 거의 없다). 대신 사회생물학자들이 반대 의견을 제시했다. 핵심 쟁점은 인간의 본성을 이해하려면 진화론이 중추가 되어야 한다는 주장이었다. 그래서 격렬한 논쟁이 벌어지긴 했지만, 이 책에서 다루는 주요 사항에 대해서는 모두 동의했다.

(a) 선택할 때 인간은 사고가 아니라 어림법을 사용한다.
(b) 진정한 이유가 무엇이든, 현대 세계에서 인간은 통계에 대해 심각한 실수를 저지른다.

　이제 신경제학도 분열되고 있다. 카너먼과 트버스키를 통해서 행동경제학이라는 분야가 탄생한 것처럼, 진화심리학에서도 새로운 경제학이 출현하고 있다. 《비열한 유전자Mean Genes》의 공동 저자인 경제학자 겸 생물학자 테리 번햄Terry Burnham 같은 인물이 동굴인 경제학을 제시하고 있다.

인간이 타고난 환경

나는 진화론에는 아마추어 수준이므로 너무 깊이 들어가지는 않겠다(도서관에서 많은 시간을 보냈지만, 진화론 분야에서는 늘 아마추어 같은 기분이다). 분명 우리가 과거에 물려받은 환경은 오늘날과 달랐을 것이다. 내가 동료 트레이더들의 의사 결정에 동굴인의 습성이 남아 있다고 말한 적은 많지 않다. 그러나 시장이 갑자기 움직일 때면 나는 근처에서 어슬렁거리는 표범이라도 발견한 것처럼 아드레날린이 솟구치는 기분이다. 돈을 잃으면 수화기를 부숴버리는 동료의 심리는 우리의 공통 조상인 동굴인에 더 가깝다고 볼 수 있다.

그리스와 라틴 고전을 자주 읽는 사람들에게는 진부한 이야기가 되겠지만, 수천 년 전 사람들도 우리와 비슷한 감정과 감수성을 지녔다는 사실을 발견하면 사람들은 깜짝 놀란다. 어린 시절 박물관에서 고대 그리스 조각상에 드러나는 사람의 모습이 우리와 똑같다는 사실에 놀라곤 했다. 2,200년이 긴 세월이라는 생각부터가 잘못이었다. 프루스트가 자주 쓴 글에 따르면, 호머의 시에 등장하는 영웅들도 오늘날 우리와 비슷한 감정을 느꼈다는 사실을 발견할 수 있다. 유전자 측면에서, 3천 년 전 호머의 영웅들은 오늘날 주차장에서 채소를 나르는 통통한 40대 남자와 거의 똑같을 것이다. 여기서 그치지 않는다. 우리는 8천 년 전 시리아 남동부에서 메소포타미아 남서쪽으로 펼쳐진 땅에서 이른바 '문명'을 시작한 사람들과 정말이지 똑같다.

우리가 물려받은 환경은 무엇인가? 물려받은 환경이란, 가장 많이 번식하고 가장 많은 세대에 걸쳐 살았던 환경을 말한다. 인류학자들의 일치된 의견을 받아들이면, 인류는 13만 년 동안 독립된 종으로 생존했고, 대부분의 기간을 아프리카 사바나 지역에서 보냈다. 하지만 그렇게 먼 과거까지 거슬러 올라갈 필요가 없다. 약 3천 년 전 비옥한 초승달 지역의 도시에 거주했던 사람들의 생활을 상상해보자. 유전자 관점에서 이 정도면 분명 현대에 해당한다. 물리적인 전달 수단이 부족했으므로 정보가 제한되었다. 빠른 속도로 이동할 수 없었으므로 먼 곳에서 오는 정보는 간략하게 요약되었다. 여행에는 온갖 물리적 위험이 따랐다. 기근이 들거나 야만족이 침입하지 않는 한 사람들은 태어난 곳 근처에 모여 살았다. 평생 만나는 사람의 수도 적었다. 범죄가 발생하면 용의자 수가 적어서 증거를 찾아내기도 쉬웠을 것이다. 누군가 누명을 쓰게 되면, 그는 다음과 같이 아주 단순하게 증거를 제시할 것이다. "나는 현장에 없었습니다. 바알 신전에서 기도하고 있었는데, 해 질 무렵 대제사장도 나를 보았습니다." 이어 이웃집 남자가 범죄로부터 얻을 것이 더 많다고 덧붙일 것이다. 우리의 생활은 단순했을 것이고, 따라서 확률 공간도 협소했을 것이다.

앞에서 언급했지만, 진정한 문제는 이런 물려받은 환경에 정보가 많지 않았다는 사실이다. 효율적인 확률 계산은 최근까지 전혀 필요가 없었다. 그래서 도박에 관한 논문이 등장한 뒤에야 확률 수학이 발전하게 되었다. 사람들은 중세 암흑시대가 결정론에 방해되는 움직임을 탄압했기 때문에 확률 연구가 지연되었다고 생각한다. 이런 생각은 지극히 모호하다. 단지 겁이 나서 확률 계산을 하지 않았던 게 아닐까? 분명 필요하지 않아서 확률 계산을 하지 않았을 것이다. 대부분의 문제는 우리 유전자보다 우리가 그런 환경 속에서 훨씬 빨리 발전했다는 사실에 기인한다. 더욱 불행한 사실은, 우리 유전자가 전혀 바뀌지 않았다는 점이다.

빠르고 간소하다

진화론자들은 두뇌의 작용이 대상을 표현하는 방식과 틀에 좌우된다고 생각하며, 이에 따라 결과도 다양하게 나올 수 있다고 보았다. 우리의 두뇌는 사기꾼을 간파하는 부위와 논리적 문제를 풀어내는 부위가 다르다. 사람들이 선택에 일관성을 유지하지 못하는 이유는, 두뇌 여러 부분이 제각각 부분 작업을 수행하기 때문이다. 이러한 어림법을 심리학자들은 '빠르고 더럽다'고 표현하고, 진화심리학자들은 '빠르고 간소하다'고 표현한다. 그뿐만 아니다. 인지과학자 게르트 기거렌저 Gerd Gigerenzer 같은 사상가는 카너먼이나 트버스키와는 전혀 다른 관점을 고수한다. 그가 ABCAdaptive Behavior and Cognition, 적응 행동 및 인지 그룹 동료와 수행한 연구에 따르면, 인간은 합리적이며 진화를 통해서 이른바 '생태적 합리성'이라는 합리성을 낳는다. 또한, 인간은 배우자나 식사를 선택하는 상황에서도 확률을 최적화하여 행동하도록 고정화되어 있을 뿐 아니라, 주식을 정확하게 설명할 때는 주식도 적절하게 선택하도록 고정화되어 있다고 믿는다.

실제로 기거렌저는 인간이 확률을 제대로 이해하지 못한다는 점에는 동의하지만, 빈도에 대해서는 제대로 반응한다고 생각한다. 그의 설명으로는, 우리가 흔히 착오를 일으키는 문제를 퍼센트로 풀어서 설명하면 착오가 사라진다.

이들의 연구에 따르면, 우리는 두뇌를 하향식 중앙처리시스템으로 생각하고 싶어 하지만, 야전용 나용도 나이프로 보는 편이 더 적절하다. 왜 그럴까? 심리학자들이 사용하는 분석의 틀은 '영역 특수적 적응'과 '영역 전반적 적응'으로 구분되어 있다. 영역 특수적 적응은 특정한 과업을 해결한다는 뜻이지만, 영역 전반적 적응은 전체 과업을 해결한다는 뜻이다. 생물학적 적응(기린의 긴 목은 먹이를 얻기에 유리하고, 동물의 색상은 위장 수단이 된다)은 이해하기 쉽지만, 인간의 두뇌도 이런 식으로 적응한다는 점은 이해하기가 어렵다.

우리 두뇌는 '모듈' 방식으로 기능한다. 모듈 방식이 흥미로운 점은, 똑같은 문제라도 제공하는 틀에 따라 상황마다 다른 모듈을 사용할 수 있다는 사실이다. 모듈의 한 가지 속성은 '캡슐화encapsulation'이다. 우리는 모듈을 사용하고 있다는 사실을 의식하지 못하므로 모듈의 작용을 간섭할 수 없다. 가장 두드러진 모듈은 사기꾼을 찾아내려 할 때 사용하는 모듈이다. 순전히 논리적으로만 표현할 경우, 문제를 푸는 사람은 15%에 불과하다. 하지만, 똑같은 퀴즈를 사기꾼을 찾아내려는 방식으로 표현하면 거의 모두가 맞춘다.

신경생물학

신경생물학자들도 나름의 관점으로 풀어나가는 이야기가 있다. 이들은 인간의 두뇌가 세 가지라고 본다. 가장 오래된 것은 파충류의 뇌로서 심장박동을 관장하며, 다른 동물도 모두 갖고 있다. 변연계邊緣系는 감정의 중심이 되며 포유류도 갖고 있다. 신피질新皮質은 인지뇌라고도 하는데, 영장류와 인간을 구분해준다(다행히 기관투자가들에게도 신피질은 있는 것 같다). 두뇌의 삼위일체론이 지나치게 단순화된 면은 있지만, 두뇌 기능에 분석의 틀을 제공해주는 듯하다.

뇌의 어느 부분이 어떤 기능을 수행하는지 정확히 파악하기는 매우 어렵지만, 신경과학자들은 뇌 기능을 지도로 만들었다. 예컨대 종양 등으로 뇌 일부가 손상된 환자를 찾아내서, 환자가 상실한 기능을 바탕으로 삼아 그 부위가 수행하던 기능을 추론한 것이다. 일부 부위에 대해서는 뇌 영상법과 전자 시뮬레이션 기법이 동원되기도 했다. 그러나 신경생물학 분야를 벗어나면, 철학자 겸 인지과학자인 제리 포더^{Jerry Fodor}처럼 뇌의 물질적 속성을 조사해서 밝힐 수 있는 지식은 질이 낮은 것으로 생각하는 사람이 많다. 객체인식 분야를 개척한 수학자 겸 인지과학자 데이비드 마^{David Marr}는 새가 나는 원리를 이해하려면 깃털이 아니라 공기역학을 연구해야 한다고 말했다. 이에 관해서 쉽게 쓴 주요 작품 둘을 소개하겠다. 다마지오^{Damasio}의 《데카르트의 오류^{Descartes' Error}》와 르두^{LeDoux}의 《느끼는 뇌^{Emotional Brain}》이다.

《데카르트의 오류》는 매우 단순한 가설을 제시한다. 누군가의 뇌에서 일부를 제거하여 감정만 느끼지 못하게 되었다고 가정하자. IQ와 다른 기능은 모두 그대로 유지된다. 이것은 지능과 감정을 분리하는 일종의 통제 실험이다. 이제 느낌이나 감정의 방해를 받지 않는 순수하게 합리적인 인간이 등장했다. 다마지오의 보고에 따르면, 완전히 비감정적인 사람은 아주 단순한 결정조차 내릴 수가 없었다. 아침에 침대에서 일어날 수도 없었고, 이리저리 재기만 하면서 시간을 낭비했다. 충격적인 결과다. 우리가 기대했던 것과 모든 면에서 정면으로 배치된다. 감정이 없으면 인간은 결정을 내리지 못한다는 것이다. 수학 문제를 풀 때도 똑같았다. 뇌의 크기는 같지만, 많은 변수를 놓고 최적화 작업을 수행할 때 아주 단순한 판단을 내리는 데도 오랜 시간이 걸렸다. 그래서 간단한 방법이 필요했다. 감정이 이런 시간 낭비를 막아준 것이다. 허버트 사이먼이 제시한 아이디어가 떠오르는가? 감정이 바로 이런 역할을 주도하는 것으로 보인다. 심리학자들은 감정을 '이성을 돕는 윤활유'라고 부른다.

르두가 감정의 역할에 대해 제시하는 이론은 더욱 강력하다. 그는 감정이 사고에 영향을 미친다고 설명한다. 그는 감정 시스템으로부터 인지 시스템으로 가는 결합이, 인지 시스템으로부터 감정 시스템으로 가는 결합보다 강하다는 사실을 발견했다. 이는 우리가 감정^{변연계}을 느끼고 나서 설명_{신피질}을 찾아낸다는 뜻이다. 앞에서 클라파레드가 발견한 바와 같이 위험에 대한 의견과 평가는 대부분 감정에서 나온 것인지도 모른다.

법정에 선 카프카

O. J. 심프슨^{O. J. Simpson} 재판은 현대사회가 폭발적으로 증가하는 정보 때문에 확률의 지배를 받는데도 확률의 기본 법칙도 모르는 채 중대한 결정이 내려지는 것을 보여주는 사례다. 우리는 화성에 우주선을 보내면서도, 형사재판에 확률의 기본 법칙조차 적용하지 못한다. 증거는 분명히 확률 개념이다. 나는 '세기의 재판'이 진행되었던 로스앤젤레스 법원 근처 보더스북스^{Borders Books} 서점에서 통계학 서적을 샀다. 통계학 분야의 매우 정교한 계량지식을 구체적으로 정리한 책이다. 불과 몇 km밖에 떨어진 곳에 있는 법조인과 배심원들은 이런 지식을 왜 알 수 없는 걸까?

우리가 확률의 기본 법칙을 오해하는 탓에, 확률 법칙으로는 범죄자나 다름없는(즉, 의심할 여지 없이 범죄자인) 사람이 거리를 활보하고 있다. 마찬가지로, 확률을 제대로 이해하지 못할 때는 무고한 사람도 유죄 판결을 받을 수 있다. 우리 법정은 사건의 결합확률(두 사건이 동시에 발생할 확률)조차 제대로 계산하지 못하기 때문이다. 내가 거래소에서 TV를 보고 있을 때, 한 변호사가 나와 로스앤젤레스에 심프슨과 같은 DNA를 보유한 사람이 적어도 네 명이 있다고 주장했다(결합 사건임을 무시했다). 나는 역겨워서 TV를 껐다. 그때까지만 해도 나는 로마 공화국이 엄격한 기준을 유지한 덕에 법조계에서 궤변이 사라졌다고 생각했었다. 게다가 아내를 학대하는 남자 가운데 아내를 살해하는 사람은 10%에 불과하다고 어느 하버드 출신 교수가 그럴듯한 주장을 폈다. 하지만, 이것은 살인에 대한 무조건 확률이다(이렇게 왜곡해서 말한 이유가 변호냐, 악의냐, 무지 때문이냐는 중요하지 않다). 법은 진실을 추구해야 하지 않는가? 사건을 정확하게 보려면, 남편이 과거에 아내를 구타했고 이후 아내를 살해한 사건의 비중을 계산해야 한다(이 비중은 50%이다). 우리는 이른바 조건부 확률을 다루고 있다. 심프슨이 아내를 죽였을 무조건 확률을 구하는 것이 아니라, 아내가 살해되었다는 조건 아래 심프슨이 아내를 죽였을 확률을 구하는 것이다. 확률적 증거 개념을 다루고 가르치는 하버드 대 교수가 그렇게 부정확한 말을 하는데, 확률을 제대로 배우지 못한 일반인이야 오죽하겠는가?

배심원들이 흔히 착각을 일으키는 것은 결합확률 개념이다. 이들은 증거가 결합한다는 사실을 깨닫지 못한다. 내가 같은 해에 기도氣道암 진단을 받고 핑크빛 캐딜락에 치일 확률은, 각 사건의 확률이 10만 분의 1일 경우에 두 사건의 확률을 곱하면 100억 분의 1이 된다. 혈액 관점에서 심프슨이 살인범이 아닐 확률이 50만 분의 1이고(변호사는 로스앤젤레스에 같은 혈액형을 가진 사람이 넷이라는 궤변을 늘어놓았다), 그가 피살자의 남편이었다는 사실과 추가 증거들을 보태면 증거의 결합 효과 때문에 확률이 그에게 수조 배나 불리해진다.

'배운' 사람들이 더 끔찍한 실수를 저지른다. 내가 결합 사건의 확률이 각 사건의 확률보다 낮다고 말하면 사람들은 놀란다. 가용성 어림법을 기억하라. 린다 문제의 경우, 합리적인 고학력자들조차 한 사건의 확률이 그 사건을 포함한 광범위한 사건의 확률보다 높다고 생각했다. 내가 사람들의 편향을 이용해서 돈을 버는 트레이더라는 점에는 만족하지만, 이런 사회에서 살고 있다는 게 두렵다.

불합리한 세상

카프카의 예언적 소설 《심판》은 아무 이유도 듣지 못한 채 체포당한 요제프 K라는 사람의 곤경을 그렸다. 이 소설은 '과학적' 전체주의라는 기법이 등장하기 전에 쓰였다는 점에서 후련함을 주는 작품이다. 그는 미래에 관료제가 내부 논리에 따라 자동으로 규정을 만들어내면서 스스로 성장하여 인류를 구속한다는 무서운 예측을 했다. 이 소설은 세상이 부조리하다고 보는 '부조리 문학'을 탄생시켰다. 나는 어떤 변호사를 보면 겁이 난다. 심프슨 재판 변론을 들은 뒤 어떤 가능성 때문에 정말로 겁이 났다. 내가 말도 안 되는 이유로 체포당해, 확률을 전혀 모르는 배심원 앞에서 입심 좋은 변호사와 싸워야 하는 상황이 떠올랐기 때문이다.

앞에서 우리는 원시사회라면 단순한 판단만으로도 충분할 것으로 생각했다. 잠재 사건 공간이 1차원이라면 수학 없이도 쉽게 살아갈 수 있다. 그리고 트레이더라면 계량 기법 없이도 거래할 수 있다. 1차원이란 우리가 여러 변수가 아니라, 단 한 가지 변수만 보면 된다는 뜻이다.

한 증권의 가격은 1차원이다. 반면, 여러 증권의 가격은 다차원이며, 분석하려면 수학적 모델이 필요하다. 포트폴리오에서 나올 수 있는 실적은 우리가 직관적으로 이해할 수가 없으며, 심지어 그래프로 나타낼 수도 없다. 우리가 사는 물리세계에서는 3차원까지만 시각적으로 나타낼 수 있기 때문이다. 그래서 우리는 위험을 무릅쓰고 불량 모델을 사용하거나, 무지를 감수할 수밖에 없다. 따라서 수학을 전혀 모르는 변호사와, 적절한 모델을 선택할 줄 몰라서 수학을 오용하는 수학자 사이에 갇혀 곤욕을 치르게 된다(이에 대해서는 뒤에 더 설명하기로 한다). 다시 말해서, 우리는 입담만 좋고 과학을 거부하는 엉터리 변호사의 말에 귀 기울이거나, 과학을 너무 진지하게 받아들이는 경제학자의 잘못된 이론을 적용하게 된다는 뜻이다. 과학의 장점은 두 가지 오류를 어느 정도 허용한다는 점이다. 다행히 중용의 길이 있다. 그러나 슬프게도 이 길을 가는 사람은 거의 없다.

확률에 대한 오해 사례

나는 행동과학 문헌에서 심각한 편향 사례를 40개 이상 발견했는데, 비합리적 행태가 온갖 직업과 분야에 걸쳐 널리 퍼져 있었다. 다음은 잘 알려진 시험인데, 의사들이 부끄러워하는 사례다. 의사들이 다음과 같은 유명한 퀴즈를 풀게 되었다(드보라 베넷Deborah Bennett의 탁월한 저서 《확률의 함정Randomness》에서 인용했다).

어떤 질병 검사의 양성오류(실제로 정상인데 환자로 진단하는 경우)율이 5%이다. 인구의 1,000분의 1이 이 질병에 걸렸다. 감염 의심 여부에 관계없이 무작위로 표본을 추출하여 질병 검사를 시행한다. 한 환자의 검사 결과가 양성으로 나왔다. 이 환자가 실제로 질병에 걸렸을 확률은 얼마인가?

대부분 의사는 검사의 정확도가 95%라는 사실만 고려해서 95%라고 대답했다. 그러나 대상자가 실제로 질병에 걸린 동시에 검사에서 환자로 판정한 경우의 결합확률이 되어야 하므로, 답은 약 2%이다. 정답을 맞힌 전문가는 다섯 명 가운데 한 명도 되지 않았다.

답을 간단하게 설명하겠다. 음성오류(실제로 환자인데 정상으로 진단하는 경우)가 없다고 가정한다. 검사 대상자 1,000명 가운데 감염자는 1명이다. 검사의 정확도가 95%이므로, 나머지 999명 가운데 약 50명이 환자로 판정된다. 정확한 답은 실제 감염자의 수를 환자로 판정된 사람의 수로 나눈 비율이다.

$$\frac{\text{실제 감염자의 수}}{\text{환자로 판정된 사람의 수}} = \frac{1}{51}$$

어떤 질병의 실제 감염 확률이 겨우 2%인데도 당신이 환자로 판정되어, 심각한 부작용이 따르는 치료를 받게 될 경우가 얼마나 많을지 생각해보라.

사람들은 옵션에 장님이다

옵션 트레이더로 활동하면서, 사람들이 옵션을 과소평가하는 모습을 자주 보았다. 이는 옵션의 수학 공식을 다 알더라도, 불확실한 보상 속성을 머릿속으로 정확하게 평가하지는 못하기 때문이다. 규제 담당 자들조차 옵션이 소모성 상품이라고 설명하는 모습을 통해 이런 무지한 행태를 확인할 수 있다. 사람들은 외가격^{OTM}<small>행사 가격이 기초 자산의 시가</small> <small>에서 크게 벗어난 옵션</small> 옵션은 만기가 다가오면 프리미엄이 사라져서 휴지가 된다고 생각한다.

옵션에 대해서 간단히 설명하겠다. 어떤 주식이 100달러에 거래되는데, 한 달 뒤 110달러에 살 수 있는 권리를 누군가 내게 주었다고 가정하자. 이것을 '콜옵션'이라고 부른다. 나는 한 달 뒤 주가가 110달러보다 높은 경우에만 그 주식을 110달러에 넘겨달라고 내 권리를 행사할 것이다. 주가가 120달러로 상승하면 내 옵션의 가치는 10달러가 된다. 그 주식을 110달러에 사서 120달러에 시장에 팔면 차액 10달러를 챙기기 때문이다. 하지만 이 옵션은 변동성이 그다지 높지 않다. 지금 당장은 권리를 행사해도 이익이 없기 때문이다. 그래서 외가격<small>out-of-the-money</small>이라고 부른다.

내가 그 옵션을 1달러에 매입했다고 가정하자. 한 달 뒤 옵션의 가치를 얼마로 예상해야 하는가? 사람들 대부분은 0으로 생각한다. 그러나 틀린 생각이다. 옵션은 변동성이 높다. 예컨대 옵션의 90%는 만기에 0이 되지만, 10%는 평균 10달러의 가치가 될 것이다. 따라서 옵션을 내게 1달러에 파는 사람은 공돈을 버는 것이 아니다. 옵션을 판 사람이 해당 주식을 100달러에 사서 한 달 동안 보유했다면, 그는 120달러에 팔 수 있었다. 따라서 옵션을 팔아 번 돈 1달러는 절대 공돈이 아니다. 마찬가지로, 옵션을 산 것도 돈 낭비가 아니었다. 그러나 전문가들조차 착각을 일으킨다. 왜 그럴까? 기댓값과 가장 유망한 시나리오를 혼동하기 때문이다. 사람들은 가장 유망한 시나리오(예를 들어, 시장의 보합 유지)의 비중을 과대평가한다. 그러나 옵션은 자산에 발생하는 모든 가능성을 고려한 평균값이 되어야 한다.

옵션 매도자는 일종의 만족감도 느끼게 된다. 꾸준히 수익이 발생하므로 계속 보상받는다고 느끼는 것이다. 이를 심리학자들은 흐름^{flow}이라고 부른다. 매일 소액을 번다는 기대감이 있다면 아침 출근길이 매우 즐거울 것이다. 반면 장기적으로는 돈을 버는 전략일지라도 꾸준히 소액을 잃어야 하는 경우라면, 어지간히 강심장이 아닌 한 버티기 어려울 것이다. 나는 이른바 '장기 변동성' 포지션을 유지하는 옵션 트레이더를 거의 보지 못했다. 공정한 게임인 경우에도 이런 포지션을 유지하려는 사람을 거의 보지 못했다.

나는 옵션 트레이더를 프리미엄 매도자와 프리미엄 매입자의 두 부류로 나눈다. 프리미엄 매도자는 앞에 등장했던 존처럼 옵션을 팔아 대개는 꾸준히 수입을 올린다. 옵션 매입자는 그 반대다. 옵션 매도자는 벌 때는 새처럼 조금씩 먹고, 잃을 때는 코끼리처럼 크게 싼다. 내가 만나본 트레이더들은 대부분 옵션 매도자였다. 이들은 파산하면서 대개 남의 돈을 날렸다.

옵션의 메커니즘을 아는 전문가들이 왜 그런 식으로 파산할까? 앞에서도 논의했지만, 우리 행동을 주로 인도하는 것은 뇌의 이성을 관장하는 부위가 아니다. 우리는 감정을 통해서 생각하며, 이를 피할 방법이 없다. 합리적으로 보이는 사람들이 담배를 피우기도 하고 싸우기도 하는 이유다. 마찬가지로, 사람들은 좋은 방법이 아닌 줄 알면서도 옵션을 판다. 대부분의 학자가 그러듯이, 생각에 따라 행동하는 대신 행동에 따라 생각하는 사람도 있다. 이들은 자신의 행동을 정당화하려고 통계를 조작한다. 자산운용업의 경우, 이들은 옵션을 팔아놓고 통계에 대해 자신을 속인다. 어느 쪽이 더 고통스러운가? 1달러씩 100번 잃는 쪽인가, 100달러를 한 번에 잃는 쪽인가? 분명히 첫 번째가 더 고통스럽다. 따라서 쾌락의 관점에서 보면, 경제적으로는 아무 의미가 없더라도, 1달러씩 매일 장기간 벌다가 한꺼번에 모두 날리는 편이 낫다. 그래서 사건 가능성에 대한 이야기를 만들어내면서, 이런 전략을 추구할 유인誘因이 생긴다.

또한, 위험을 무시하는 측면도 있다. 서문에서 나는 사람들이 용기가 있어서가 아니라 위험을 과소평가하기 때문에 위험을 감수한다고 언급했다. 과학자들이 이를 조사했다. 과학자들은 조사 대상자들에게 장래 주가의 98%가 포함되도록 주가 상한선과 하한선을 예측해달라고 요청했다. 분석 결과 이런 상하한선을 벗어나는 예측치가 매우 많아서, 무려 30%에 이르렀다. 이런 오차는 훨씬 심각한 문제에 기인한다. 사람들은 자신의 지식에 대해서는 과대평가하고, 자신이 틀릴 확률은 과소평가하기 때문이다. 옵션에 대한 착각을 보여주는 사례가 또 있다. 다음 중 어느 쪽이 더 가치가 높은가?

(a) 내년의 어느 날, 주식시장이 10% 하락하면 100만 달러를 주는 옵션.
(b) 내년의 어느 날, 테러로 주식시장이 10% 하락하면 100만 달러를 주는 옵션.

사람들은 대부분 (b)를 선택할 것이다.

■── 확률과 대중매체

언론인들은 사실을 정확하게 전달하는 일보다 멋지게 표현하는 일에 능하다. 언론인으로는 박식한 사람보다 말주변이 뛰어난 사람이 우선으로 선발된다. 내 의사 친구들 말에 따르면, 의학 저널리스트들은 의학과 생물학을 전혀 모르며, 기본적인 것에 대해서도 실수를 자주 저지른다. 나 또한 의학 분야 전문가가 아니라서 사실 여부를 확인할 수는 없지만, 이들의 의학 분야 보도에서 확률을 오해한 기사를 발견한다. 이들은 흔히 '증거 없음'과 '없다는 증거'를 혼동한다. 예를 들어, 내가 상기도암에 대해 플루러유러실 화학요법의 효과를 검사했는데, 엉터리 약보다 근소하게 나은 것으로 밝혀졌다. 생존율이 21%에서 24%로 개선되었다. 표본 규모가 크지 않아서 3%의 생존율 차이가 화학요법 때문인지 확신할 수 없다. 순전히 우연일지도 모른다. 나는 연구 결과를 요약한 다음, 화학요법으로 생존율이 개선되었다는 증거가 아직 없으며, 추가 연구가 필요하다는 보고서를 작성할 것이다. 의학 저널리스트는 이 보고서를 읽고 나서 내 의도와는 정반대로, 탈렙 박사가 플루러유러실 화학요법이 효과가 없다는 증거를 발견했다고 보도할 것이다. 소도시에 개업한 순진한 의사는 저널리스트보다 통계를 잘 알지만, 이런 기사를 읽고 나서는 이 화학요법을 쓰지 않기로 작정한다. 이후 후속 연구에서 마침내 화학요법이 생존율을 높여준다는 새로운 증거가 발견되더라도 의사는 이 사실을 알지 못한다.

증권 방송의 호들갑

증권 방송은 금융업계에 여러 가지 혜택을 제공하는데, 그 덕분에 이론에 밝은 여러 금융인이 출연하여 짧은 시간에 자신의 주장을 펼칠 수 있게 되었다. 하지만, 존경받는 인물이 출연해서 주식시장의 속성에 대해 그럴듯하게 들리는 가소로운 소리를 할 때도 많다. 그런 말 가운데 확률의 법칙을 무참히 짓밟는 이야기도 있었다.

어느 여름 나는 피트니스클럽에서 열심히 운동하면서 다음과 같은 이야기를 자주 들었다. "주가지수는 고점에서 10%밖에 안 떨어졌지만, 일반 주식들은 고점에서 거의 40%나 하락했습니다." 이는 커다란 곤경이나 이상 현상을 알리는 약세장의 전조라는 뜻이다.

그러나 일반 주식들이 고점 대비 40% 폭락하는데도 주가지수가 10%만 하락하는 현상은 얼마든지 일어날 수 있다. 우선 주식이 모두 동시에 고점에 도달하지 않는다는 점을 고려해야 한다. 주식들의 상관관계가 100%가 아니라면, 주식 A는 1월에 고점에 도달하고 주식 B는 4월에 고점에 도달하지만, 주식 A와 B의 평균은 2월의 어느 날 고점에 도달할 수 있다.

게다가 주식 A와 B의 상관관계가 마이너스여서 주식 A가 고점에 있을 때 B가 저점에 있다면, 주가지수가 고점을 기록할 때 두 주식 모두 고점에서 40% 하락할 수도 있다. '확률 변수 최댓값의 분포'라는 확률의 법칙에 따르면, 평균의 최댓값은 최댓값의 평균보다 변동성이 반드시 작다.

황금 시간대에 TV에 출연해서 확률에 대해 자주 헛소리를 해대던 금융 전문가가 떠오른다. 그는 외모나 매력, 설명 능력이 뛰어나서 선발되었는지 모르지만, 사고가 예리한 사람은 분명히 아니었다. 예를 들어, 유명한 금융 전문가들은 다음과 같은 실수를 자주 저질렀다. "일반 미국인의 기대수명은 73세입니다. 따라서 당신이 68세라면 5년 더 살 것이므로, 이에 따라 계획을 세워야 합니다." 전문가는 5년을 기준으로 투자하는 방법을 정확하게 설명했다. 그런데 당신이 80세라면 어떻게 해야 하는가? 당신의 기대여명이 마이너스 7년인가? 이런 전문가들은 무조건 기대여명과 조건부 기대여명을 혼동한 것이다. 태어난 시점으로부터 당신의 무조건 기대여명은 73세가 된다. 그러나 나이가 들어가면서 죽지 않는다면, 기대여명은 세월이 갈수록 늘어난다. 왜 그럴까? 기대여명은 평균값인데, 다른 사람들이 평균적으로 그 나이에 죽었기 때문이다. 따라서 당신이 73세인데도 건강하다면, 예컨대 9년을 더 살수도 있다. 그러나 82세가 되어도 여전히 살아 있다면, 기대여명이 또 바뀌어서 5년 더 살 수도 있다. 심지어 100세가 된 사람도 조건부 기대여명이 여전히 남아 있다. 따라서 TV 전문가의 말은 다음과 같은 말과 크게 다르지 않다. "이 수술의 사망률은 1%입니다. 지금까지 수술을 99번 했는데 모두 성공이었습니다. 당신은 100번째 환자이므로 수술 중 사망 확률이 100%입니다."

TV에 출연한 전문가 때문에 몇몇 사람이 혼동할 수는 있지만, 그래도 큰 피해는 없다. 훨씬 더 우려되는 것은 비전문가가 전문가들에게 정보를 제공할 때이다. 다음에는 언론인에 대해 알아보자.

블룸버그 해설

내 책상 위에는 전설적인 설립자의 이름을 딴 블룸버그^{Bloomberg} 단말기가 놓여 있다. 이 단말기는 이메일, 뉴스, 과거 데이터 검색, 차트 작성, 각종 분석, 증권 가격, 환율 등을 제공한다. 나는 이 단말기 없이는 일을 못 할 정도로 중독되었다. 이 단말기가 없다면 세상과 단절된 기분이 들 것이다. 나는 이 단말기로 친구와 접촉하고, 약속을 확인하고, 흥미진진한 논쟁으로 인생에 활기를 북돋운다. 블룸버그 이메일 주소가 없는 트레이더는 업계에 존재하지 않을 정도다. 하지만, 블룸버그에서 없어지면 좋을 기능이 하나 있다. 저널리스트의 해설이다. 이유가 뭘까? 이들이 온갖 해설을 늘어놓으면서 오른쪽 칼럼을 계속 차지하는 바람에, 왼쪽 칼럼이 혼란스러워지기 때문이다. 블룸버그만 그런 것이 아니다. 신문의 비즈니스 분야도 그런 식이라서 지난 10년 동안 나는 신문을 보지 않았다.

이 글을 쓰는 동안에도 내 단말기에 다음과 같은 머리기사가 올라오고 있다.

금리 하락에 다우 1.03 상승

일본 무역수지 흑자 증가로 환율 0.12엔 하락

위와 같은 기사가 화면 전체를 메우고 있다. 이런 내용을 제대로 옮기자면, 언론인들의 설명은 완벽한 소음이다. 11,000 수준인 다우지수가 1.03 움직인 것은 0.01%에도 미치지 못한다. 이런 움직임에 대해서는 설명할 근거가 없다. 정직한 사람이라면 설명할 거리도 없고, 인용할 이유도 없다. 그러나 언론인들은 비교문학을 가르치는 시간 강사처럼 월급을 받는 대가로 무슨 설명이든 기꺼이 제공하려 한다. 유일한 해결책은 마이클 블룸버그가 해설을 제공하는 언론인들에게 월급을 주지 않는 방법뿐이다.

유의성을 완벽한 소음이라고 판단한 이유가 무엇인가? 간단한 비유를 들어보겠다. 당신이 친구와 시베리아를 횡단하는 산악자전거 시합을 벌였고, 1개월 뒤 단 1초 차이로 이겼다고 가정하자. 이 경우 당신은 친구보다 빠르다고 자랑하기가 곤란하다. 당신이 어떤 도움을 받았거나 순전히 운이 좋았기 때문인지도 모른다. 1초 차이는 결론을 내리기에 유의성이 부족하다. 나는 일기장에 다음과 같이 쓰지 않을 것이다. "사이클 선수 A가 B보다 낫다. A는 시금치를 싫어하지만, B는 다이어트 식품인 두부도 먹기 때문이다. 내가 이렇게 추론하는 근거는 5,000km 경주에서 A가 1.3초 차이로 B를 이겼기 때문이다." 혹시라도 그 차이가 1주일이라면, 나는 이유가 두부 때문인지 아닌지 분석을 시작할 것이다.

문제가 또 있다. 설사 통계적 유의성이 있다고 해도, 인과관계를 인정할 수 있어야 한다. 즉, 그 사건이 원인과 연결되어 있어야 한다. 먼저 일어나서 원인이고, 나중에 일어나서 결과라고 볼 수는 없다. 예를 들어 A병원 신생아의 남자 아기 비율은 52%이고, B병원은 48%라면, 당신이 아들을 얻은 것이 A병원에서 낳았기 때문이라고 설명하겠는가?

인과관계가 매우 복잡한 때도 있다. 변수가 많은 경우에는 한 가지 원인을 찾아내기가 대단히 어렵기 때문이다. 이것을 다변량 분석이라고 부른다. 예를 들어, 주식시장은 다음의 여러 변수에 대해 반응할 수 있다. 미국 국내 금리, 달러-엔화 환율, 달러-유로화 환율, 유럽 주식시장, 미국 무역수지, 미국 인플레이션, 기타 수십 가지 요소. 언론인은 이런 요소들을 모두 살펴보고, 각 변수가 과거에 미쳤던 영향을 독립적으로도 보고 결합해서도 보아야 하며, 각 영향의 안정성도 따져보고, 분석 통계를 참고한 다음 해당 요소를 찾아내야 한다. 끝으로, 해당 요소의 신뢰 수준도 높아야 한다. 만일 90% 미만이라면 가설을 기각해야 한다. 흄이 인과관계에 극도로 집착해서 어떠한 추론도 받아들이지 못했던 이유를 나는 이해할 수 있다.

나는 세상에서 실제로 중요한 일이 일어나는지 찾아내는 방법을 고안했다. 블룸버그 화면에 통화, 주식, 금리, 상품 등의 가격 변화가 백분율로 표시되게 만들었다. 몇 년째 통화는 화면 왼쪽 위 구석에, 다양한 주식시장은 화면 오른쪽에 배치해서 관찰하고 있으므로, 어떤 중요한 일이 일어나면 직관적으로 알아챌 수 있다. 요령은 백분율 변화가 큰 변수만 보는 것이다. 일상적인 하루 변동률을 넘어서지 않는 사건은 소음으로 간주한다. 변동률 변화가 머리기사의 크기가 되는 셈이다. 게다가 변동률 변화를 선형적으로 해석하지도 않는다. 어떤 사건의 변동률이 2%라면, 이것은 변동률이 1%인 사건보다 2배 중요한 것이 아니라, 4~10배 중요하다. 7% 변동 사건은 1% 변동 사건보다 수십억 배 중요하다. 다우지수가 1.3포인트 하락했다는 머리기사는 1997년 10월의 7% 하락과 비교하면 중요도가 10억 분의 1도 되지 않는다. 사람들은 내게 왜 모두가 통계를 배워야 하느냐고 물을 것이다. 이유는 해설을 보는 사람이 너무 많기 때문이다. 우리는 통계의 비선형적 속성을 직관적으로 이해하지 못한다.

필터링 기법

엔지니어들은 데이터에서 소음을 제거하는 기법을 사용한다. 당신은 외국에 있는 친척과 전화 통화를 할 때 목소리와 소음을 구분해본 적이 있는가? 소리 변화가 작으면 대개 소음이고, 소리 변화가 크면 대개 목소리다. 이 기법을 핵 평활화라고 부르며, 그 예가 표7과 표8이다. 그러나 우리 청각 시스템은 자체적으로는 이런 기능을 수행하지 못한다. 마찬가지로, 우리 두뇌도 유의미한 가격 변동과 단순한 소음을 구분하지 못하며, 특히 언론의 소음을 평활화하지 않을 때 구분하기가 더 어려워진다.

우리는 신뢰 수준을 이해하지 못한다

전문가들은 예측치보다 신뢰 수준이 중요하다는 사실을 망각한다. 어느 가을 아침에 여행을 떠난다고 하자. 짐을 꾸리기에 앞서서 날씨를 생각해야 한다. 기온이 섭씨 16도 ±6도로 예상된다면, 겨울옷도 필요 없고 선풍기도 필요 없다. 만일 목적지 시카고의 기온도 섭씨 16도이지만 ±17도라면 어떻게 하겠는가? 우리는 겨울옷과 여름옷을 모두 가져가야 한다. 예상 기온은 옷을 선택하는 데 전혀 중요하지 않다. 중요한 것은 기온의 변화 폭이다. 시카고는 기온 변화 폭이 17도나 되기 때문에 옷 선택이 완전히 달라야 한다. 만약 다른 행성으로 여행을 간다고 하면 어떨까. 그 행성도 예상 기온은 섭씨 16도이지만, 기온 변화 폭이 ±300도일 수도 있겠다.

이제 투자 활동은 시장 예측보다, 허용할 수 있는 오차 범위에 훨씬 크게 좌우됨을 알 수 있다.

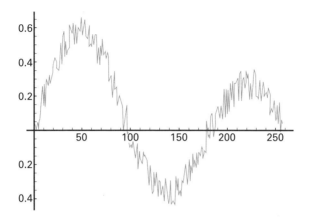

표7 신호와 소음이 섞인 데이터

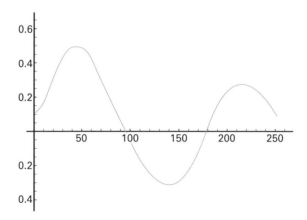

표8 소음을 제거한 데이터

11장을 마치면서 한마디 덧붙인다. 나는 트레이더로 오랜 세월을 보냈지만, 여전히 실수를 저지르기 쉬운 어리석은 존재다. 한 가지 다른 점은, 나 자신이 지극히 어리석다는 사실을 알고 있다는 것이다. 나의 인간적 속성이 끊임없이 좌절시키려 한다. 그래서 항상 자신을 경계해야 한다. 운에 속도록 타고났기 때문이다. 3부에서 더 알아보기로 하자.

Part 3

귀를 틀어막아라

운과 더불어 살아가는 법

호머의 영웅 오디세우스는 책략으로 강력한 적을 물리쳐 명성을 얻었다. 오디세우스가 책략을 가장 탁월하게 사용한 대상은 다름 아닌 자기 자신이었다.

《오디세이》 12편에서 영웅은 스킬라와 카리브디스 암초 근처의 섬에서 사이렌을 만난다. 사이렌의 매력적인 노래는 선원들을 홀려 바다에 뛰어들게 만든다는 말이 전해지고 있었다. 놀랍도록 아름다운 사이렌의 노래와 바닷가에 떠도는 선원들의 썩은 시체가 묘한 대조를 이룬다. 오디세우스는 키르케로부터 미리 경고를 들었으므로 책략을 세웠다. 그는 부하들의 귀를 모두 밀랍으로 틀어막아 아무 소리도 듣지 못하게 하고, 자신을 돛대에 묶었다. 그러고는 선원들에게 자신을 절대로 풀어주지 말라고 지시했다. 일행이 사이렌 섬으로 접근하자 잔잔한 바다 위로 황홀한 노랫소리가 들려왔고, 오디세우스는 밧줄을 풀려고 안간힘을 썼다. 부하들은 그를 더욱 단단히 묶었고, 마침내 그곳을 안전하게 빠져나올 수 있었다.

이 이야기에서 내가 얻은 첫 번째 교훈은 오디세우스가 되려는 엄두도 내지 말자는 것이었다. 그는 신화 속 인물이지만 나는 아니다. 그는 돛대에 묶일 테지만, 나는 기껏해야 귀를 틀어막는 선원에 불과하다는 사실을 인정해야 한다.

▪━━ 나는 똑똑하지 않다

운을 다루는 직업을 통해서 나 자신이 감정을 다스릴 만큼 똑똑하지도 강하지도 않다는 사실을 깨달았다. 게다가 아이디어를 체계화시키고 실행하려면 감정을 사용해야 한다.

단지 내가 운에 속기 쉽다는 사실을 이해하고, 감성적이라는 사실을 받아들일 만큼만 똑똑하다. 나는 감정에 지배받는다. 그러나 아름다움을 즐길 줄 알기 때문에 기쁘다. 나도 이 책에서 내가 조롱한 사람들과 다를 바가 전혀 없다. 그뿐만 아니다. 나는 말과 행동이 일치하지 않는 사람이다. 더 나쁜 사람인 것을 인정해야 한다. 조롱한 사람들과 나의 차이는 스스로 이 사실을 의식한다는 점이다. 아무리 오랜 세월 확률을 공부하고 이해하려고 애썼어도, 나의 어리석은 유전자 탓에 감정은 전혀 다른 반응을 보일 것이다. 두뇌가 신호와 소음을 구분한다고 해도, 나의 가슴은 구분하지 못할 것이다.

내가 확률과 운에 대해서만 이렇듯 어리석게 처신하는 것이 아니다. 나는 무척이나 어리석어서, 녹색 신호에 잠깐 지체했다고 뒤차가 경적을 울려대면 화를 참지 못한다. 이렇게 화를 내봐야 나만 손해고, 이런 식으로 행동하는 주위의 멍청이들 모두에게 화를 낸다면 내가 명대로 살지 못하리라는 점도 잘 알고 있다. 이런 일상적인 일에 감정을 드러내는 것은 합리적이지 않다. 하지만 우리가 제대로 기능하려면 감정이 필요하다. 인간은 적대감을 적대감으로 대응하도록 만들어진 존재다. 나는 인생의 양념으로 삼기에 충분할 만큼 적이 많지만, 가끔 적이 더 많기를 바랄 때도 있다. 분노를 퍼부을 적이 하나도 없다면 인생은 참기 어려울 만큼 따분해질 것이다.

다행히 적과 마주쳤을 때 사용할 요령이 있다. 내게 화를 내는 사람과 눈을 마주치지 않는 것이다. 이유가 무엇일까? 다른 사람의 눈을 들여다보면 우리 두뇌의 감정적인 부위가 자극받아 더욱 활성화되기 때문이다. 상대방이 인간이 아니라 화성인이라고 상상한다. 이 방법은 가끔 효과가 있다. 특히 상대방의 외형이 나와 전혀 다를 때 가장 효과가 좋다. 어떻게 그럴 수 있을까? 나는 자전거를 즐겨 탄다. 최근에 다른 사람들과 함께 교외를 천천히 달리고 있었는데, 커다란 SUV 차량에 탄 자그마한 여자가 창문을 열고 욕을 퍼부어댔다. 나는 화도 전혀 나지 않았을 뿐더러 생각조차 흐트러지지 않았다. 내가 자전거를 타는 동안 거대한 자동차가 나를 위협하는 위험한 동물처럼 느껴지기는 해도 화나게 하지는 않는다.

자기주장이 강한 사람이 으레 그렇듯이, 학계와 금융계에 나를 비난하는 사람이 많다. 대부분 내가 확률을 착각한다고 공격했거나 사이비 과학자라고 욕했던 사람들이다. 이들이 쓴 해설을 읽을 때는 감정을 다스릴 수가 없다. 가장 좋은 방법은 그런 글을 읽지 않는 것이다. 이들이 시장에 대해 쓴 해설을 읽지 않으면 크게 감정이 상할 필요가 없다. 이 책의 서평에 대해서도 똑같이 대응한다. 내 귀를 틀어막는다.

■── 비트겐슈타인의 자

저자들은 존경하는 사람에게 부탁해서 받은 서평 외에는 자신의 저서에 대한 서평을 읽지 않는다. 이유가 무엇일까? 여기에는 이른바 조건적 정보라는 확률 기법이 작용하기 때문이다. 즉, 서평자의 자질이 지극히 높지 않다면 서평은 책의 내용이 아니라 서평자의 수준을 드러낸다. 물론 이런 원리는 판단을 내릴 때에도 적용된다. 보통의 서평은 좋은 평이든 나쁜 평이든 책에 담긴 내용보다도 서평자 자신을 묘사한다. 나는 이런 메커니즘을 비트겐슈타인의 자라고 부른다. 자가 정확하다고 확신하지 못할 경우, 자를 써서 테이블을 측정하면서도 한편으로는 테이블을 기준으로 자가 정확한지 측정하게 된다. 자를 신뢰하지 못할수록, 테이블보다 자에 대한 정보를 더 많이 얻게 된다. 이런 원리는 정보와 확률을 넘어서 폭넓게 적용된다. 조건적 정보는 인식론, 확률, 심지어 의식에 대한 연구에도 핵심이 된다. 뒤에서 '텐 시그마' 문제에 적용하기로 한다.

이런 원리에는 실제적인 의미가 담겨 있다. 아마존닷컴에 익명의 독자가 올린 글에는 그 독자에 관한 정보만 담겨 있다. 하지만 권위자의 서평에는 책에 대한 정보만 담겨 있다. 이 원리는 법정에도 똑같이 적용된다. 심프슨 재판을 한 번 더 살펴보자. 제출된 통계적 증거에 대해 배심원 한 사람이 "피가 많지 않았습니다"라고 평가했다. 이런 말은 통계적 증거에 대해서 밝혀주는 바는 거의 없고, 그 배심원의 판단 능력만을 드러낼 뿐이다. 만일 그 배심원이 법의학 전문가라면 그 반대가 될 것이다. 문제는 이런 식의 추론을 내 두뇌는 알지만, 감정은 모른다는 점이다. 내 감정 시스템은 비트겐슈타인의 자를 이해하지 못한다. 그 증거가 있다. 칭찬은 누구에게 들어도 기분이 좋다. 내 책에 대한 서평이나 내 위험관리 전략에 대한 평가도 마찬가지다.

오디세이의 말 없는 명령

나의 가장 큰 자랑거리는 TV와 신문을 보지 않는다는 것이다. 지금은 이 책을 쓸 때보다 TV를 시청할 때 더 피로를 느낄 정도다. 그러나 이것도 내가 요령을 부렸기 때문에 가능했다. 이런 요령이 없었다면 나도 정보화 시대의 해악에서 벗어나지 못할 것이다. 내가 근무하는 트레이딩룸에는 CNBC 금융 뉴스 채널이 계속 켜져 있는데, 해설자와 CEO들이 잇달아 등장하여 온종일 분위기를 망쳐놓는다.

내가 어떤 요령을 부렸을까? 소리를 완전히 꺼버렸다. 음소거를 하면 실없이 지껄이는 사람이 우스꽝스럽게 보여서 정반대 효과가 나타나기 때문이다. 출연자는 입술을 움직이면서 나름 심각한 표정으로 얼굴 근육을 찌푸리지만 아무 소리도 나지 않는다. 시각적으로는 우리를 위협하지만, 청각적으로는 위협하지 못하므로 묘한 부조화가 형성된다. 그러면 정반대 효과가 발생한다. 철학자 앙리 베르그송Henri Bergson은 저서 《웃음에 관한 소고Treatise on Laughter》에서 바나나 껍질을 밟아 미끄러지는 신사는 심각한 입장이지만 그 상황은 우스꽝스러워서 대조를 이룬다고 설명한 적이 있다. 소리를 꺼버리면 TV에 등장하는 전문가들은 사람들을 위협하기는커녕 오히려 우스꽝스러운 모습이 된다. 이들은 아주 사소한 일에 흥분하는 것처럼 보인다. 전문가들이 갑자기 광대로 바뀌게 되는데, 바로 이런 이유 때문에 소설가 그레이엄 그린은 TV 출연 요청을 거절했다.

나는 여행 중에 전혀 알아듣지 못하는 광둥어 연설을 통역도 없이 들은 적이 있는데, 이때 TV에서 소리를 꺼버리는 아이디어를 얻게 되었다. 당시 연설자의 말을 전혀 알아듣지 못했으므로, 그는 내게 권위를 상실한 우스꽝스러운 모습으로 다가왔다. 이때 타고난 편향을 이용해서 다른 편향을 상쇄할 수 있다는 생각이 떠올랐다. 즉, 편견을 사용해서 정보를 너무 심각하게 받아들이는 편향을 없앨 수 있다는 것이다. 이 방법은 효과가 있는 것 같다.

결론에 해당하는 3부에서는 불확실성을 다루는 인간의 속성을 살펴보려 한다. 나도 전반적으로는 운의 영향에서 벗어나지 못했지만 그럭저럭 몇 가지 요령은 터득한 셈이다.

CHAPTER
12 도박꾼의 미신과
상자 속의 비둘기

도박꾼의 미신. 택시 기사 덕에 얻은 횡재. 나는 바보 중의 바보지만 이 사실을 알고 있
다. 부적합한 유전자 길들이기. 내 책상 밑에는 초콜릿이 없다.

▪ ━━ 택시 기사와 인과관계

내가 뉴욕에서 트레이더 생활을 시작하던 초창기로 잠깐 돌아가보
자. 직장 생활 초기에 크레디트 스위스 퍼스트 보스턴Credit Suisse First
Boston에서 근무했는데, 당시 회사의 위치는 미드타운이었지만 사람들
은 월스트리트 회사라고 불렀다. 다행히 나는 경멸해 마지않던 월스트
리트 구역에 딱 두 번 발을 들여놓았을 뿐인데도 다른 사람들에게는
'월스트리트'에 근무한다고 말할 수 있었다.

당시 20대였던 나는 맨해튼 어퍼이스트사이드의 책만 가득한 아파
트에 살고 있었다. 무슨 대단한 이념 때문이 아니었다. 단지 퇴근길에

가구점 대신 서점에 들러 책을 잔뜩 샀기 때문이다. 짐작하겠지만, 주방에는 고장 난 커피포트를 제외하고는 변변한 주방용품도 없었다.

아침마다 택시로 출근했고 늘 같은 장소에서 내렸다. 뉴욕 택시 기사 중에는 미국 문화에 낯설거나 뉴욕 지리에 어두운 사람이 많다. 때로는 미국 문화에 낯선 동시에 뉴욕 지리에도 어두운 기사를 만나는 경우가 있다. 언젠가 나를 태운 택시 기사는 엉터리 영어를 포함해서 내가 이해할 수 있는 말을 한마디도 못 하는 사람이었다. 나는 온갖 방법을 동원해서 길을 알려주려고 애썼지만, 그가 고집스럽게 제멋대로 운전하는 바람에 엉뚱한 장소에 내려 후문으로 들어갈 수밖에 없었다. 우연히도 그날은 환율이 요동친 덕분에 내 포트폴리오에서 엄청난 이익이 발생했다. 트레이딩을 시작한 이래 최고의 날이었다.

다음 날에도 평소와 다름없이 같은 장소에서 택시를 불렀다. 아마도 고국으로 쫓겨간 모양인지 전날 만났던 기사는 보이지 않았는데, 왠지 행운을 안겨준 그에게 두둑한 팁을 쥐여주고 싶었다. 택시를 잡은 뒤 기사에게 전날 내렸던 장소를 말했다. 아차 싶어서 취소하려 했으나 이미 늦어버렸다.

엘리베이터 거울에 비친 내 모습을 보니, 전날과 똑같은 넥타이를 매고 있었다. 전날 묻혔던 커피 얼룩도 그대로였다. 회사 후문과 넥타이와 전날의 시장 움직임 사이에 강력한 상관관계가 존재한다고 믿는 누군가가 내 안에 들어 있었다. 나는 다른 사람으로 가장한 사기꾼이 된 기분이었다. 한편으로는 엄격한 과학적 기준을 들먹이면서 확률론자처럼 말하고 있지만, 다른 한편으로는 블루칼라 객장 거래인처럼 몰래 미신을 믿고 있었다. 다음에는 별자리를 믿게 되지 않을까?

곰곰이 생각해보니 그때 나는 어느 정도 미신에 휘둘리고 있었다. 확률을 냉정하게 계산해서 합리적으로 거래해야 하는 옵션 전문가였는데도 말이다. 내가 크게 해롭지 않은 미신을 따랐던 것은 그때가 처음이 아니었다. 아마도 동지중해 태생이었기 때문일지도 모른다. 레바논 출신들은 다른 사람이 소금 그릇을 건네주면 떨어뜨릴까 봐 받지 않는다. 칭찬을 들으면 나무를 두드린다. 이 밖에도 레바논에는 여러 가지 미신이 수천 년 동안 이어져 내려왔다. 그러나 지중해 부근에 퍼진 다른 수많은 미신처럼 이들 중에는 내가 진지하게 받아들이는 것도 있고 의심하는 것도 있다. 우리는 이런 미신을 불운을 막는 중요한 행동이라기보다는 풍습으로 생각한다. 미신은 일상생활에서 시를 배우게 해주기도 한다.

이런 미신이 내 직장 생활에 스며드는 모습을 발견했기 때문에 걱정스러웠다. 나의 직업은 보험업과 같아서, 잘 정의된 기법을 바탕으로 확률을 엄밀하게 계산한 다음 치밀하지 못하거나 자신이 운명적으로 선택되었다고 생각하는 사람들을 이용해서 돈을 버는 것이었다. 그러나 내 직업에 너무나 많은 운이 밀려들었다.

내 행동에 '도박꾼의 미신'이 빠른 속도로 은밀하게 쌓여간다는 사실을 감지했다. 당시까지는 이런 작은 미신을 깨닫지 못하고 있었다. 내 표정과 사건의 결과 사이의 상관관계를 감지하려고 끊임없이 노력했던 것 같다. 예를 들어, 내 소득은 근시 때문에 안경을 쓰면서부터 상승하기 시작했다. 야간 운전을 제외하면 안경을 쓸 필요가 없었지만, 실적과 안경 사이에 관계가 있다고 믿고 있기라도 하듯이 나는 항상 안경을 썼다. 내 두뇌는 표본 규모가 너무 작아서 실적과 안경 사이에 상관관계가 전혀 없다고 이해했지만, 내 순진한 통계 본능은 내가 가설 검증의 전문가인데도 전혀 나아지지 않은 것 같았다.

도박꾼들은 베팅 결과와 신체 움직임 사이에 상관관계가 있다고 병적으로 믿기 때문에 대부분 이상한 행동 습관을 갖고 있다. '도박꾼'이라는 말은 파생상품 트레이더에게는 가장 경멸적인 표현이다. 덧붙이자면, 도박이란 확률이 유리하건 불리하건 무작위 결과를 맞이할 때 흥분을 느끼는 활동이라고 정의할 수 있다. 확률이 분명히 불리한 경우에도 도박꾼은 운명이 자기편이라고 믿으면서 확률을 거슬러 돈을 건다. 카지노 근처에도 얼씬거리지 않을 것 같은 지성적인 사람도 이런 행태를 보인다. 내가 아는 세계적인 확률 전문가들도 이런 도박 습관에 빠져 탁월한 지식을 몽땅 무용지물로 만들어버렸다. 예를 들면, 과거 대학 동료 가운데 기막히게 똑똑한 사람들이 자주 라스베이거스에 가는데, 카지노가 사은품으로 제공하는 호화판 스위트룸과 교통편을 이용할 정도로 그곳에서 봉이 되었다. 심지어 점쟁이의 말을 듣고 대규모 거래를 했다가 회사에 변상하는 일도 있었다.

▪── 스키너의 비둘기 실험

스물다섯 살 때 나는 행동과학을 전혀 몰랐다. 교육과 문화의 영향을 받아, 나의 미신도 일종의 문화적 현상이므로 합리적 사고를 통해서 떨쳐버릴 수 있다고 믿었다. 사회 전반적으로 보면, 과학과 논리가 발달함에 따라 현대 생활에서 미신이 사라질 터였다. 그러나 시간이 갈수록 지성적으로는 박식해지면서도, 감성적으로는 더욱더 미신에 사로잡히게 되었다.

내가 자란 시대에는 미신이 천성이 아니라 학습이며 범죄라고 가르쳤다. 안경과 투자 실적 사이의 관계를 믿는 데는 문화적 요소라곤 전혀 없었다. 회사 출입문과 투자 실적의 상관관계에도 문화적 요소가 없었다. 전날과 똑같은 넥타이를 맸던 일에도 문화적 요소가 없었다. 이런 미신은 타고난 것이리라. 지난 수천 년 동안 제대로 발전하지 못한 낡은 두뇌가 문제였다.

이런 관점을 확인하려면 하등동물들이 인과관계를 어떻게 인식하는지 살펴보면 된다. 하버드 대학의 유명한 심리학자 스키너B. F. Skinner는 쥐와 비둘기를 상자에 넣어 실험했다. 그 상자에는 비둘기가 부리로 쪼아 조작할 수 있는 스위치가 달려 있었고, 전기 장치를 통해 먹이가 상자 안으로 들어갔다. 스키너는 다양한 동물들의 일반적인 행동 속성을 연구하려고 이 상자를 설계했는데, 당시는 1948년이었으므로 복잡한 장치는 무시하고 먹이 전달에만 집중했다. 그는 굶주린 비둘기에게 먹이가 무작위로 전달되도록 설계했다.

스키너는 비둘기들의 행태를 관찰하고 매우 놀랐다. 먹이를 무작위로 공급했는데도 비둘기들이 이에 반응해서 매우 정교하게 기우제 춤을 추듯 행동했기 때문이다. 한 마리는 상자 구석을 향해 머리를 규칙적으로 흔들었고, 다른 비둘기들은 머리를 반시계방향으로 돌렸다. 시간이 흐르면서 비둘기들은 모두 어떤 의식을 치르듯 행동했는데, 이는 자신의 행동이 먹이 공급과 관계가 있다고 믿었다는 뜻이다.

이런 현상을 더 확대해서 해석할 수도 있다. 이는 우리가 사물을 독립적으로 보지 못한다는 의미다. 두 사건 A와 B를 볼 때, A가 B에 영향을 주거나, B가 A에 영향을 주거나, A와 B가 서로 영향을 준다고 가정한다는 뜻이다. 우리는 즉시 둘 사이에 인과관계가 있다고 믿어버린다. 초보 트레이더라면 그 결과 푼돈을 잃는 정도로 그치겠지만, 과학자라면 엉터리 추론을 하게 된다. 똑똑한 척하기보다 무식한 척하기가 더 어렵기 때문이다. 과학자들 처지에서는 가설을 채택하기보다 기각하기가 심리적으로 더 어렵다. 그래서 배후를 아는 사람은 행복하다는 말까지 있지 않은가? 알면서도 입 다물고 있기란 정말 어렵다. 그런 일은 우리 적성에 맞지 않는다. 포퍼든 누구든 우리는 관계를 너무 심각하게 받아들인다.

▪ ━━ 돌아온 필로스트라투스

나는 하등동물의 통계추론 문제에 해결책을 제시하지 않았다. 3장에서 소음과 의미의 차이를 기술적으로 논의했지만, 이제는 실행에 대해서 논의할 차례다. 태평스럽고 무관심한 생활을 옹호했던 그리스 철학자 피론Pyrrho도 위태로운 상황을 맞았을 때 평정을 유지하지 못했다고 비난받았다(그는 황소에 쫓기고 있었다). 그는 자신의 인간적 본성을 억누르기 어려울 때가 간혹 있다고 대답했다. 피론도 이럴진대, 어째서 나머지 사람들이 경제학 이론에서 말하듯 불확실성 속에서 완벽하게 합리적으로 행동해야 하는가? 다양한 확률을 계산해서 합리적인 결과를 얻었더라도, 나조차도 실행에 옮기지 않는다. 다시 말해서, 나는 11장에 나오는 의사처럼 행동한다(감염 확률이 2%에 불과한지 알면서도 마치 95%인 것처럼 환자들을 진료한다). 나의 두뇌와 본능이 따로 노는 것이다.

자세한 예를 들어보겠다. 합리적인 트레이더라면 소음과 신호를 구분해서, 소음은 무시하고 신호는 진지하게 받아들여야 한다. 나는 투자실적이 변동할 때 기본적인 기법을 이용해서 소음과 신호의 구성비를 계산한다. 예를 들어 어떤 전략을 써서 10만 달러의 이익을 올렸다면, 그 실적이 전략 때문일 확률이 2%이고 단순한 소음 때문일 확률은 98%라고 가정한다. 한편, 이익이 100만 달러일 때는 전략 때문일 확률이 99%라고 가정한다. 합리적인 사람이라면 전략과 실적에 따라 감정도 일관된 반응을 보일 것이다. 그러나 나는 소음에 의한 실적인 줄 알면서도 엄청난 기쁨을 느꼈고, 통계적 의미가 전혀 없는 실적에 대해서도 엄청난 불행을 느꼈다. 나는 감정을 주체할 수가 없으며, 에너지 대부분이 감정으로부터 나온다. 따라서 감정을 억눌러도 문제가 해결되지 않는다.

나는 감정이 두뇌와 따로 놀기 때문에, 트레이딩에 비합리적인 결정을 내리지 않도록 확실하게 조처를 해둘 필요가 있었다. 그래서 실적이 사전에 정해둔 범위를 벗어나지 않는 한, 실적 보고서를 절대로 보지 않았다. 마찬가지로, 초콜릿에 대해서도 두뇌와 식욕을 원천적으로 막아놓았다. 내 책상 밑에는 군것질거리가 하나도 없다.

사람들이 내게 어떻게 처신해야 한다며 훈계할 때 가장 화가 난다. 어떻게 처신해야 하는지는 누구나 잘 알고 있다. 문제는 아는 것이 아니라 실행에 옮기는 것이다. 매일 치실로 치아 사이를 청소하고, 사과를 먹고, 운동을 해야 한다는 따위의 낡아빠진 설교를 늘어놓는 멍청한 사람을 보면 넌더리가 난다. 이는 실적에서 소음 부분을 무시하라는 말과 같다. 그러나 소음을 무시하려면 우리가 단지 동물에 불과하므로 설교가 아니라 저급한 요령이 필요하다는 사실을 먼저 받아들여야 한다.

나는 담배를 피우지 않아서 다행이라고 생각한다. 흡연자와 대화를 나눠보면, 우리가 위험과 확률에 대해서는 합리적으로 이해하면서도 행동은 어리석기 그지없다는 사실을 아주 쉽게 이해할 수 있다. 흡연자 가운데 폐암의 위험성을 모르는 사람은 거의 없기 때문이다. 내 말이 믿어지지 않거든 암 전문병원 출입문 앞에 모여 담배 피우는 사람들을 보라. 가망 없는 암환자들이 휠체어를 타고 지나가는데도 의사와 간호사를 포함한 수십 명이 담배를 피우고 있다.

CHAPTER 13 로마에 온 카르네아데스, 확률과 회의론

카르네아데스를 내쫓은 감찰관 카토. 자신의 과거 주장을 잊는 노르푸아 후작. 과학자를 조심하라. 아이디어와 결혼하다. 로버트 머튼 덕에 유명해진 저자. 과학은 장례를 치르면서 발전한다.

근처에 있는 수학자에게 확률에 대해 정의해달라고 부탁해보라. 십중팔구 계산하는 방법을 알려줄 것이다. 그러나 3장에서 보았듯이, 확률은 승산을 계산하는 것이 아니라 대체^{代替} 결과, 원인, 동기가 존재한다고 믿는 것이다. 수학이 계산 도구가 아니라 명상 도구라는 사실도 기억하라. 또다시 옛 현인들을 찾아가 한 수 배워보자. 이들은 확률을 항상 주제, 유동체, 신념의 척도로 다루었다.

━━ 로마에 온 카르네아데스

　기원전 155년경, 키레네 출신 그리스 철학자 카르네아데스^{Carneades}가 로마를 방문했다. 그는 로마 원로원에 정치적 배려를 간청하려고 아테네에서 보낸 세 명의 대사 가운데 한 사람이다. 로마는 아테네 시민에게 벌금을 부과했는데, 이들은 그 부당성을 호소하고자 했다. 카르네아데스는 아카데미^{Academy}를 대표했다. 3세기 전 이 아카데미에서 소크라테스는 당시 실력자들과 대화를 나누는 과정에서 이들의 분노를 샀고, 결국 살해되고 말았다. 아카데미는 이제 새 아카데미^{New Academy}로 이름이 바뀌었고, 고대 세계에서 회의론의 온상으로 명성을 얻게 되었다.

　고대했던 연설의 날이 오자 그는 일어서서 정의를 찬양하는 탁월한 열변을 토했다. 정의를 물려주는 일이 최우선 목적이 되어야 한다고 강조했다. 로마 시민이 대부분 연설에 매료되었다. 그의 카리스마 때문만이 아니었다. 강력한 주장, 감동적인 사상, 순수한 언어, 연설자의 에너지가 청중을 휘어잡았던 것이다. 그러나 그가 전달하려는 요점은 그것이 아니었다.

　다음 날에도 카르네아데스는 연설장에 등장해서 지식의 불확실성을 논하는 학설을 매우 설득력 있게 펼쳤다. 어떻게 했을까? 바로 전날 자신이 그토록 설득력 있게 펼쳤던 주장을 강력하게 부인하고 반박했다. 결국, 그는 같은 장소에서 같은 청중에게 정의가 인간의 최우선 목적이 아니라고 설득하는 데 성공했다.

　이제부터 나쁜 소식이다. 원로 검찰관인 카토도 청중 사이에서 듣고 있었는데, 그는 검찰 현직에서 근무할 때보다 더 엄격한 편이었다. 화가 난 그는 카르네아데스의 사상이 로마 젊은이들의 정신과 군대문화를 타락시킬 우려가 있다고 원로원을 설득하여 세 명의 대사를 쫓아냈다(카토는 검찰관 재직 기간에 그리스 수사학자들의 로마 거주를 금지했다. 그는 너무도 진지한 사람이었으므로 수사학자들의 과장된 주장을 용납하지 못했다).

카르네아데스는 고전 시대의 첫 번째 회의론자도 아니었고, 진정한 확률 개념을 처음으로 가르친 인물도 아니었다. 그러나 그가 남긴 이 일화는 여러 세대에 걸쳐 수사학자와 사상가들에게 가장 큰 영향을 미쳤다. 카르네아데스는 회의론자일 뿐만 아니라 논리학자이기도 했다. 그는 자신이 제시한 전제나 결론조차 지지하지 않았다. 진리가 하나뿐이라는 거만한 신념에 평생 저항했다. 카르네아데스의 철저한 회의론에 필적할 만한 사상가는 거의 없다(중세 아랍 철학자 알 가잘리[Al Gazali], 흄, 칸트 등이 있지만, 회의론을 포괄적인 과학적 방법론으로 격상시킨 사람은 포퍼뿐이다). 회의론자들은 아무것도 확실히 받아들일 수 없다고 가르치며 다양한 확률로 결론을 제시했고, 이런 방식이 일종의 지침이 되었다.

확률적 사고를 처음으로 사용한 인물을 찾아 역사를 거슬러 올라가다 보면, 우리는 기원전 6세기 그리스 시칠리아에 도착하게 된다. 이곳에서 최초의 수사학자가 확률 개념을 법체계에 적용했는데, 고소할 때 의혹이 있음을 입증해야 한다고 주장하였다. 그는 시러큐스인 코락스[Korax]로서 사람들에게 확률을 이용해서 논쟁하는 법을 가르쳤다. 그가 가르친 기법의 핵심은 최확[最確, most probable]이라는 개념이었다. 예를 들어, 어느 땅의 소유권에 대해 추가 정보나 물증이 없다면 그 땅은 가장 유명한 사람의 소유가 되어야 한다는 뜻이다. 그로부터 간접적으로 배운 고르기아스Gorgias는 이 논쟁 기법을 아테네에 전하였고, 그곳에서 융성하였다. 이렇게 최확 개념이 세워진 덕분에 우리는 잠재적 우발 사건을 확률이 부여된 별도의 사건으로 볼 수 있게 되었다.

확률은 회의론의 산물

진리가 하나뿐이라는 믿음을 퍼뜨린 일신교가 지중해를 지배하기 전까지만 해도, 회의론은 주요 사상가들 사이에서 널리 인정받았으며, 세계 곳곳에 스며들었다. 로마인들에게는 원래 종교가 없었다. 이들은 너무도 관대해서 어느 하나만을 진리로 받아들이지 않았다. 이들에게 종교는 다양한 미신을 유연하게 섞어놓은 집합체였다. 나는 신학에 대해 깊이 들어갈 생각은 없고, 다만 서구 사회가 다시 비판적 사고를 신봉하기까지 천 년 이상 걸렸다는 점만 말해두고자 한다. 중세 시대에 뭔가 이상한 이유 때문에 아랍인들은 비판적 사고를 한 반면, 기독교도의 사고는 독단적이었다. 이어 르네상스를 거친 뒤 불가사의하게도 그 역할이 뒤바뀌었다.

이 생각의 근거를 제공한 사람이 고대의 수다스러운 작가 키케로Cicero다. 그는 확실하게 주장하기보다는 확률을 따르려고 했다. 모순된 말이 허용되었기 때문이라는 견해도 있다. 포퍼로부터 자신에게 비판적이어야 한다고 배운 우리는, 바로 이런 이유 때문에 키케로를 더 존경하게 된다. 과거에 자신이 그런 말을 했다는 이유만으로 자기 의견을 고집하지 않기 때문이다. 그러나 대부분의 문학 교수들은 키케로의 모순된 말과 변심을 비난할 것이다.

현대에 와서야 자신의 과거 발언에서 벗어나려는 욕망이 분출되었다. 이런 욕망이 가장 우아하게 표현된 곳이 폭동을 일으킨 파리 학생들의 낙서다. 1968년 프랑스에서 학생운동이 일어났다. 지성적이고 일관된 말을 하라는 압력에 오랫동안 억눌렸던 젊은이들이 마침내 다음과 같은 주장을 내세웠다.

모순된 말을 할 권리를 달라!

■── 노르푸아 후작의 견해

현대인은 우울하다. 모순된 말을 하면 문화적으로 수치를 당하며, 과학 분야에서는 재난을 당한다. 마르셀 프루스트의 《잃어버린 시간을 찾아서》에 등장하는 비상근 외교관 노르푸아 후작은 팩스가 등장하기 전의 모든 외교관과 마찬가지로 살롱에서 많은 시간을 보내는 사교계 명사였다. 소설의 화자는 노르푸아 후작이 어떤 주제에 대해 터놓고 모순된 말을 한다고 밝힌다. 누군가 노르푸아 후작에게 과거에 그가 했던 말을 일깨워주지만, 그는 도무지 기억을 못 한다. 프루스트는 그를 매도한다.

노르푸아 후작은 거짓말을 한 것이 아니었다. 단지 잊었을 뿐이다. 깊이 생각하지 않고 뱉은 말은 금방 잊게 된다. 상황이 바뀌면 기억도 바뀐다. 정치인은 외교관보다 한 술 더 뜨는데, 한때 자신이 제시했던 견해나 거짓말을 망각하는 이유는 기억력 부족이라기보다는 과도한 야망 때문이다.

노르푸아 후작은 다른 견해를 내세웠다는 이유로 수치를 당한다. 프루스트는 그가 생각을 바꿨을지도 모른다는 점을 고려하지 않았다. 사람들은 자신의 원래 의견을 유지해야 한다고 생각한다. 그렇지 않으면 배신자가 된다.

이제 나는 노르푸아 후작이 트레이더가 되어야 한다고 주장한다. 내가 평생 만나본 사람 중 최고의 트레이더는 나이젤 배비지^{Nigel Babbage}인데, 자신의 과거 신념에 전혀 얽매이지 않는 사람이다. 어떤 통화가 약세가 될 거라고 강하게 주장했으면서도, 불과 몇 시간 뒤에는 전혀 거리낌 없이 충동적으로 그 통화를 매수한다. 왜 생각이 바뀌었을까? 그는 설명할 필요조차 느끼지 않는다.

이런 특성을 타고난 유명한 인물이 조지 소로스다. 그가 지닌 강점 중 하나가 조금도 부끄러워하지 않고 순식간에 자신의 견해를 뒤집는 것이다. 다음 일화가 순간적으로 견해를 뒤집는 그의 능력을 보여준다. 프랑스의 바람둥이 트레이더 장–마뉴엘 로잔^{Jean-Manuel Rozan}은 소송을 피하기 위해 소설로 위장한 자서전에서 이 일화를 소개했다. 주인공(로잔)은 롱아일랜드 햄프턴에서 '억양이 이상한 노인' 조자이 사울로스와 테니스를 하면서 가끔 시장에 대해 토론했는데, 처음에는 이 노인이 얼마나 영향력 있는 거물인지 알지 못했다. 어느 주말, 사울로스는 도무지 알아듣지 못할 주장을 펴면서 시장에 대해 매우 비관적인 관점을 드러냈다. 그는 분명히 공매도 상태였다. 며칠 뒤 시장이 세차게 상승하면서 신고가를 기록했다. 주인공은 사울로스가 걱정되었다. 그래서 주말에 테니스를 하면서 그에게 큰 타격을 입지는 않았는지 물어보았다. 사울로스가 대답했다. "거금을 벌었어. 생각을 바꿨거든. 즉시 공매도를 청산하고 대량 매수했었다네."

소로스의 바로 이런 속성 때문에 몇 년 뒤 로잔은 하마터면 일자리까지 잃을 뻔했다. 1980년대 말에 소로스가 2,000만 달러를 투자하자 로잔은 트레이딩 회사를 설립했다(나도 함께 일할 뻔했다). 며칠 뒤 소로스가 파리를 방문했고, 이들은 점심을 먹으며 이야기를 나누었다. 로잔은 소로스가 멀어지는 느낌이었다. 그 후 소로스는 아무 설명도 없이 자금을 모두 회수했다. 소로스 같은 진정한 투기꾼들의 특징은 경로에 전혀 얽매이지 않는다는 점이다. 이들은 과거 행동에 전혀 구속받지 않는다. 하루하루가 백지상태에서 시작된다.

당신은 경로에 얽매이는가

자신이 경로에 얽매이는지를 간단하게 확인하는 방법이 있다(경제학자들은 이것을 보유 효과라고 부른다). 당신이 2만 달러를 주고 그림을 샀는데, 미술시장 전망이 밝아진 덕분에 지금은 4만 달러로 가격이 올랐다. 만일 당신에게 이 그림이 없다면, 현재 가격으로라도 이 그림을 사겠는가? 사지 않을 생각이라면, 당신은 이 그림에 얽매였다고 말할 수 있다. 현재 가격에 사지 않을 그림이라면 계속 보유할 이유가 없기 때문이다. 사람들은 죽는 날까지 자신의 아이디어에 얽매인다. 처음 얻은 신념이 너무 강해서 계속 유지될 때, 그 신념에 얽매인다고 말한다.

오랜 시간을 투자한 아이디어에 충성하는 데는 진화론적인 목적이 있다. 증권시장 밖에서도 트레이더처럼 행동할 때 어떤 결과가 빚어지는지 생각해보자. 매일 아침 8시만 되면 다른 곳에서 정서적 만족감을 얻기 위해 현재 아내와의 이혼을 고민한다. 아니면 아주 합리적인 정치인이 선거유세를 하면서, 새로운 증거를 발견했다는 이유로 공약을 바꾸거나 갑자기 소속 정당을 바꾼다. 이런 행동을 하면 타고난 괴짜나 희한한 돌연변이로 취급받기 십상이다. 연구에 따르면, 편도에 문제가 생겨서 애정을 못 느끼는 사람은 완전히 합리적인 행동을 하는데, 이런 사람은 사이코패스다. 소로스는 유전적 결함 때문에 의사 결정이 합리적인 걸까?

아이디어에 얽매이지 않는 사람은 정말 드물다. 우리는 자녀가 성장해서 우리 유전자를 퍼뜨릴 수 있을 때까지 엄청난 음식과 시간을 들이면서 돌본다. 아이디어에 대해서도 마찬가지다. 어떤 견해를 지지하여 유명해진 학자라면, 오랜 시간을 투자해서 얻은 자신의 과거 업적에 해가 될 만한 말은 절대 하지 않을 것이다. 정당을 바꾸는 사람은 배신자, 변절자, 최악에는 배교자가 된다(과거에 종교를 버린 자는 죽임을 당했다).

▪── 생각 없이 계산만 하다

카르네아데스나 키케로와는 다른 방식으로 확률을 다루는 사람들도 있다. 확률은 도박 이론을 통해 수학에 도입되고 나서 단순한 계산 도구로 사용되기도 했다. 최근 '위험 측정' 산업이 부상하고 있는데, 이 산업은 사회과학에 이러한 확률 기법을 적용해서 위험을 평가한다. 물론 게임의 규칙이 명확하게 정의되어 있다면 승산도 계산할 수 있고, 따라서 위험도 측정할 수 있다. 그러나 현실 세계는 그렇지 않다. 자연은 우리에게 명확한 규칙을 알려주지 않기 때문이다. 그래서 현실 세계의 게임은 카드 게임과 다르다. 그런데도 사람들은 돈만 주면 위험을 측정한다. 앞에서 흄의 귀납법 문제와 검은 백조의 출현에 대해서 이미 논의했다. 여기서는 과학계 범죄자들을 소개한다.

나는 오래전부터 유명한 금융경제학자들의 사기에 맞서 전쟁을 벌이고 있다. 해리 마코위츠Harry Markowitz는 소위 노벨 경제학상을 받았다(이 상은 스웨덴 중앙은행이 주는 상이므로, 사실은 노벨상도 아니다. 노벨의 뜻과는 전혀 상관없다). 그의 업적이 무엇인가? 미래의 불확실성을 알 때 미래 위험을 계산하는 정교한 기법을 만들어냈다는 것이다. 다시 말해서, 이 세상에 바둑처럼 명확한 규칙이 있다면 위험을 계산할 수 있다는 것이다. 내가 이런 내용을 택시 기사에게 설명했더니 기사가 웃었다. 시장을 이해하고 예측하는 과학적 기법이란 말이 가당치 않았던 것이다. 하지만 금융경제학 분야에서 활동하다 보면 문화의 영향을 받아 이런 기본적 사실을 망각하기 쉽다(자신의 지위를 유지하려면 논문을 발표해야 한다).

마코위츠 박사의 이론 때문에 1998년 여름 롱텀 캐피털 매니지먼트LTCM, Long Term Capital Management가 하마터면 금융 시스템을 붕괴시킬 뻔한 적이 있다. 코네티컷 주 그리니치에 자리 잡은 이 펀드는 마코위츠 박사와 동료 두 사람이 운영하고 있었다. 로버트 머튼과 마이런 숄스Myron Scholes라는 노벨상을 수상했던 박사였다. 이들은 위험을 과학적으로 측정할 수 있다고 생각하며, 자신이 시장을 이해하지 못했거나 기법이 틀렸을 가능성을 전혀 고려하지 않았다. 이때 나는 우연히도 검은 백조의 전문가가 되어 갑자기 세인의 관심을 끌게 되었다. 머튼과 숄스 덕분에 더욱 유명해졌고 내 아이디어도 주목받았다. 이 '과학자'들은 엄청난 손실이 '텐 시그마' 사건 때문이라고 발표했지만, 이는 비트겐슈타인이 말한 자의 문제를 드러냈을 뿐이다. 누군가 이것을 텐 시그마 사건이라고 말한다면 다음 둘 중 하나다.

(a) 그가 완벽에 가까운 전문가이고, 확률을 알며, 우주의 역사가 여러 번 되풀이되는 동안 한 번 일어나는 사건이다.
(b) 그는 전문가가 아니고, 확률을 모르며, 그 사건의 확률은 우주의 역사가 여러 번 되풀이되는 동안 한 번 일어날 정도보다 높다.

상호 배타적인 두 설명 가운데 어느 쪽이 더 그럴듯한지 선택은 당신의 몫이다. 박사들의 아이디어를 인정한 노벨위원회도 선택에 고려하기 바란다. LTCM 사건을 볼 때 노벨위원회가 실수를 저지른 것일까, 아니면 사건이 정말로 이례적이었을까? 노벨위원회는 절대 오류가 없는 심사위원으로 구성되었을까? 교황 무오설에 대해 찰스 샌더스^{Charles Sanders}는 우리에게 뭐라고 말했는가? 과학을 너무 진지하게 받아들이지 말라고 경고한 칼 포퍼는 어디에 있는가? 심장이 체온의 중심이라고 주장했던 중세 과학기관들을 돌아볼 때 우리가 쓸쓸한 미소를 짓듯이, 몇십 년 뒤에는 노벨위원회에도 쓸쓸한 미소를 짓게 되지 않을까? 우리는 과거에 잘못을 저지른 기관들을 비웃는다. 이제는 현재의 기관들을 계속 떠받들어야 하는지 돌아볼 때다.

과학자들이 실수를 저지르면, 그 실수로부터 배운 지식까지 포함해서 새로운 과학을 발전시킨다고 생각한다. 학자들이 트레이딩을 하다가 파산하면, 여기에서 얻은 정보를 이론에 통합하고 나서, 자신들이 틀렸지만 이제 현실 세계로부터 뭔가를 배웠다고 당당하게 말하리라 기대한다. 하지만 그런 일은 없다. 이들은 시장의 거래 상대들이 독수리 떼처럼 달려드는 바람에 무너졌다고 불평을 늘어놓을 뿐이다. 용기를 가지고 현실을 받아들이면 평생 연구해서 쌓은 아이디어가 무너져 내리기 때문이다. 이들은 LTCM 사건 토론에 참여해서 원인을 희귀사건 탓으로 돌리며 임시변통으로 변명을 늘어놓았다(귀납법의 문제다. 희귀사건인지 이들이 어떻게 알았는가). 이들은 새로 배운 사실을 이용해 돈을 벌려고 노력하는 대신, 자신을 방어하면서 에너지를 소모했다. 하지만 소로스를 보라. 그는 만나는 사람 누구에게나 자신이 틀리기 쉽다고 털어놓는다. 나는 소로스로부터 얻은 교훈을 살려, 매일 아침회의 때마다 우리가 아무것도 모르며 실수하기 쉬운 멍청이들이지만, 천만다행으로 이 사실을 알고 있다고 일깨워준다.

과학자들이 자신의 아이디어를 반박당했을 때 보이는 이런 행동을 이른바 귀인 편향attribution bias이라고 부른다. 사람들은 성공하면 자기 실력이고, 실패하면 운 탓이라고 말한다. 바로 이런 이유로 이 과학자들은 자신의 실패를 '텐 시그마' 희귀사건 탓으로 돌렸다. 자기 생각이 옳았는데 운이 없었다는 말이다. 왜 이런 반응을 보일까? 자존심을 지키면서 계속 역경을 이겨나가려면 그렇게 믿어야 하기 때문이다.

우리는 실제 실적과 자신에 대한 평가가 일치하지 않는다는 사실을 1954년부터 알고 있었다. 미국의 심리학자 밀Paul E. Meehl은 전문가들이 인식하는 자신의 능력과 실제 통계로 나타나는 능력을 비교했다. 이들의 객관적인 예측 실적과 이들이 생각하는 예측 능력 사이에는 커다란 차이가 나타났다. 귀인 편향은 다른 영향도 미친다. 사람들은 자신의 능력이 남보다 낮다고 착각한다. 그래서 보통 80~90%가 자신을 평균 이상이라고 생각한다.

■ 과학과 과학자

끝으로, 사회과학 분야 과학자들에 관해서 우울한 논평을 덧붙이겠다. 사람들은 과학과 과학자를 혼동한다. 과학은 위대하지만, 과학자 개개인은 위험하다. 과학자도 인간이라서 편견투성이다. 어쩌면 보통 사람보다도 더 심하다. 대부분의 과학자가 고집이 세기 때문이다. 그렇지 않으면 하루 18시간씩 박사학위 논문을 작성하는 것처럼 고된 일을 버텨낼 수가 없다.

과학자는 순수하게 진리를 추구하는 모습보다 싸구려 변호사 같은 행태를 보일 수밖에 없다. 박사학위 청구자는 자신의 논문을 방어해야 한다. 심사 교수의 논평에 설득당해서 생각을 바꾸는 사람은 거의 없다. 그러나 과학은 과학자보다 낫다. 과학은 장례를 치르면서 발전한다고 한다. LTCM이 붕괴하고 나서 새로운 금융경제학자가 나타나, 관련 지식을 과학에 통합시킬 것이다. 이번에도 늙은 과학자들이 저항하겠지만, 장례를 먼저 치르게 되는 사람은 늙은 과학자들일 것이다.

CHAPTER 14 바쿠스에게 버림받은 안토니우스

몽테를랑의 죽음. 스토아 철학은 의연함이 아니라 인간이 운을 이긴다는 착각. 영웅 되기가 너무도 쉽다. 운과 품위.

프랑스의 고전주의 귀족 작가 앙리 드 몽테를랑Henry de Montherlant은 퇴행성 질환에 걸려 시력을 잃게 되리라는 말을 듣자 자살을 선택했다. 고전주의자에게 어울리는 최후였다. 왜 그랬을까? 스토아 철학은 무작위 사건을 맞이했을 때 자신의 운명을 최대한 통제하라고 가르쳤기 때문이다. 최종적으로 인간은 운명이 부여한 삶과 죽음 사이에서 선택할 수 있다. 결국 불확실성에 대항하는 선택권이 항상 있다는 뜻이다. 그러나 스토아 철학만 이런 태도를 견지했던 것은 아니다. 고대 세계의 양대 분파인 스토아 철학과 에피쿠로스 철학 둘 다 이런 통제를 권유했다(두 분파는 세부 전문 사항만 다를 뿐이었다. 현재 대중문화에서 흔히 받아들이는 생각을 당시에는 두 분파 모두 인정하지 않았다).

전쟁에서 죽거나 자살하는 것처럼 극단적인 행동을 해야 영웅이 되는 것은 아니었다. 자살은 제한된 상황에서만 추천했고, 그 밖의 상황에서는 비겁한 행동으로 간주했다. 운을 통제하는 태도는 크고 작은 행동에서 드러났다. 서사시의 영웅들은 결과가 아니라 행동으로 평가받았다는 사실을 기억하라. 우리가 아무리 정교하게 선택하고, 운을 잘 지배할 수 있다고 자만해도 결국 최후는 운이 결정할 것이다. 우리에게 남은 마지막 해결책은 품위뿐이다. 품위란 환경에 직접적으로 얽매이지 않고 계획된 행동을 실행한다는 뜻이다. 그 행동은 최선이 아닐 수도 있지만, 분명히 최상의 기분을 느낄 수 있는 행동이다. 억압 속에서 품위를 유지하라. 이는 아무리 보상이 크더라도 비굴한 모습을 보이지 않는 태도다. 또는 체면을 지키려고 결투를 하는 것이다. 배우자감에게 이렇게 구혼할 수 있다.

"나는 당신에게 반했소. 당신에게 완전히 사로잡혔소. 그러나 내 품위를 떨어뜨리는 짓은 하지 않겠소. 당신이 나를 조금이라도 모욕한다면 다시는 만나지 않을 것이오."

이 마지막 장에서는 운을 전혀 다른 각도에서 논의하겠다. 1부의 검은 백조 문제에서처럼 과학과 인식론을 다루는 정통 철학으로 논의하지는 않겠다. 더 고풍스럽고 부드러운 철학으로서, 고대인들이 덕과 품위로 운을 대했던 태도를 논의하겠다. 당시에는 요즘과 같은 종교도 없었다. 이른바 일신교가 중세에 퍼지기 전까지, 고대인들은 기도가 운명에 영향을 미친다고 생각지 않았다. 침략과 운명의 반전이 되풀이되는 위험한 세상에 이들에게는 운을 대하는 관습이 필요했다. 이제 이러한 믿음을 살펴보자.

재클린 오나시스의 장례식

스토아 철학자가 우리 시대를 방문한다면 반가워할 만한 시가 있다. 수많은 시 애호가들이 사랑하는 위대한 시인 카바피의 시다. 콘스탄틴 카바피Constantine P. Carafy는 20세기 알렉산드리아에서 활약한 그리스 시인으로서, 거의 100년 전에 고대어와 현대 그리스어를 결합해서 15세기 이전의 서구 문학 같은 간결한 시를 지었다. 그리스인들은 그를 국보처럼 소중히 여긴다. 그의 시는 대부분 시리아, 소아시아, 알렉산드리아에서 탄생했다. 단지 그의 시를 감상하려고 고대 그리스어를 배운 사람도 많았다. 감상을 배제한 예리한 탐미주의는 디킨스의 소설, 낭만적인 시, 베르디의 오페라 등 중류층 위주의 역겨운 시와 멜로드라마에 식상했던 사람들에게 위안을 주었다.

나는 재클린 케네디 오나시스의 마지막 배우자 모리스 템펠스먼 Maurice Tempelsman이 재클린의 장례식에서 카바피의 고별의 시 〈신께서 안토니우스를 버리시네〉를 낭송했다는 말에 놀랐다. 이 시는 당시까지 자신을 지켜주던 바쿠스에게 버림받아 옥타비아누스에게 패배한 안토니우스를 그렸다. 기품 있는 탐미주의의 표본으로서, 내가 읽어본 시 중에 가장 고상한 작품이다. 카바피는 시 속에서 부드러운 목소리로 방금 파멸을 맞이한 안토니우스에게 조언한다.

이 시는 막 패배하고 버림받은 안토니우스를 그렸다(전설에 따르면, 말까지도 그를 버리고 옥타비아누스에게 갔다고 한다). 시는 멀어지는 알렉산드리아에 담담하게 작별을 고하라고 권한다. 불운에 슬퍼하지도 말고, 현실을 부인하지도 말며, 자신의 눈과 귀를 속이려 하지도 말라고 조언한다. 안토니우스, 공허한 희망으로 자신의 품위를 떨어뜨리지 마라.

감정에 휘둘린다면 잠자코 듣기만 하라.
비겁한 자의 탄원과 불평은 삼가라.

그러나 안토니우스, 감정에 휘둘린다면 의연할 필요는 없다. 감정 때문에 품위를 떨어뜨리는 것은 아무 잘못이 아니다. 그것이 인간의 본래 모습이다. 잘못은 품위 있는 길을 따르지 않는 데에 있다. 이것이 스토아 철학이 진정으로 뜻하는 바다. 스토아 철학은 확률에 맞서려는 인간의 시도다. 공연히 심술을 부려 시가 주는 메시지를 왜곡할 필요는 없지만, 나는 냉소를 감출 수가 없다. 몇십 년 뒤 카바피는 후두암에 걸려 죽어갈 때 스토아 철학의 가르침을 따르지 않았다. 절제 수술로 목소리를 상실한 그는 찾아온 사람들에게 자신을 홀로 남겨두지 말아달라고 마구 울부짖으며 매달리는 소동을 부렸다.

이것도 역사일 뿐. 나는 우리가 생각하는 의연함과 스토아 철학이 관계가 없다고 말했다. 스토아 철학은 고대 페니키아 키프로스 섬 키티움Kition의 제논Zeno이 일으킨 지성 운동으로 시작해서, 로마 시대에는 덕 체계에 바탕을 둔 생활로 발전했다. 고대에는 덕이 곧 가치virtu라는 뜻이었는데, 덕 그 자체가 보상이라고 믿었다. 스토아 철학자는 빅토리아 시대 영국의 신사와 마찬가지로 사회적 모델로 발전했다. 여기서 스토아 철학자란 훌륭한 지혜, 올바른 행동, 용기를 고루 갖춘 사람을 뜻한다. 따라서 그는 더러운 속임수에 넘어갈 일이 없으므로 인생의 소용돌이에 휘말리지 않는다. 하지만 극단으로 치우치는 일도 있다. 엄격한 카토는 인간적 감정이 저급하다고 생각했다. 더 인간적인 스토아 철학은 세네카의 《스토아 철학자의 편지Letters from a Stoic》에서 읽을 수 있는데, 위안을 주면서도 놀랍도록 쉬운 책이라서 나는 동료 트레이더들에게 나눠주었다(세네카도 운명적으로 궁지에 몰리자 자살을 선택했다).

▪ 운과 품위

당신은 이제 나의 조언과 인생에 대한 설교를 이해할 것이다. 감정이 활동을 시작하면 지성은 뒤로 물러난다. 따라서 현실 세계에서는 우리의 합리성이 제대로 작동하지 못한다. 자기계발서들은 대개 무익하다. 아무리 현명한 조언이나 감동적인 설교라도 우리 본성과 어긋날 때는 곧바로 묻혀버리고 만다. 스토아 철학이 흥미로운 점은, 우리의 본성인 품위와 탐미주의를 바탕에 둔다는 사실이다. 이제부터 불행을 만나게 되면 개인적 품위에 초점을 두라. 어떤 상황이 닥쳐도 지혜롭게 사는 모습을 보여라.

사형 집행일에 가장 화려하게 차려입어라. 품위 있게 똑바로 서서 사형 집행자들에게 좋은 인상을 남겨라. 암 진단을 받았을 때에도 불운을 맞이한 피해자처럼 처신하지 마라(의사를 제외하고 모든 사람에게 이 사실을 숨겨라. 알려주면 사람들은 상투적인 말을 하면서 당신을 회피할 것이다. 당신을 진심으로 동정하는 사람은 아무도 없다. 하지만 품위 있는 태도를 유지하면 승자든 패자든 모두 당당하게 느껴진다). 손실이 발생해도 부하

직원에게 지극히 공손하라. 다른 사람의 잘못이었더라도 자신의 운명에 대해 남을 비난하지 마라. 아내가 잘생긴 스키 강사나 젊은 모델과 달아나더라도 자신을 동정하지 마라. 불평하지 마라.

　　나의 어린 시절 친구처럼 일종의 '태도 문제'로 고통받는다면, 사업이 어려워지더라도 착한 사람처럼 행동하지 마라(내 친구는 동료에게 "사업을 안 해도 좋으니 태도를 바꿔라" 하고 당당하게 메일을 보냈다). 행운의 여신도 어찌지 못하는 유일한 대상이 바로 당신의 행동이다. 행운을 빈다.

솔론이 말한 대로

런던의 교통 체증을 조심하라

몇 년 전 존이 담배 피우는 모습을 고소하게 바라보았던 회의론자 네로는 마침내 성과를 올렸다. 동시에 그는 28%의 사망 확률을 누르고 완치 단계로 접어들었다. 건강과 직업 면에서 상쾌한 승리를 거둔 셈이다. 그의 재산은 많이 늘어난 반면, 잘난 척하던 이웃은 가난해졌다. 원했다면 이웃의 재산을 헐값에 살 수 있었지만 그는 사지 않았다. 또한 월스트리트 사람들이 즐겨 사들이는 물건도 전혀 사지 않았다. 그럼에도 네로는 가끔 절제하지 못할 때가 있었다.

금요일 오후 런던의 교통 체증은 끔찍하다. 네로는 길에서 보내는 시간이 많아졌다. 그는 해결책을 골몰하게 되었다. 하루는 런던의 사무실에서 주말을 보내는 코츠월드Cotswolds 별장까지 이동하는 데 다섯 시간이나 걸렸다. 좌절감을 느낀 네로는 케임브리지서에서 집중 훈련을 받고 헬리콥터 조종 면허를 땄다. 주말에 도심을 빠져나오는 방법으로는 열차가 더 무난하리라는 생각도 들었지만, 특별한 사치를 누려보고 싶었다. 자전거로 아파트가 있는 켄싱턴에서 시내 사무실까지 출퇴근하는 방법도 위험하기는 마찬가지라고 생각했기 때문이다.

네로는 자신의 업무에 대해서는 지나칠 정도로 확률을 의식했지만, 정작 자신의 신체적 위험에 대해서는 확률을 제대로 생각지 못했다. 네로의 헬리콥터는 바람 부는 날 배터시 공원Battersea Park 근처에 착륙하던 중 추락했다. 그는 혼자 타고 있었다. 마침내 검은 백조가 찾아온 것이다.

샤워하면서 떠오른 세 가지 생각

이 주제의 관련 영역이 방대한데다, 내게는 곰곰이 생각하는 습성까지 있어서, 이 책은 살아 있는 생명체처럼 계속 커지고 있다. 나는 샤워를 하거나 지루한 철학 강의를 듣는 동안 떠오른 생각들을 여기에 보탰다(대학의 동료들을 화나게 할 생각은 없지만, 똑같은 말을 되풀이하는 강의를 듣다 보면 백일몽에서 벗어나기가 정말 어렵다).

■ 첫 번째 생각, 기여와 보상은 반비례

기업에서는 서열이 올라갈수록 보상도 커진다. 기여도에 따라 보상한다는 논리는 너무도 당연하므로, 이치에 맞는 듯하다. 그러나 일반적으로 (실제 위험을 감수하는 기업가를 제외하고) 기업에서는 서열이 올라갈수록 기여도가 낮아진다. 나는 이것을 반비례 법칙inverse rule이라고 부른다.

순전히 논리적으로만 따져보겠다. 2장에서 보았듯이, 능력 중에는 치과의사의 경우처럼 식별하기 쉬운 능력도 있고, 러시안룰렛처럼 운에 좌우하는 비중이 높아서 식별하기 어려운 능력도 있다. 능력의 가시성은 업무에서 운이 얼마나 좌우하느냐와 개인의 기여도를 얼마나 구분해내느냐에 따라 결정된다. 따라서 본사 식당의 요리사나 공장 근로자는 거의 확실하게 능력이 드러난다. 이들의 기여도는 크지 않지만 명확하게 정의할 수 있다. 식사하는 손님들은 혀에 이상만 없다면, 소금과 설탕도 구분하지 못하거나 번번이 고기를 태우는 무능한 요리사를 쉽게 가려낼 수 있다. 무능한 요리사가 어쩌다 한 번쯤 운이 좋아서 제대로 된 요리를 할 수 있겠지만 두 번, 세 번, 나아가 수천 번 제대로 하기는 어렵다.

능력을 드러내는 열쇠는 반복성이다. 8장에서 나는 이것을 에르고딕성이라고 불렀는데, 표본경로가 아주 길어지면 결국 서로 닮게 된다는 뜻이다. 우리가 라스베이거스에 가서 단 한 번 룰렛에 돈을 걸어 100만 달러를 날렸다면, 원래 카지노가 유리했던 것인지 단지 내가 운이 나빴던 것인지 확인할 수가 없다. 그러나 1달러씩 100만 번을 건다면, 카지노가 유리하다는 사실을 체계적으로 확인할 수 있다. 이것이 흔히 대수의 법칙law of large number이라고 불리는 표본 이론의 핵심이다.

관점을 바꾸어, 과정에 의한 평가와 실적에 의한 평가를 비교해보자. 회사의 하급 직원들은 과정과 실적을 모두 평가받는다. 실제 이들의 업무는 반복적이므로 과정과 실적이 대개 일치한다. 그러나 최고경영진은 과정에 상관없이 실적으로만 평가받는다. 실적만 좋게 나오면 어리석은 결정 따위는 없었던 것처럼 여긴다. 사람들은 흔히 "돈이 모든 것을 말해준다"라고 생각하기 때문이다. 나머지는 최고경영진의 경영철학으로 간주한다.

이제 CEO의 방을 살짝 들여다보자. 그가 내리는 결정은 분명 반복적인 성격이 아니다. CEO는 소수의 중대한 결정을 내리는데, 이는 카지노에서 한 번에 100만 달러를 거는 사람의 행동과 비슷하다. 환경 같은 외부 요소가 커다란 역할을 한다는 점에서도 요리사와 다르다. CEO의 능력과 회사 실적 사이의 연계성은 희박하다. 어떤 주장에 따르면, CEO란 카리스마와 근사한 MBA 학위를 갖춘 비숙련 노동자다. 다시 말해서 타자기 치는 원숭이라는 뜻이다. 수많은 회사가 온갖 사업을 벌이고 있으므로, 일부 회사에서는 CEO가 '올바른 결정'을 내릴 수밖에 없다.

이것은 새삼스러운 문제가 아니다. 우리 사회가 빠르게 승자독식 환경으로 바뀜에 따라 이러한 실적 차이가 더욱 두드러지게 나타나고, 사람들은 형평성 상실에 대해 분노를 느끼게 된다. 과거에는 CEO의 연봉이 경비원보다 10~20배 높은 수준이었다. 그러나 오늘날에는 수천 배가 넘기도 한다.

내가 기업가들을 이러한 논의 대상에서 제외한 데는 분명한 이유가 있다. 이들은 자신의 아이디어에 목을 걸었으므로, 실패하면 묘지로 직행하게 된다. 그러나 CEO는 기업가가 아니다. 사실은 '허수아비empty suits'인 경우가 많다. 금융 시장에서 허수아비의 정의는 겉모습만 번지르르한 사람이다. 더 적절하게 표현하자면, 이들은 의사결정 능력보다 승진하는 능력이, 즉 '사내 정치력'이 뛰어난 사람들이다. 이들은 주로 프레젠테이션 전문가들이다.

이런 임원들은 잃을 것이 없으므로 비대칭 현상이 발생한다. 카리스마를 갖춘 허수아비 스타일의 똑같은 쌍둥이 형제가 각각 다른 회사에 취직하여 승진을 거듭했다고 가정하자. 이들은 MBA를 취득했고, 멋진 옷을 입었으며, 키도 크다(회사에서 출세를 예측할 수 있는 유일하게 가시적인 변수는 평균을 넘는 키다). 쌍둥이는 남몰래 동전을 던져서 의사 결정을 하는데, 한 사람은 엄청난 성공을 거두고 한 사람은 참담하게 실패한다. 사람들은 돈을 모으지 못한 채 해고당하지만, 쌍둥이는 큰돈을 벌면서 자리도 보전한다. 위험은 주주들이 부담하고, 보상은 임원들이 차지한다.

리더십도 마찬가지로 해묵은 문제다. 우리는 미친 결정을 내렸어도 운이 좋아서 전쟁에 승리하면 영웅으로 떠받드는데, 이는 멍청한 짓이다. 우리는 과정에 상관없이 승자는 숭배하고 패자는 경멸한다. 성공을 평가할 때 운도 고려하는 역사가가 얼마나 될지 의문이다. 아니면 과정과 실적의 차이를 의식하는 사람은 얼마나 될까?

2003년 뉴욕증권거래소 이사장 리처드 그라소^{Richard Grasso}의 경우처럼 단지 근사하게 차려입고 벨을 누르는 대가로 누군가에게 2억 달러를 지급한다면, 그 손실은 고스란히 투자자에게 돌아간다. 이것은 기업 지배구조의 문제다.

사회주의 계획경제도 사정은 크게 나은 게 없다. 그곳에서는 인재들이 명성과 권력, 사회적 지위를 얻으려고 공직으로 몰려든다. 이곳에서도 분배가 불공평하기는 마찬가지다. 공무원들의 기여를 평가하는 것이 기업 임원의 경우보다 더 어렵기 때문이다. 중앙은행장은 경제를 회복시키겠다고 금리를 내리지만, 그가 경제를 회복시키는지 아니면 더 둔화시키는지 우리는 알지 못한다. 오히려 미래 인플레이션 위험을 높여 경제를 위태롭게 하는지도 알 수 없다. 중앙은행장은 항상 적절한 이론을 갖다 붙인다. 그러나 경제학은 말로 하는 학문이어서 사후적으로 적절한 설명을 찾기란 어렵지 않다.

이런 문제는 치유 불능일지도 모른다. 임원들에 대한 평가를 제대로 하는지 평가자들의 머릿속을 들여다볼 수도 없는 노릇이다. 결국 주주들만 운에 속게 된다.

두 번째 생각, 운이 주는 혜택

불확실성과 행복

교외에서 출퇴근하는 직장인과 평일 저녁에 뉴욕 시내에서 식사해 본 적이 있는가? 아마도 그는 계속 열차 시간에 신경이 쓰여, 자주 시계를 보면서 식사를 서두를 것이다. 7시 8분 열차를 놓치면 더는 직행이 없는데다 7시 42분까지 기다려야 하기 때문이다. 6시 58분경 대화를 중단한 그는 서둘러 악수를 청한 다음 정거장을 향해 사라질 것이다. 계산서는 당신 몫이다. 식사를 마치지 않아서 계산서가 아직 준비되지 않았으므로, 예의상 당신이 계산하겠다고 말할 수밖에 없다. 그가 떠난 빈자리를 바라보면서 커피를 마실 때, 왜 그렇게 쫓기듯 살아야 하는지 모르겠다는 생각이 든다.

이제 그가 열차 시간을 모른다고 가정하자. 아니면 열차 출발 시각이 무작위로 결정된다고 가정하자. 열차 시간을 모르는 것과 출발 시각이 무작위로 결정되는 것은 기능 면에서 같은 효과가 있으므로, 굳이 뉴욕 교통 당국에 열차 시각을 무작위로 바꿔달라고 요청할 필요는 없다. 단지 그가 열차 시간을 모른다고 가정하면 충분하다. 그가 아는 것이라곤 약 35분마다 열차가 출발한다는 정도다. 이런 상황이라면 그는 어떤 행동을 보이겠는가? 여전히 계산은 당신 몫일 테지만 그는 여유 있게 식사를 즐길 것이고, 근처 정거장까지 한가롭게 걸어갈 것이며, 그곳에서 다음 열차를 기다릴 것이다. 두 상황에서 시간 차이는 20분도 나지 않을 것이다.

예를 하나 더 생각해보자. 어떤 사람은 거리는 비슷하지만 지하철로 출퇴근하며, 역시 출발 시각을 모른다. 이 사람이 자유로운 것은 지하철이 더 자주 오기 때문이 아니라, 출발 시각을 모르기 때문이다. 불확실성이 사람들에게 편안함을 주는 것이다.

10장 뷔리당의 당나귀 사례는 운이 도움을 주는 경우다. 이처럼 일정 수준의 불확실성은 결함투성이 인간에게 혜택이 되기도 한다. 일정을 조금만 무작위로 바꾸면 지나치게 효율성을 높이려는 수고를 덜 수 있다. 불확실성을 조금만 더하면 시간 압박을 잊어버리고 편안한 마음으로 저녁 식사를 즐길 수 있다. 그는 극대화maximizing가 아니라 충족을 추구하게 된다. 행복에 관한 어떤 연구에 따르면, 최적화를 추구하면서 자신을 압박하는 사람들은 즐기는 동안에도 어느 정도 고통을 받는다.

충족을 추구하는 사람과 극대화를 추구하는 사람 사이에는 몇 가지 차이점이 있다. 행복하게 사는 사람은 대개 충족을 추구하는 유형이다.

그는 인생에서 원하는 바를 미리 정해놓았고, 충족을 얻는 순간 멈출 줄 안다. 목표를 달성해도 욕망을 계속 키워나가지 않는다. 생활 수준이 향상되더라도 이에 따라 소비 수준을 끊임없이 높이려고 하지 않는다. 그는 탐욕스럽지 않기 때문에 충족할 줄 안다. 반면, 극대화를 추구하는 사람은 세율을 몇 %만 낮출 수 있다면 언제라도 이삿짐을 꾸리는 유형이다(돈을 버는 중요한 이유가 원하는 곳에서 살려는 것인데, 이런 사람은 돈 때문에 원치 않는 곳에 사는 셈이다). 부자가 되고 나서 그는 상품과 서비스에 대해 까다로워진다. 커피가 식었다고 불평한다. 미쉐린 가이드Michelin Guide의 최고 등급 레스토랑에서도 요리가 형편없다고 투덜댄다. 테이블이 창가에서 너무 멀다고 불만이다. 요직으로 승진한 다음 일정이 너무 빡빡해졌다고 힘들어한다. 출장을 갈 때도 모든 일정을 최적화한다. 12시 45분에 사장과 점심을 하고, 4시 40분에는 피트니스클럽에 가며, 8시에는 오페라를 감상하는 식이다.

인과관계도 분명치 않다. 극대화를 추구하는 사람은 끊임없이 수준을 높이려 하기 때문에 불행한 것인지, 아니면 불행한 사람이 극대화를 추구하는 것인지 알 수가 없다. 아무튼 이런 사람에 대해서는 운도 고통을 덜어주지 못한다.

나는 인간이 정확한 일정에 적합한 존재가 아니라고 확신한다. 인간은 소방대원처럼 살아야 한다. 화재가 언제 발생할지 모르므로, 일이 없는 동안에는 편안하게 뒹굴면서 이런저런 생각에 잠겨야 한다. 안타깝게도 본의 아니게 극대화를 추구하는 사람도 있다. 고급 주택가 아이들은 주말에도 시간을 쪼개 태권도와 기타를 배우고, 종교 교육을 받아야 한다. 나는 지금 알프스 산맥을 천천히 달리는 열차 안에서 이 글을 쓰고 있다. 내 주위에는 출장 중인 사업가는 보이지 않고, 주로 학생이나 은퇴자들이다. 이들은 '중요한 약속'이 없으므로 일정 때문에 걱정할 필요도 없다. 뮌헨에서 밀라노까지 가는 길도, 항공편 대신 일곱 시간 반이 걸리는 열차를 선택했다. 바쁜 인생에 찌들어 사는 사람들과 떨어져 느긋하게 여행을 즐기려는 생각인데, 이런 여행을 사업가들은 엄두도 내지 못할 것이다.

10년 전쯤 이런 결론에 도달하고 나서 자명종 시계를 치워버렸다. 지금은 내 생체 시계에 따르고 있는데 여전히 비슷한 시각에 일어난다. 내 일정이 10여 분 정도 모호해지면서 생활에 큰 변화가 나타났다. 물론 업무에 따라서는 자명종 시계를 써서라도 시간을 꼭 지켜야 할 때가 있다. 그러나 나는 외부 압력 때문에 시간의 노예가 되지 않아도 되는 좋은 직업을 선택했기에 일정에 시달리지 않고 일찌감치 잠자리에 들 수도 있다. 극단적으로 대안을 정리하자면, 우리는 시간에 얽매이지 않고 가난하게 살 수도 있고, 시간의 노예가 되어 부자로 살 수도 있다.

나는 오랜 세월이 흐른 뒤에야 인간이 일정에 맞춰 살기 어려운 존재임을 깨달았다. 칼럼 쓰는 것과 책 쓰는 것의 차이를 인식하고 나서 이 사실을 깨달았다. 책 쓰는 것은 재미있지만, 칼럼은 고통스럽다. 글 쓰는 것 자체는 외부의 제약만 없으면 재미있다. 글을 쓰는 도중 재미가 없어지면, 한 문장을 반쯤 쓰다가도 언제든지 중단할 수 있다. 이 책의 초판이 베스트셀러가 되고 나서, 다양한 잡지와 과학 저널에서 칼럼을 써달라는 요청이 들어왔다. 편집자들은 원고 분량이 얼마면 되겠느냐고 내게 물었고, 나는 그 순간 난생처음 글쓰기에 흥미를 잃어버렸다. 이때 나는 원칙을 세웠다. 내가 원고청탁을 수락하려면 글의 길이를 예측할 수 없어야 한다. 결론을 알 수 있거나 어떤 틀을 따라야 한다면 나는 글을 포기한다. 거듭 말하지만, 우리 조상은 개요, 일정, 마감 시간 등에 얽매여 살지 않았다.

한계상황을 생각해보면 일정이 지닌 추잡한 모습이 적나라하게 드러난다. 당신은 언제 죽게 될지 정확히 알고 싶은가? 영화가 시작되기도 전에 누가 범죄를 저질렀는지 알고 싶은가? 차라리 영화의 상영 시간조차 모르는 편이 낫지 않을까?

불확실성과 정보

불확실성은 삶의 질을 개선시켜줄 뿐만 아니라 정보 면에서도 가시적인 혜택을 제공하는데, 특히 메시지가 자기 충족적이면서 파괴력이 강할 때 그렇다. 중앙은행이 고정환율제를 유지하는 통화에 대해 생각해보자. 중앙은행은 공개시장에서 보유 외환으로 통화를 매매하는 방법으로 고정환율을 유지하는데, 이를 시장개입이라고 부른다. 그러나 환율이 조금이라도 떨어지면 사람들은 중앙은행이 개입에 실패하여 곧 평가절하가 될 것으로 생각하게 된다. 환율이 고정된 통화는 환율이 변동해서는 안 된다. 아주 미세한 하락도 나쁜 소식을 알리는 전조가 된다. 사람들이 팔겠다고 몰려들면서 격분하게 되고, 그 통화는 결국 확실하게 평가절하가 된다.

이번에는 중앙은행이 공식적으로 일정 범위를 설정하여 어느 정도 소음을 허용한다고 가정해보자. 중앙은행은 고정환율을 약속하는 대신, 환율이 일정 범위를 벗어나면 개입을 시작한다. 이 경우에는 환율이 소폭 하락해도 중요한 정보가 되지 않는다. 일정 소음이 허용되므로 사람들은 환율 변동에 민감하게 반응하지 않는다. 환율은 변동하지만 폭락하지 않기 때문이다.

이런 원리는 진화생물학, 진화게임 이론, 갈등 상황에도 적용된다. 우리 행동을 어느 정도 예측하지 못하게 하면, 갈등 상황에서 자신을 보호할 수 있다. 우리가 항상 똑같은 임계점을 기준으로 반응한다고 가정하자. 예를 들어, 일주일에 17번 모욕을 당한다면, 18번째 모욕을 당하는 순간 상대편 얼굴에 주먹을 날린다고 생각해보자. 이런 식으로 우리 반응이 예측 가능해지면 사람들은 이를 이용해서 임계점 직전까지만 우리를 모욕할 것이다. 하지만 우리가 임계점을 임의로 변경해서 때로는 아주 사소한 농담에도 과잉 반응을 보인다면, 사람들은 어느 선까지 모욕해도 좋은지 알 수가 없다. 갈등 상황을 맞이한 정부에도 같은 원리가 적용된다. 정부는 사소한 잘못에 대해서도 때로는 과잉 반응을 보일 수 있다는 점을 상대국에 확실히 인식시켜야 한다. 과잉 반응의 강도조차 예측하기 어렵게 만들어야 한다. 예측할 수 없게 만들면 분쟁을 강력하게 억제할 수 있다.

■──── 세 번째 생각, 한 줄로 요약하면

나는 주기적으로 MBA 출신들에게 운에 대한 생각을 이해할 수 있도록 몇 마디로 요약해달라는 요청을 받곤 한다(내가 MBA 출신을 모욕하는데도, 놀랍게도 내 책을 읽는 사람의 상당수가 MBA 출신이다. 아마도 나의 모욕이 자신에게는 해당하지 않는다고 생각하는 듯하다).

이런 요청을 받으면 랍비 힐렐Hillel의 이야기가 떠오른다. 사람들은 그에게 외다리로 서서 들어도 될 정도로 율법Torah을 간략하게 가르쳐줄 수 있는지 물었다. 천재적인 힐렐은 율법을 요약하는 대신, 사람들에게 화두를 던져주었다. 그 내용을 풀어보면 다음과 같다.

남에게 당하고 싶지 않은 일을 남에게 하지 마라.
나머지는 모두 주석에 불과하다.

내 화두를 찾아내기까지 평생이 걸렸다. 화두는 이렇다.

우리는 눈에 보이는 것, 마음 깊이 간직한 것, 개인적인 것, 이야기 들은 것, 실체가 있는 것을 좋아하고, 추상적인 것은 경멸한다. 우리에게 좋은 것(미적 감각, 윤리)과 나쁜 것(운에 속는 어리석음)의 차이는 모두 여기서 나오는 듯하다.

참고문헌

Albouy, Francois-Xavier, 2002, Le temps des catastrophes. Paris: Descartes & Cie.

Al-Ghazali, 1989, "Mikhtarat Min Ahthar Al-Ghazali." In Saliba, Jamil, Tarikh Al Falsafa Al Arabiah. Beirut: Al Sharikah Al Ahlamiah Lilkitab.

Ambarish, R., and L. Siegel, 1996, "Time Is the Essence." RISK, 9, 8, 41~42.

Arnheim, Rudolf, 1971, Entropy and Art: An Essay on Disorder and Order. Berkeley: University of California Press.

Arrow, Kenneth, 1987, "Economic Theory and the Postulate of Rationality." In Eatwell, J., Milgate, M., and Newman, P., eds., 1987. The New Palgrave: A Dictionary of Economics, vol. 2, 69~74, London: Macmillan.

Arthur, Brian W., 1994, Increasing Returns and Path Dependence in the Economy. Ann Arbor: University of Michigan Press.

Banateanu, Anne, 2002, La theorie stoicinne de l'amitie: essai de reconstruction. Fribourg: Editions Universitaires de Fribourg/Paris: Editions du Cerf.

Barabasi, Albert-Laszlo, 2002, 《링크Linked: The New Science of Networks》. Boston: Perseus Publishing.

Barber, B. M., and T. Odean, 2001, "The Internet and the Investor." Journal of Economic Perspectives, Winter, Vol. 15, No. 1, 41~54.

Barron, G., and I. Erev, 2003, "Small Feedback-based Decisions and Their Limited Correspondence to Description-based Decisions." Journal of Behavioral Decision Making, 16, 215~233.

Bates, Elisabeth, 1994, "Modularity, Domain Specificity, and the Development of Language." In Gajdusek, D.C., McKhann, G.M., and Bolis, C.L. eds., Evolution and Neurology of Language: Discussions in Neuroscience, 10(1~2), 136~149.

Bechara, A., A. R. Damasio, H. Damasio, and S. W. Anderson, 1994, "Insensitivity to Future Consequences Following Damage to Human Prefrontal Cortex." Cognition, 50:1~3, 7~15.

Becker, Lawrence C., 1998, A New Stoicism. Princeton, N.J.: Princeton University Press.

Bennett, Deborah J., 1998, 《확률의 함정Randomness》. Cambridge, Mass.: Harvard University Press.

Bernstein, Peter L., 1996, 《리스크Against the Gods: The Remarkable Story of Risk》. New York: Wiley.

Berridge, Kent C., 2003, "Irrational Pursuits: Hyper-incentives from a Visceral Brain." In Brocas and Carillo.

Bouvier, Alban, ed., 1999, Pareto aujourd'hui. Paris: Presses Universitaires de France.

Brent, Joseph, 1993, Charles Sanders Peirce: A Life. Bloomington: Indiana University Press.

Brocas, I., and J. Carillo, eds., 2003, The Psychology of Economic Decisions: Vol. 1: Rationality and Well-being. Oxford: Oxford University Press.

Brock, W.A., and P.J.F. De Lima, 1995, "Nonlinear Time Series, Complexity Theory, and Finance." University of Wisconsin, Madison-Working Papers 9523.

Brock, W.A., D. A. Hsieh B. LeBaron, 1991, Nonlinear Dynamics, Chaos, and Instability: Statistical Theory and Economic Evidence, Cambridge, Mass.: MIT Press.

Brockman, John, 1995, The Third Culture: Beyond the Scientific Revolution. New York: Simon & Schuster.

Buchanan, Mark, 2002, Ubiquity: Why Catastrophes Happen. New York: Three Rivers Press.

Buehler, R., D. Griffin, and M. Ross, 2002, "Inside the Planning Fallacy: The Causes and Consequences of Optimistic Time Predictions." In Gilovich, Griffin and Kahneman.

Burnham, Terence C., 1997, Essays on Genetic Evolution and Economics. New York: Dissertation.com.

Burnham, Terence C., 2003, "Caveman Economics." Harvard Business School.

Burnham, T., and J. Phelan, 2000, 《비열한 유전자Mean Genes》. Boston: Perseus Publishing.

Camerer, C., G. Loewenstein, and D. Prelec, 2003, "Neuroeconomics: How Neuroscience Can Inform Economics." Caltech Working Paper.

Campbell, Jeremy, 1982, Grammatical Man: Information, Entropy, Language and Life. New York: Simon & Schuster.

Carter, Rita, 1999, Mapping the Mind. Berkeley: University of California Press.

Carter, Rita, 2002, Exploring Consciousness. Berkeley: University of California Press.

Chancellor, Edward, 1999, 《금융 투기의 역사Devil Take the Hindmost: A History of Financial Speculation》. New York: Farrar, Straus & Giroux.

Conlan, Roberta, ed., 1999, States of Mind: New Discoveries About How Our Brains Make Us Who We Are. New York: Wiley.

Cootner, Paul H., 1964, The Random Character of Stock Market Prices. Cambridge, Mass.: The MIT Press.

Cosmides, L., and J. Tooby, 1992, "Cognitive Adaptations for Social Exchange." In Barkow et al., eds., The Adapted Mind. Oxford: Oxford University Press.

Cover, T. M., and J. A. Thomas, 1991, Elements of Information Theory. New York: Wiley.

Csikszentmihalyi, Mihaly, 1993, Flow: The Psychology of Optimal Experience. New York: Perennial Press.

Csikszentmihalyi, Mihaly, 1998, Finding Flow: The Psychology of Engagement with Everyday Life. New York: Basic Books.

Damasio, Antonio, 1994, 《데카르트의 오류Descartes' Error: Emotion, Reason, and the Human Brain》. New York: Avon Books.

Damasio, Antonio, 2000, The Feeling of What Happens: Body and Emotion in the Making of Consciousness. New York: Harvest Books.

Damasio, Antonio, 2003, 《스피노자의 뇌Looking for Spinoza: Joy, Sorrow and the Feeling Brain》. New York: Harcourt.

David, Florence Nightingale, 1962, Games, Gods, and Gambling: A History of Probability and Statistical Ideas. Oxford: Oxford University Press.

Dawes, R. M., D. Faust, and P. E. Meehl, 1989, "Clinical Versus Actuarial Judgment." Science, 243, 1668~1674.

Dawkins, Richard, 1989 (1976), 《이기적 유전자The Selfish Gene》. 2nd ed., Oxford: Oxford University Press.

De Nany, Arthur, 2003, Hollywood Economics: Chaos in the Movie Industry. London: Routledge.

Debreu, Gerard, 1959, Theorie de la valeur, Dunod, tr. Theory of Value. New York: Wiley.

Dennett, daniel C., 1995, Darwin's Dangerous Idea: Evolution and the Meanings of Life. New York: Simon & Schuster.

Deutsch, David, 1997, The Fabric of Reality. New York: Penguin.

DeWitt, B. S., and N. Graham, eds., 1973, The Many-Worlds Interpretation of Quantum Mechanics. Princeton, N.J.: Princeton University Press.

Dugatkin, Lee Alan, 2001, The Imitation Factor: Evolution Beyond the Gene, New York: Simon & Schuster.

Easterly, William, 2001, The Elusive Quest for Growth: Economists' Adventures and Misadventures in the Tropics. Cambridge, Mass.: The MIT Press.

Edmonds, D., and J. Eidinow, 2001, 《비트겐슈타인은 왜?Wittgenstein's Poker: The Story of a Ten Minute Argument Between Two Great Philosophers》. New York: Ecco.

Einstein, A., 1956 (1926), Investigations on the Theory of the Brownian Movement. New York: Dover.

Ekman, Paul, 1992, 《거짓말 까발리기Telling Lies: Clues to Deceit in the Marketplace, Politics and Marriage》. New York: W. W. Norton.

Elster, Jon, 1998, Alchemies of the Mind: Rationality and the Emotions. Cambridge, Eng.: Cambridge University Press.

Evans, Dylan, 2002, 《감정Emotions: The Science of Sentiment》. Oxford: Oxford University Press.

Evans, D., and O. Zarate, 1999, 《진화심리학Introducing Evolutionary Psychology》. London: Totem Books.

Eysenck, M. W., and M. T. Keane, 2000, Cognitive Psychology, 4th ed.

Finucane, M. L., A. Alhakami, P. Slovic, and S. M. Johnson, 2000, "The Affect Heuristic in Judgments of Risks and Benefits." Journal of Behavioral Decision Making, 13, 1~17.

Fischhoff, Baruch, 1982, "For Those Condemned to Study the Past: Heuristics and Biases in Hindsight." In Kahneman, Slovic and Tversky.

Fodor, Jerry A., 1983, The Modularity of Mind: An Essay on Faculty Psychology. Cambridge, Mass.: The MIT Press.

Frank, Robert H., 1985, Choosing the Right Pond: Human Behavior and the Quest for Status. Oxford: Oxford University Press.

Frank, Robert H., 1999, Luxury Fever: Why Money Fails to Satisfy in an Era of Excess. Princeton, N.J.: Princeton University Press.

Frank, R. H., and P. J. Cook, 1995, 《승자독식사회 The Winner-Take-All Society: Why the Few at the Top Get So Much More Than the Rest of Us》. New York: Free Press.

Frederick, S., and G. Loewenstein, 1999, "Hedonic Adaptation," in Kahneman, Diener and Schwartz.

Freeman, D. A., and P. B. Stark, 2003, "What Is the Chance of and Earthquake?" Department of Statistics, University of California, Berkeley, CA 94720-3860. Technical Report 611. September 2001; revised January 2003.

Fukuyama, Francis, 1992, 《역사의 종말 The End of History and the Last Man》. New York: Free Press.

Galbraith, John Kenneth, 1997, 《대폭락 1929 The Great Crash 1929》. New York: Mariner Books.

Gehring, W. J., and A. R. Willoughby, 2002, "The Medical Frontal Cortex and the Rapid Processing of Monerary Gains and Losses." Science, 295, March.

Georgescu-Roegen, Nicholas, 1971, The Entropy Law and the Economics Process. Cambridge, Mass.: Harvard University Press.

Gigerenzer, Gerd, 1989, The Empire of Chance: How Probability Changed Science and Everyday Life. Cambridge, Eng.: Cambridge University Press.

Gigerenzer, Gerd, 1996, "On Narrow Norms and Vageu Heuristics: A Reply to Kahneman and Tversky." Psychological Review, 103, 592~596.

Gigerenzer, Gerd, 2003, Calculated Risks: How to Know When Numbers Deceive You. New York: Simon & Schuster.

Gigerenzer, G., P. M. Todd, and ABC Research Group, 2000, Simple Heuristics That Make Us Smart. Oxford: Oxford University Press.

Gigerenzer, G., J. Czerlinski, and L. Martignon, 2002, "How Good Are Fast and Grugal Heuristics?" In Gilovich, Griffin, and Kahneman.

Gilbert, D., E. Pinel, T. D. Wilson, S. Blumberg, and T. Weatley, 2002, "Durability Bias in Affective Forecasting." In Gilovich, Griffin, and Kahneman.

Gillies, Donald, 2000, Philosophical Theories of Probability. London: Routledge.

Gilovich, T., R. P. Vallone, and A. Tversky, 1985, "The Hot Hand in Basketball: On the Misperception of Random Sequences." Cognitive Psychology, 17, 295~314.

Gilovich, T., D. Griffin, and D. Kahneman, eds, 2002, Heuristics and Biases: The Psychology of Intuitive Judgment. Cambridge, Eng.: Cambridge University Press.

Gladwell, Malcolm, 1996, "The Tipping Point: Why Is the City Suddenly So Much Safer-Could It Be That Crime Really Is an Epidimic?" The New Yorker, June 3.

Gladwell, Malcolm, 2000, 《티핑 포인트 The Tipping Point: How Little Things Can Make a Big Difference》. New York: Little Brown.

_____, 2002, "Blowing Up: How Nassim Taleb Turned the Inevitability od Disaster into and Investment Strategy." The New Yorker, April 22 and 29.

Glimcher, Paul, 2002, Decisions, Uncertainty, and the Brain: The Science of Neuroeconomics. Cambridge, Mass.: The MIT Press.

Goleman, Daniel, 1995, 《EQ 감성지능 Emotional Intelligence: Why It Could Matter More Than IQ》. New York: Bantam Books.

Goleman, Daniel, 2003, Destructive Emotions, How Can We Overcome Them?: A Scientific Dialogue with the Dalai Lama. New York: Bantam.

Goodman, Nelson, 1954, Facts, Fiction and Forecast. Cambridge, Mass.: Harvard University Press.

Hacking, Ian, 1990, The Taming of Chance. Cambridge, Eng.: Cambridge University Press.

Hacohen, Malachi Haim, 2001, Karl Popper, The Formative Years, 1902~1945: Politics and Philosophy in Interwar Vienna. Cambridge, Eng.: Cambridge University Press.

Hayek, F. A., 1945, "The Use of Knewledge in Society." American Economic Review, 35(4), 519~530.

Hayek, F. A., 1994, 《노예의 길 The Road to Serfdom》. Chicago: University of Chicago Press.

Hilton, Denis, 2003, "Psychology and Financial Markets: Applications to Understanding and Remedying Irrational Decision-making." In Brocas and Carillo.

Hirshleifer, J., and J. G. Riley, 1992, The Analytics of Uncertainty and Information. Cambridge, Eng.: Cambridge University Press.

Horrobin, David, 2002, Madness of Adam and Eve: How Schizophrenia Shaped Humanity. New York: Transworld Publishers Limited.

Hosoda, M., G. Coats, E. F. Stone-Romero, and C. A. Backus, 1999, "Who Will Fare Better in Employment-Related Decisions? A Meta-Analytic Review of Physical Attractiveness Research in Work Settings." Paper presented at the meeting of the Society of Industrial Organizational Psychology, Atalanta, Georgia.

Hsee, C. K., and Y. R. Rottenstreich, 2004, "Music, Pandas and Muggers: On the Affective Psychology of Value." Forthcoming, Journal of Experimental Psychology.

Hsieh, David A., 1991, "Chaos and Nonlinear Dynamics: Application to Financial Markets." The Journal of Finance, 46(5), 1839~1877.

Huang, C. F., and R. H. Litzenberger, 1988, Foundations for Financial Economics. New York/Amsterdam/London: North-Holland.

Hume, David, 1999 (1748), 《인간의 이해력에 관한 탐구 An Enquiry Concerning Human Understanding》. Oxford: Oxford University Press.

Ingersoll, Jonathan E., Jr., 1987, The Theory of Financial Decision Making. Lanham, Md.: Rowman & Littlefield Publishing.

Jaynes, E. T., 2003, Probability Theory: The Logic of Science. Cambridge, Eng.: Cambridge University Press.

Kahneman, D., 2003, "Why People Take Risks." In Gestire la vulnerabilita e l'in-certezza: un incontro internazionale fra studiosi e capi di impresa. Rome: Italian Institute of Risk Studies.

_____, E. Diener, and N. Schwarz, eds., 1999, Well-being: The Foundations of Hedonic Psychology. New York: Russell Sage Foundation.

_____, and S. Frederick, 2002, "Representativeness Revisited: A Attribute Substitution in Intuitive Judgment." In Gilovich, Griffin, and Kahneman.

_____, J. L. Knetsch, and R. H. Thaler, 1986, "Rational Choice and the Framing of Decisions." Journal of Business, Vol. 59 (4), 251~278.

_____, J. L. Knetsch, and R. H. Thaler, 1991, "Anomalies: The Endowment Effect, Loss Aversion, and Status Quo Bias." In Kahneman and Tversky (2000).

_____, and D. Lovallo, 1993, "Timid Choices and Bold Forecasts: A Cognitive Perspective on Risk-taking." Management Science, 39, 17~31.

_____, P. Slovic, and A. Tversky, eds., 1982, 《불확실한 상황에서의 판단Judgment Under Uncertainty: Heuristics and Biases》. Cambridge, Eng.: Cambridge University Press.

_____, and A. Tversky, 1972, "Subjective Probability: A Judgment of Representativeness." Cognitive Psychology, 3, 430~454.

_____, and A. Tversky, 1973, "On the Psychology of Prediction." Psychological Review, 80: 237~251.

_____, and A. Tversky, 1979, "Prospect Theory: An Analysis of Decision Under Risk." Econometrica, 47, 263~291.

_____, and A. Tversky, 1982, "On the Study of Statistical Intuitions." Cognition, 11, 123~141.

_____, and A. Tversky, 1996, "On the Reality of Cognitive Illusions." Psychological Review, 103, 582~591.

_____, and A. Tversky, eds., 2000, Choices, Values, and Frames. Cambridge, Eng.: Cambridge University Press.

Kasser, Tim, 2002, The High Price of Materialism. Cambridge, Mass.: The MIT Press.

Keynes, John Maynard, 1937, "The General Theory." In Quarterly Journal of Economics, Vol. LI, 209~233.

_____, 1989 (1920), Treatise on Probability. London: Macmillan.

Kindleberger, Charles P., 2001, 《광기, 패닉, 붕괴, 금융위기의 역사^{Manias, Panics, and Crashes}》. New York: Wiley.

Knight, Frank, 1921 (1965), Risk, Uncertainty and Profit. New York: Harper and Row.

Kreps, David M., 1988, Notes on the Theory of Choice. Boulder, Colo.: Westview Press.

Kreps, J., and N. B. Davies, 1993, An Introduction to Behavioral Ecology, 3rd ed. Oxford: Blackwell Scientific Publications.

Kripke, Saul A., 1980, 《이름과 필연^{Naming and Necessity}》. Cambridge, Mass.: Harvard University Press.

Kurz, Mordecai, 1997, "Endogenous Uncertainty: A Unified View of Market Volatility," Working Paper. Stanford, Calif.: Stanford University Press.

Kyburg, Henry E., Jr., 1983, Epistemology and Inference. Minneapolis: University of Minnesota Press.

LeDoux, Joseph, 1998, 《느끼는 뇌^{The Emotional Brain: The Mysterious Underpinnings of Emotional Life}》. New York: Simon & Schuster.

LeDoux, Joseph, 2002, 《시냅스와 자아^{Synaptic Self: How Our Brains Become Who We Are}》. New York: Viking.

Levi, Isaac, 1970, Gambling with Truth. Boston, Mass.: The MIT Press.

Lewis, T., F. Amini, and R. Lannon, 2000, 《사랑을 위한 과학^{A General Theory of Love}》. New York: Vintage Books.

Lichtenstein, S., B. Fischhoff, and L. Phillips, 1977, "Calibration of Probabilities: The State of the Art." In Kahneman, Slovic, and Tversky (1982).

Loewenstein, G. F., E. U. Weber, C. K. Hsee, and E. S. Welch, 2001, "Risk As Feelings." Psychological Bulletin, 127, 267~286.

Lowenstein, Roger, 2000, 《천재들의 실패When Genius Failed: The Rise and Fall of Long Term Capital Management》. New York: Random House.

Lucas, Robert E., 1978, "Asset Prices in an Exchange Economy." Econometrica, 46, 1429~1445.

Ruce, R. D., and H. Raiffa, 1957, Games and Decisions: Introduction and Critical Survey. New York: Dover.

Machina, M. J., and M. Rothschild, 1987, "Risk." In Eatwell, J., Milgate, M., and Newman P., eds., 1987, The New Palgrave: A Dictionary of Economics. London: Macmillan.

MacKay, Charles, 2002, 《대중의 미망과 광기Extraordinary Popular Delusions and the Madness of Crowds》. New York: Metro Books.

Magee, Bryan, 1997, Confessions of a Philosopher. London: Weidenfeld & Nicholson.

Mandelbrot, Benoit B., 1997, Fractals and Scaling in Finance. New York: Springer-Verlag.

Markowitz, Harry, 1959, Portfolio Selection: Efficient Diversification of Investments, 2nd ed. New York: Wiley.

Meehl, Paul E., 1954, Clinical Versus Statistical Predictions: A Theoretical Analysis and Revision of the Literature. Minneapolis: University of Minnesota Press.

Menand, Lous, 2001, 《메타피지컬 클럽The Metaphysical Club: A Story of Ideas in America》. New York: Farrar, Straus & Giroux.

Merton, Robert C., 1992, Continuous-Time Finance, 2nd ed. Cambridge, Eng.: Blackwell.

Miller, Geoffrey F., 2000, 《연애The Mating Mind: How Sexual Choice Shaped the Evolution of Human Nature》. New York: Doubleday.

Mumford, David, 1999, "The Dawning of the Age of Stochasticity." www.dam. brown.edu/people/mumford/Papers/Dawning.ps.

Myers, David G., 2002, 《직관의 두 얼굴Intuition: Its Powers and Perils》. New Haven, Conn.: Yale University Press.

Nadeau, Maurice, 1970, Histoire du surrealisme. Paris: Seuil.

Niederhoffer, Victor, 1997, The Education of a Speculator. New York: Wiley.

Nozick, Robert, 1993, The Nature of Rationality. Princeton, N.J.: Princeton University Press.

Paulos, John Allen, 1988, 《숫자에 약한 사람들을 위한 우아한 생존 매뉴얼Innumeracy》. New York: Hill and Wang, a division of Farrar, Straus, and Giroux.

_____, 2003, 《수학자, 증권시장에 가다A Mathematician Plays the Stock Market》. Boston: Basic Books.

Peirce, Charles S., 1998 (1923), Chance, Love and Logic: Philosophical Essays. Lincoln: University of Nebraska Press.

Peterson, Ivars, 1998, The Jungles of Randomness: A Mathematical Safari. New York: Wiley.

Piattelli-Palmarini, Massimo, 1994, Inevitable Illusions: How Mistakes of Reason Rule Our Minds. New York: Wiley.

Pinker, Steven, 1997, 《마음은 어떻게 작동하는가How the Mind Works》. New York: W. W. Norton.
Pinker, Steven, 2002, 《빈 서판The Blank Slate: The Modern Denial of Human Nature》. New York: Viking.

Plotkin, Henry, 1998, Evolution in Mind: An Introduction to Evolutionary Psychology. Cambridge, Mass.: Harvard University Press.

Popper, Karl R., 1971, 《열린 사회와 그 적들The Open Society and Its Enemies》, 5th ed. Princeton, N.J.: Princeton University Press.

_____, 1992, 《추측과 논박Conjectures and Refutations: The Growth of Scientific Knowledge》, 5th ed. London: Routledge.

_____, 1994, The Myth of the Framework. London: Routledge.

_____, 2002, The Logic of Scientific Discovery, 15th ed. London: Routledge.

_____, 2002, The Poverty of Historicism. London: Routledge.

Posner, Richard A., 2002, Public Intellectuals: A Study in Decline. Cambridge, Mass.: Harvard University Press.

Rabin, Mathew, 2000, "Inference by Believers in the Law of Small Numbers." Economics Department, University of California, Berkeley, Working Paper E00-282, http://repositories.cdlib.org/iber/econ/E00-282.

Rabin, M., and R. H. Thaler, 2001, "Anomalies: Risk Aversion." Journal of Economic Perspectives, 15(1), Winter, 219~232.

Ramachandran, V. S., and S. Blakeslee, 1998, 《라마찬드란 박사의 두뇌 실험실Phantoms in the Brain》. New York: Morrow.

Ratey, John J., 2001, A User's Guide to the Brain: Perception, Attention and the Four Theaters of the Brain. New York: Pantheon.

Rescher, Nicholas, 1995, Luck: The Brilliant Randomness of Everyday Life. New York: Farrar, Straus & Giroux.

Robbe-Grillet, Alain, 1985, Les gommes. Paris: Editions de Minuit.
Rozen, Jean-Mannuel, 1999, Le fric. Paris: Michel Lafon.

Sapolsky, Robert M., 1998, 《스트레스: 당신을 병들게 하는 스트레스의 모든 것Why Zebra Don't Get Ulcers: An Updated Guide to Stress, Stress-Related Diseases, and Coping》. New York: W. H. Freeman & Co.

Sapolsky, Robert M. (and Department of Neurology and Neurological Sciences, Stanford University School of Medicine), 2003, "Glucocorticoids and Hippocampal Atrophy in Neuropsychiatirc Disorders." Stanford University.

Savage, Leonard J., 1972, The Foundations of Statistics. New York: Dover.

Schleifer, Andrei, 2000, Inefficient Markets: An Introduction to Behavioral Finance. Oxford: Oxford University Press.

Schwartz, Barry, 2003, 《선택의 심리학 The Paradox of Choice》. New York: Ecco.

Schwarts, B., A. Ward, J. Monterosso, S. Lyubomirsky, K. White, and D. R. Lehman, 2002, "Maximizing Versus Satisficing: Happiness Is a Matter of Choice," J Pers Soc Psychol. Nov., 83 (5):1178~1197.

Searle, John, J., 2001, Rationality in Action. Cambridge, Mass.: The MIT Press.

Sen, Amartya, K., 1977, "Rational: A critique of the Behavioral Foundations of Economic Theory." Philosophy and Public Affairs, 6, 317~344.

_____, 2003, Rationality and Freedom, Cambridge, Mass.: The Belknap Press of Harvard University.

Shackle, George L. S., 1973, Epistemics and Economics: A Critique of Economic Doctrines. Cambridge, Eng.: Cambridge University Press.

Shahani, c., R. L. Dipboye, and T. M. Gehrlein, 1993, "Attractiveness Bias in the Interview: Exploring the Boundaries of an Effect." Basic and Applied Social Psychology, 14 (3), 317~328.

Shefrin, Hersh, 2000, Beyond Fear and Greed: Understanding Behavioral Finance and the Psychology of Investing. New York: Oxford University Press.

Shiller, Robert J., 1981, "Do Stock Prices Move Too Much to Be Justified by Subsequent Changes in Dividends?" American Economic Review, Vol. 71, 3, 421~436.

＿＿＿, 1989, Market Volatility. Cambridge, Mass.: The MIT Press.

＿＿＿, 1990, "Market Volatility and Investor Behavior." American Economic Review, Vol. 80, 2, 58~62.

＿＿＿, 2000, 《이상과열Irrational Exuberance》. Princeton, N.J.: Princeton University Press.

Shizgal, Peter, 1999, "On the Neural Computation of Utility: Implications from Studies of Brain Simulation Rewards." In Kahneman, Diener and Schwarz.

Sigelman, C. K., D. B. Thomas, L. Sigelman, and F. D. Ribich, 1986, "Gender, Physical Attractiveness, and Electability: An Experimental Investigation of Voter Biasis." Journal of Applied Social Psychology, 16 (3), 229~248.

Simon, Herbert A., 1955, "Behavioral Model of Rational Choice." Quarterly Journal of Economics, 69, 99~118.

＿＿＿, 1956, "Rational Choice and the Structure of the Environment." Psychological Review, 63, 129~138.

＿＿＿, 1957, Models of Man. New York: Wiley.

＿＿＿, 1983, Reason in Human Affairs. Stanford, Calif.: Stanford University Press.

＿＿＿, 1987, "Behavioral Economics." In Eatwell, J., Milgate, M., and Newman, P., eds., 1987, The New Palgrave: A Dictionary of Economics. London: Macmillan.

＿＿＿, 1987, "Bounded Rationality." In Eatwell, J., Milgate, M., and Newman, P., eds., 1987, The New Palgrave: A Dictionary of Economics. London: Macmillan.

Skinner, B. F., 1948, "Superstition in the Pigeon." Journal of Experimental Psychology, 38, 168~172.

Sloman, Steven A., 1996, "The Empirical Case for Two Systems of Reasoning." Psychological Bulletin, 119, 3~22.

Sloman, Steven A., 2002, "Two Systems of Reasoning." In Gilovich, Griffin, and Kahneman.

Slovic, Paul, 1987, "Perception of Risk." Science, 236, 280~285.

_____, 2000, The Perception of Risk, London: Earthscan Publications.

_____, M. Finucane, E. Peters, and D. G. MacGregor, 2002, "The Affect Heuristic." In Gilovich, Griffin, and Kahneman.

_____, M. Finucane, E. Peters, and D. G. MacGregor, 2003, "Rational Actors or Rational Fools? Implications of the Affect Heuristic for Behavioral Economics." Working Paper. www.decisionresearch.com.

_____, M. Finucane, E. Peters, and D. G. MacGregor, 2003, "Risk As Analysis, Risk As Feelings: Some Thoughts About Affect, Reason, Risk, and Rationality." Paper presented at the Annual Meeting of the Society for Risk Analysis, New Orleans, La., December 10, 2002.

Sokal, Alan D., 1996, "Transgressing the Boundaries: Toward a Transformative Hermeneutics of Quantum Gravity." Social Text, 46/47, 217~252.

Sornette, Didier, 2003, Why Stock Markets Crash: Critical Events in Complex Financial Systems. Princeton, N.J.: Princeton University Press.

Soros, George, 1988, 《금융의 연금술The Alchemy of Finance: Reading the Mind of the Market》. New York: Simon & Shuster.

Sowell, Thomas, 1987, 《비전의 충돌A Conflict of Visions: Ideological Origins of Political Struggles》. New York: Morrow.

Spencer, B.A., and G. S. Taylor, 1988, "Effects of Facial Attractiveness and Gender on Causal Attributions of Managerial Performance." Sex Roles, 19 (5/6), 273~285.

Stanley, T. J., 2000, 《백만장자 마인드The Millionaire Mind》. Kansas City: Andrews McMeel Publishing.

_____, and W. D. Danko, 1996, 《이웃집 백만장자The Millionaire Next Door: The Surprising Secrets of America's Wealthy》. Atlanta: Longstreet Press.

Stanovich, K., and R. West, 2000, "Individual Differences in Reasoning: Implications for the Rationality Debate." Behavioral and Brain Sciences, 23, 645~665.

Sterelny, Kim, 2001, 《유전자와 생명의 역사Dawkins vs Gould: Survival of the Fittest》. Cambridge, Eng.: Totem Books.

Stigler, Stephen M., 1986, The History of Statistics: The Measurement of Uncertainty Before 1900. Cambridge, Mass: The Belknap Press of Harvard University.

_____, 2002, Statistics on the Table: The History of Statistical Concepts and Methods. Cambridge, Mass.: Harvard University Press.

Sullivan, R., A. Timmermann, and H. White, 1999, "Data-snooping, Technical Trading Rule Performance and the Bootstrap." Journal of Finance, October, 54, 1647~1692.

Taleb, Nassim Nicholas, 1997, Dynamic Hedging: Managing Vanilla and Exotic Options. New York: Wiley.

_____, 2004, "Bleed or Blowup? Why Do We Prefer Asymmetric Payoffs?" Journal of Behavioral Finance, 5.

Taszka, T., and P. Zielonka, 2002, "Expert Judgments: Financial Analysts Versus Weather Forecasters." The Journal of Psychology and Financial Markets, Vol 3(3), 152~160.

Thaler, Richard H., 1980, "Towards a Positive Theory of Consumer Choice," Journal of Economic Behavior and Organization, 1, 39~60.

_____, 1994, Quasi Rational Economics. New York: Russell Sage Foundation.

_____, 1994, The Winner's Curse: Paradoxes and Anomalies of Economic Life. Princeton, N.J.: Princeton University Press.

Toulmin, Stephen, 1990, Cosmopolis: The Hidden Agenda of Modernity. New York: Free Press.

Tversky, A., and D. Kahneman, 1971, "Belief in the Law of Small Numbers." Psychology Bulletin, Aug. 76 (2), 105~110.

_____, and D. Kahneman, 1973, "Availability: A Heuristic for Judging Frequency and Probability." Cognitive Psychology, 6, 207~232.

_____, and D. Kahneman, 1982, "Evidential Impact of Base-Rates." In Kahneman, Slovic, and Tversky, 153~160.

_____, and D. Kahneman, 1992, "Advances in Prospect Theory: Cumulative Representation of Uncertainty." Journal of Risk and Uncertainty, 5, 297~323.

Voit, Johannes, 2001, The Statistical Mechanics of Financial Markets. Heidelberg: Springer.

Von Mises, Richard, 1957 (1928), Probability, Statistics, and Truth. New York: Dover.

Von Plato, Jan, 1994, Creating Modern Probability. Cambridge, Eng.: Cambridge University Press.

Watts, Duncan, 2003, Small World Six Degrees: The Science of a Connected Age. New York: W. W. Norton.

Wegner, Daniel M., 2002, The Illusion of Conscious Will. Cambridge, Mass.: The MIT Press.

Weinberg, Steven, 2001, Facing Up: Science and Its Cultural Adversaries. Working Paper. Harvard University.

Wilson, Timothy D., 2002, 《나는 내가 낯설다Strangers to Ourselves: Discovering the Adaptive Unconscious》. Cambridge, Mass.: The Belknap Press of Harvard University.

Wilson, Edward O., 2000, 《사회생물학Sociobiology: The New Synthesis》. Cambridge, Mass.: Harvard University Press.

_____, 2002, 《생명의 미래The Future of Life》. New York: Knopf.

Wilson, T.D., D. B. Centerbar, D. A. Kermer, and D. T. Gilbert, 2005, "The Pleasures of Uncertainty: Prolonging Positive Moods in Way People Do Not Anticipate," J Pers Soc Psychol. 2005 Jan.; 88 (1): 5~21.

_____, D. Gilbert, and D. B. Centerbar, 2003, "Making Sense: The Causes of Emotional Evanescence." In Brocas and Carillo.

_____, Meyers, and D. Gilbert, 2001, "Lessons from the Past: Do People Learn from Experience That Emotional Reactions Are Short Lived?" Personality and Social Psychology Bulletin.

Winston, Robert, 2002, Human Instinct: How Our Primeval Impulses Shape Our Lives. London: Bantam Press.

Zajdenweber, Daniel, 2000, L'economie des extremes. Paris: Flammarion.

Zajonc, R.B., 1980, "Feeling and Thinking: Preferences Need No Inferences." American Psychologist, 35, 151~175.

_____, 1984, "On the Primacy of Affect." American Psychologist, 39, 117~123, 114.

Zizzo, D. J., and A. J. Oswald, 2001, "Are People Willing to Pay to Reduce Others' Incomes?" Annales d'Economie et de Statistique, July/December 63/64, 39~62.

이 책의 번역에 착수하면서 아마존 서평을 훑어보았다. 수백 개나 되는 서평이 극찬에서부터 혹평에 이르기까지 널리 분포된 모습을 보면서, 오랜만에 개성 넘치는 책을 만났다는 생각이 들었다. 다만, 글이 엉망이라는 독자가 여럿 있었으므로, 번역이 만만치 않겠다는 걱정도 하였다. 이제 번역을 마치고 보니, 과연 이 책은 내가 번역한 책 가운데 아마도 가장 개성 넘치는 책이라 하겠다.

신랄한 독설

탈렙의 독설은 《시장 변화를 이기는 투자: 랜덤워크》(국일증권경제연구소, 2009)의 저자 맬킬을 능가한다. 나는 맬킬의 책을 번역하면서 날카롭고 신랄한 독설에 쾌감을 느꼈었는데, 탈렙의 독설은 이보다도 한 수 위였다. 유명 언론인에서부터 노벨상 수상자에 이르기까지 탈렙에게 걸리기만 하면 뼈도 못 추렸다. 쾌감이 아니라 측은한 감을 느낄 정도였다. 알고 보니 탈렙의 취미가 잘난 척하는 사람들을 모욕하는 일이었다. 정말이지 개성 넘치는 취미생활이다.

한없이 약한 인간

탈렙은 인간의 이성에 대해 극단적으로 비관한다. 《데이비드 드레먼의 역발상 투자》(흐름출판, 2009)의 저자 데이비드 드레먼도 인간이 어리석고 무식하므로 이들의 과잉반응을 이용하라고 역설했지만, 탈렙의 인간관은 이와 비교도 되지 않을 정도로 비관적이다. 탈렙은 인간이 선천적으로 통계를 보지 못하는 장님이며, 두뇌 구조상 감정에 휘둘릴 수밖에 없다고 단언한다. 평생 확률을 계산하면서 트레이딩을 해온 자신도 감정에 휘둘리기는 마찬가지며, 단지 이런 약점을 잘 알고 있다는 점만 남과 다를 뿐이라고 털어놓는다. 투자자가 감정을 다스리기가 얼마나 어려운지 실감하게 해주는 대목이다.

난해한 글

이 책 초고를 읽은 편집자들은 모두 탈렙에게 문장도 바꾸고 본문 구성도 고치라고 권했지만, 그는 편집자를 위해서 쓴 책이 아니라며 무시해버렸다. 나는 편집자들의 판단이 옳았다고 본다. 지금까지 내가 번역한 책 가운데 글이 가장 엉망인 책은 케빈 필립스의 《나쁜 돈》(다산북스, 2009)이었다. 그래서 역자 후기에도 몇 자 적었다(블로그 keonlee.com에 '무삭제판' 역자 후기를 올려놓았다). 이제는 이 책이 그 자리를 차지하게 되었다.

탈렙의 글이 난해한 이유는 철학, 수학, 통계학, 문학, 투자를 종횡무진 넘나들고, 레바논 출신이라서 영어가 모국어가 아니며, 원래부터 상대를 그다지 배려하지 않는 스타일이기 때문이다.

이렇게 난해한 글은 온전히 번역자의 과제가 된다. 원문에 충실하다

보면 절개만 강한 추녀가 되기 쉽고, 매끄럽게 옮기자면 자칫 아름다운 창녀가 될 위험이 있다. 하지만 번역서는 원저자를 위한 책이 아니므로, 평소의 소신대로 쉽고 간결하게 옮기려고 노력했다. 그러나 때로는 문법을 무시하고 던져놓은 단어들을 의미가 통하는 말로 옮기는 작업이 결코 만만치 않았다. 이 과정에서 오역이나 악역이 다수 발생할 수밖에 없었다. 다행히 투자 실무와 이론은 물론 문장력까지 탁월한 밸류리더스 신진오 회장님께서 오역과 악역들을 바로잡아 다듬어주신 덕분에 재출간판은 이전 판보다 훨씬 쉽고 매끄러운 책이 되었다. 게다가 홍춘욱 박사께서 써주신 통찰과 진정성 가득한 추천사 덕분에 재출간판이 더욱 빛나게 되었다. 신진오 회장님과 홍춘욱 박사께 머리 숙여 깊이 감사드리는 바이다.

번역 과정이 적잖이 힘들었지만, 이 책만큼 많은 깨달음을 주는 책도 없었다. 투자는 물론 세상을 확률로 보는 관점을 배우게 되었다. 감정 다스리기가 왜 그렇게 어려운지 이제 조금은 이해하게 되었다.

혹시라도 이 책을 학문적 용도 등으로 인용하려는 경우에는 원문을 참조하시기 바란다. 이 번역서에는 원문의 형태가 많이 남아있지 않기 때문이다. 이 책에서 오역, 악역, 기타 개선사항을 발견하신 분은 블로그 keonlee.com이나 메일 keonlee@empas.com으로 연락 부탁드린다.

이건

우리는 살면서 행운이 나타나길 고대합니다. 봄이 되면 새해에는 행운이 가득하길 기원하면서 입춘대길立春大吉이라는 사자성어를 떠올립니다. 가까운 친지가 개업하거나 영전하면 "행운을 빕니다"라는 화환을 보내기도 합니다. 또 편지를 쓸 때는 "당신에게 행운이 깃들길Good Luck to You"이라는 메시지를 첨부합니다. 심지어는 부음을 접하고는 마지막 가는 길에 "삼가 고인의 명복을 빕니다"라고 조의를 표하기까지 합니다.

인생에 행운이 깃드는 것처럼 축복은 없겠지요. 하지만 세상사에 행운이 있다면, 공평하게 불운도 있게 마련입니다. 누구에게나 연이어 행운이 올 수는 없는 법이니까요. 그래서 한때 크게 성공한 사람이 졸지에 망하는 경우도 비일비재합니다. 사람들은 흔히 실패하고 나서 "하필 왜 나에게 불운이 닥쳤을까?"라고 생각하게 되지요. 이렇게 만사를 운에 의존하고는 합니다. 하지만 분명한 것은 운으로 흥한 자는 운으로 망한다는 사실입니다.

저자는 이렇게 자신의 인생을 운에 맡기는 행태에 대해 경고하고 있습니다. 특히 지금 잘나가고 있고 성공한 인생을 살고 있는 사람들에게 경고합니다. 본인들은 절대로 그렇지 않다고 부인하겠지만, 혹시 운이 좋아서 성공한 것은 아닌지, 즉 자신이 단지 운 좋은 바보에 불과한 것은 아닌지 겸손하게 성찰해 보길 권하고 있습니다. 만일 조금이라도 운이 좋아 성공했다면, 언젠가 불어닥칠 불운에도 대비해야 한다는 것입니다.

> 운이 차지하는 비중을 실제보다 훨씬 과소평가하는 인간의 사고방식과 엄청난 규모의 예외 현상이 일어나는 불확실성을 일컫는 '팻 테일fat tail, 정규 분포와 달리 좌우로 갈수록 두꺼워지는 분포를 말함' 이라는 두 가지 분야에 대해서 고민했다. (…) 개정판에서 나는 불확실성에 대한 연구보다는 사람들이 운에 속아 넘어가는 행태에 더 비중을 두었다.

이 책의 개정판 서문에서 밝힌 저자의 생각입니다. 즉 저자가 고민하는 핵심 단어는 불확실성과 운입니다. 희귀사건이 나타나는 불확실성에 대해서는 저자의 또 다른 저서 《블랙 스완》(동녘사이언스, 2008)에서 다루고 있습니다. 저자는 《블랙 스완》에서 이례적인 희귀사건이 발생할 수도 있다는 경고를 하였습니다. 특히 금융시장에서는 정상적인 정규분포가 아니라, 두터운 꼬리를 형성하는 팻 테일 현상이 뚜렷하기 때문에 이례적인 희귀사건이 생각보다 자주 그리고 크게 나타날 수도 있다는 것입니다.

반면에 이 책 《행운에 속지 마라》에서는 우리가 평상시에 너무나 당연하다고 생각하는 관점, 즉 역사주의적 결정론에 대해 비판하고 있습니다. 우리 앞에 벌어진 역사는 수많은 대체역사 가운데 우연하게 선택된 하나일 뿐이라는 것입니다. 게다가 우리가 알고 있는 역사도 승자의 관점에서 정리되고 왜곡된 역사입니다. 지나간 과거의 역사도 이럴진대, 다가올 미래의 역사에 대해서 어떤 예측이 가능하겠습니까? 하지만 우리는 너무나 당연하게 과거의 역사가 그럴 수밖에 없었다는 결정론에 빠져 있습니다. 그리고 같은 관점에서 미래의 역사도 그런 식으로 일어날 것이라는 착각을 하게 됩니다.

저자는 이러한 역사주의적 결정론에 대해 비판적인 시각으로 접근합니다. 즉 합리적인 회의론으로 접근합니다. 지나간 과거의 역사가 수많은 대체역사 가운데 우연하게 선택된 것처럼 미래의 역사에도 우연성, 즉 운이 크게 개입할 수 있다는 것입니다. 그러므로 미래는 쉽게 예측할 수 없습니다. 아니 예측하기에는 너무나 우연성이 큽니다. 그래서 과거의 통계를 근거로 함부로 미래를 예측하면 크게 망할 수도 있다는 것입니다. 누구보다도 통계를 많이 사용하는 계량 트레이더라는 저자의 직업에도 불구하고 역설적으로 통계의 오남용에 대해 경고합니다.

저자는 하이일드 트레이더 존과 신흥시장의 마법사 카를로스 등 가상 스타들의 사례를 보여줍니다. 이들은 우리 주변에 존재하는 소위 잘나가는 성공한 투자자들일 것입니다. 성공 비결을 물어보면 자신들이 실력이 좋아서 성공했다고 대답할지도 모릅니다. 하지만 사실은 남보다 운이 좋았을 가능성도 배제할 수 없습니다.

이들에게 예상치 못한 불리한 상황이 닥쳤을 때 진정한 성공 비결이 무엇이었는지를 확인할 수 있습니다. 언젠가 불리한 상황을 극복하지 못하고 망하게 되면, 결국 이들의 성공은 단지 운이 좋았기 때문이라고 밝혀지겠지요. 버핏도 "풀장에 물이 빠져봐야 누가 팬티를 입지 않고 있었는지 알 수 있다"고 했습니다. 자신들이 운이 좋았다고 인정을 하지 않기 때문에 문자 그대로 '운 좋은 바보'에 불과한 것입니다.

반면에 계량 트레이더인 네로나 치과의사 등은 단기간에 화려하게 성공하지는 못합니다. 매우 소심하고 위험을 기피하기 때문에 아주 조금씩 확실한 이익을 쌓아가고 있을 뿐입니다. 그래서 이들은 큰 위험에 처할 일도 없습니다. 비록 화려하지는 않지만 이들의 작은 성공은 실력이 분명합니다. 하지만 위험하지 않기 때문에 시간이 갈수록 이들의 작은 성공은 진정한 성공으로 성장합니다.

그런 의미에서 저자는 치과의사가 진정한 부자라고 봅니다. 이들의 성공에는 행운이 개입될 여지가 거의 없습니다. 마찬가지로 불운이 개입될 여지도 거의 없습니다. 네로는 시장이 아무리 불리하게 변하더라도 살아남을 것입니다.

투자 분야에서는 의식을 하든 아니든 많은 예측을 하게 됩니다. 가끔은 이런 예측이 맞아 떨어져서 우리에게 큰 수익을 가져다주기도 합니다. 이렇게 달콤한 경험을 하게 되면 더욱더 예측에 몰두하게 됩니다. 어쩌다가 운이 좋아서 예측이 맞아 떨어진 것에 불과한데도 마치 자신이 예지력이라도 있는 것처럼 착각하게 됩니다. 또 자신은 남보다 매우 운이 좋을 것이라는 근거 없는 자신감에 도취됩니다.

또 운칠기삼運七氣三이라는 말에서도 알 수 있듯이 사람들은 실력보다도 운에 의존하는 경향이 큰데요. 2016년 11월 4일자 과학주간지 〈사이언스〉에서, 네트워크 전문가인 바라바시 교수는 "꾸준히 연구를 하다 보면 행운이 더해져 크게 성공할 수도 있다"고 주장하면서, '성공=운×실력'이라는 간단한 방정식을 제시했습니다. 이 말은 모든 사람에게 따르는 운이 균등하다고 볼 때, 실력이 없다면 운도 소용없으며, 실력이 쌓일수록 운도 크게 작용한다는 의미라고 보입니다. 즉, 행운을 바라기 전에 실력이 우선이라는 것이지요.

여기서 우리는 운을 어떻게 다루어야 하는지, 다시 말해 운과 더불어 어떻게 살아가야 할지에 대한 실마리를 찾을 수 있습니다. 우리가 성공하기를 바란다면 일단 실력이 갖추어져야 한다는 점입니다. 그러고 나서 운이 좋다면 금상첨화입니다. 운을 다루는 방법은 최악의 경우를 감안해서 불운하더라도 크게 지장이 없을 정도로 보수적이어야 합니다. 다시 말해 운에 의존하지 않는 것입니다. 행운을 기대하지 않으면 불운도 겁나지 않습니다. 하지만 혹시라도 행운이 찾아온다면 굳이 마다할 이유는 없겠지요. 달콤한 보너스라고 생각하면 그만입니다.

저자가 왜 그토록 희귀사건과 운에 천착했는지는 저자의 직업과 관계가 있다고 볼 수 있습니다. 저자는 계량 옵션 트레이더입니다. 옵션의 내재가치는 변동성과 관련이 있습니다. 이를 공식화한 것이 블랙숄즈 모형Black-Scholes Model입니다. 이 공식을 개발한 학자들은 노벨 경제학상을 받기도 했습니다. 블랙숄즈 모형에서는 일정한 변동성을 기준으로 옵션의 프리미엄이 아름다운 정규분포를 이룬다고 가정했습니다. 그런데 실제 시장에서는 정규분포에 비해 양극단이 두터운 팻 테일 현상이 일어나는 게 보통입니다. 특히 주식시장에서는 외가격 옵션의 가격이 블랙숄즈 모형의 이론가보다 상당히 높은 변동성 스큐Volatility Skew 현상이 나타나기도 합니다. 이는 포트폴리오 보험의 일종인 프로텍티브 풋Protective Put의 수요 때문입니다.

블랙숄즈 모형에서는 변동성이 일정하다고 가정하고 있습니다. 하지만 팻 테일 현상을 근거로 역으로 내재변동성을 추정하면 등가격 옵션을 중심으로 양쪽으로 변동성이 높아지는 변동성 스마일Volatility Smile

현상을 발견할 수 있습니다. 이는 행사가격에 따라 예측이 달라진다는 것을 의미합니다. 동일인이 행사가격에 따라 예측을 달리한다면 다중인격자이거나 제정신이 아니라고 할 수 있습니다. 그런데 다수가 참여하는 시장이라면 충분히 그럴 수도 있습니다. 변동성 스마일 현상은 양극단으로 시장이 움직일 가능성이 평균적인 예상보다 클 수도 있다는 예측을 반영한 것입니다. 즉 이례적인 사건이 발생할 가능성이 의외로 크다는 것입니다. 검은 백조가 예상보다 자주 그리고 크게 나타날 수 있다는 것을 저자는 시장을 통해 몸소 체험하고 있다는 것입니다.

또 대부분의 옵션은 단기물 중심으로 거래가 활발합니다. 장기적으로 시장의 방향을 예측하는 것도 쉽지는 않겠지만, 단기적으로는 거의 불가능합니다. 내일 10시 정각에 기온이 정확하게 몇 도가 될지는 도저히 예측할 수 없는 것과 마찬가지입니다. 그래서 옵션의 움직임은 단기적으로 무작위하다고 볼 수 있습니다. 운이 좋으면 예측이 맞고, 아니면 틀리기 마련입니다. 그러므로 시장의 방향성에 베팅하여 성공한다는 것은 여간 운이 좋은 것이 아닙니다. 그래서 저자는 운에 속을 가능성이 높다고 지적하는 것입니다.

하지만 저자와 같은 계량 옵션 트레이더는 방향성에 베팅하지 않습니다. 옵션의 가치와 가격의 괴리를 이용하여 저평가된 옵션을 매수하고 고평가된 옵션을 매도하는 일종의 차익거래를 주로 합니다. 이는 저평가된 주식에 투자하는 가치투자 기법과 일맥상통하는 방법이기도 합니다.

독자들은 이미 눈치챘겠지만 책에서 나타나는 소심한 계량 트레이더 네로는 저자의 모습입니다. 어떤 독자는 네로의 모습을 보면서 답답

함을 느꼈을지도 모릅니다. 아마 속으로는 "그렇게 살면 좋니? 인생은 한방이고, 폼생폼사 아니냐!"라고 생각할지도 모릅니다. 그래서인지 책의 마지막 부분에서 네로는 헬리콥터 사고로 세상을 떠나는 것으로 마무리됩니다. 저자 자신에게 쏟아질 비평을 차단하기 위한 교묘한 꼼수로 보이네요.

한편 이 책에서는 가상의 스타들을 앞세워 세상에서 잘나가는 사람들의 성공에 의심을 합니다. 저자 본인은 이를 두고 합리적인 회의론이라고 합니다만, 남들 시각에서는 성공을 시기하는 소인배로 보일 법도 합니다. 그래서 저자에게는 실제로 적이 많은 것 같습니다. 가상의 스타들 외에도 헤겔을 비롯한 수많은 유명 인사들에게도 저자는 사정없이 독설을 퍼붓고 있습니다. 사실 말을 안 하고 참아서 그렇지 잘난 척하는 인간을 비판하고 싶었던 욕구는 누구나 있을 것입니다. 이러한 잠재 욕구를 저자가 대신 풀어주는 듯한 묘한 쾌감마저 느껴집니다.

저자는 "대단한 지식인 행세를 하는 사람들을 조롱하는 일에 주력한다는 것이 자신의 신조"라고 당당하고도 뻔뻔하게 고백하고 있습니다. 하지만 저자도 예외적으로 고개를 숙이며 존경해 마지않는 인물이 있습니다. 바로 칼 포퍼입니다. 번역서에서는 그냥 '포퍼'라고 표현되었지만, 영어 원서에서는 'Sir Karl칼 선생님'이라고 깍듯하게 호칭하고 있습니다. 저자의 인간미를 느낄 수 있는 부분이었습니다.

이 책은 저자의 말대로 논문도 아니고 과학 보고서도 아닙니다. 문학을 사랑한다는 저자의 말처럼 여러 주인공을 등장시켜 알기 쉽게 소설처럼 엮어낸 수필에 불과합니다. 그러므로 이 책을 읽고 "철학을 잘못 알고 있네, 어딘지 모르게 기분 나쁘네, 구체적인 해법이 없네" 조목

조목 따지면서 저자를 비난할 필요는 없습니다. "당신의 소중한 인생을 운에 맡기지 말라"는 저자의 메시지를 전달 받았으면 그것으로 충분합니다. 저자의 메시지를 우리 인생에 어떻게 적용할지는 결국 우리의 몫으로 남겠지요. 여러분의 행운을 빕니다.

신진오
밸류리더스 회장

행운에 속지 마라 Fooled by Randomness

초판 1쇄 | 2010년 4월 26일

신개정판 1쇄 | 2016년 12월 5일

　　　　13쇄 | 2023년 4월 6일

지은이 | 나심 니콜라스 탈렙
감수 | 신진오
옮긴이 | 이건

발행인 | 박장희
부문대표 | 정철근
제작총괄 | 이정아
편집장 | 조한별

디자인 | [★]규

발행처 | 중앙일보에스(주)
주소 | (03909) 서울시 마포구 상암산로 48-6
등록 | 2008년 1월 25일 제 2014-000178호
문의 | jbooks@joongang.co.kr
홈페이지 | jbooks.joins.com
네이버 포스트 | post.naver.com/joongangbooks
인스타그램 | @j__books

ISBN | 978-89-278-0812-1　03320

중앙북스는 중앙일보에스(주)의 단행본 출판 브랜드입니다.